A Sagrada Loucura dos Casais

Paule Salomon

A Sagrada Loucura dos Casais

Tradução
ROGÉRIO TADEU CORRÊA DE LEÃO LIMA

EDITORA CULTRIX
São Paulo

Título do original: *La Sainte Folie du Couple.*

O primeiro número à esquerda indica a edição, ou reedição, desta obra. A primeira dezena à direita indica o ano em que esta edição, ou reedição, foi publicada.

Edição	Ano
1-2-3-4-5-6-7-8-9-10-11	03-04-05-06-07-08-09-10

Direitos de tradução para o Brasil
adquiridos com exclusividade pela
EDITORA PENSAMENTO-CULTRIX LTDA.
Rua Dr. Mário Vicente, 368 — 04270-000 — São Paulo, SP
Fone: 272-1399 — Fax: 272-4770
E-mail: pensamento@cultrix.com.br
http://www.pensamento-cultrix.com.br
que se reserva a propriedade literária desta tradução.

Impresso em nossas oficinas gráficas.

"Os sexos são talvez mais próximos do que se possa acreditar; e a grande renovação do mundo consistirá, sem dúvida, nisto: o homem e a mulher, libertos de todos os erros, de todas as dificuldades, não se buscarão mais como pólos contrários, mas como irmãos e irmãs, como próximos. Unirão suas humanidades para suportar juntos gravemente, pacientemente, o difícil peso da carne que lhes foi dada."

Rainer Maria Rilke

"Não existe história maior de que a nossa, a do homem e da mulher. Essa será uma história de gigantes, invisíveis, transmissíveis, uma história de novos ancestrais. Olhe os meus olhos! Eles são a imagem da necessidade, do futuro de todos na terra.
A imagem que concebemos acompanhará a minha morte.
Terei vivido dentro dessa imagem.
Não existe nada, além de admiração, diante de nós dois, a admiração diante do homem e da mulher, que fez de mim um ser humano.
Agora, eu sei o que nenhum anjo jamais saberá."

Wim Wenders, *Lês Ailes du désir [As Asas do desejo]*

Sumário

INTRODUÇÃO

Como passar de um casal arcaico a um casal evoluído

Devemos confessar que, na consciência coletiva, a situação de um casal é desesperadora, desvinculada do amor. O casal aparece como uma tentativa impossível, um sonho jamais realizado, uma promessa jamais mantida, uma realização para sempre adiada. O casal só viveria o amor, ou a ilusão do amor, durante os primeiros tempos do encontro; depois, tudo não passaria de arranjos mais ou menos inteligentes entre sócios para coabitarem de maneira agradável.

Hoje em dia, a minha experiência e a minha visão são diferentes. Eu descobri que o casal, dentro e fora de nós, se realiza em sete etapas que se encaixam umas nas outras. Esses sete tipos de casais, do mais arcaico ao mais evoluído passando pelo mais conflitante, revelam, etapa após etapa, uma outra face do amor. Conhecer esse processo, tomar consciência dessa trajetória, é avançar com um candeeiro na mão dentro das trevas inconscientes do paradoxo amor/ódio, sempre tendo a intuição de que o amor é encontrado e revelado no final dessa viagem em espiral.

Jamais associamos o êxito do casal à noção de uma mudança pessoal. Contudo, o casal só pode permanecer vivo à medida que os dois seres evoluam em direção a si mesmos. **Num casal, não se deve querer que o outro mude, mas sim a própria pessoa, no sentido de que cada ser é uma flor a desabrochar sob o sol da consciência do outro.** As bodas interiores de cada um são feitas do equilíbrio entre o masculino e o feminino e do nascimento desse andrógino que é a criança-sol ou o si mesmo.

O encontro dos dois seres pode progredir em direção a aliança de seus dois núcleos, de suas duas crianças-sol.

Esse percurso, que bem se pode chamar de iniciático, tem suas próprias leis e regras e se desenvolve segundo uma certa ordem. É possível hoje a pessoa conduzir-se com uma consciência aberta nessa aventura que chamamos de casal. O encontro consigo mesmo e o encontro com o outro são inseparáveis, e chega um momento em que o inferno não é jamais o outro. A fórmula se inverte. O paraíso é estar com o outro. O que seria de um paraíso sem o outro, sem os outros?

Este livro é uma ferramenta, uma ferramenta de transformação individual e coletiva, uma tabela de decodificação, um plano de percurso. Para todos aqueles que compreendem a própria vida em termos de evolução, os conhecimentos que podemos transmitir uns aos outros, de palavra em palavra, de olhar em olhar, de livro em livro, são como os elementos de um quebra-cabeça. Cada um tem a sua maneira de reunir esses elementos, cada um tem o seu próprio tempo de integração. Vivemos a cada instante pelo menos em dois planos ao mesmo tempo. Um plano superficial, onde nos agitamos mais ou menos freneticamente, onde agimos; o plano do fazer; e um plano mais subterrâneo, aquele do ser, onde tecemos o fio dos sentidos. Parece-me que cada um de nós herda a consciência coletiva do planeta, da sociedade e do círculo mais restrito da família. A experiência pessoal é forjada a partir dessa herança. Escrever um livro é contribuir para o aparecimento desse sentido coletivo e recolher os frutos pilhados ao longo de uma vida.

Eu proponho um instrumento de conhecimento e de exploração de si mesmo, da relação consigo mesmo e da relação com o outro. Tento levar um pouco de luz a esse imenso e misterioso continente que é o amor. Falo da aventura do casal, da esperança e do projeto de amor que há no casal, que é uma maneira de fazer uma conexão, de estabelecer uma "re-aliança" entre o social e o individual. Entre o "eu" e o "nós" social, o "nós" do casal estabelece uma ponte. **A relação entre homem e mulher é o fundamento dos valores de uma sociedade, pórtico de uma civilização.** Quanto mais conscientes estivermos de nossa conduta coletiva e individual nesse encontro da diferença dos sexos, mais avançaremos na conquista de uma vida reconciliada.

Minha convicção, hoje, é a de que a humanidade tem procedido por tentativa e erro, assim como a própria ciência. Toda diferença, inclusive a diferença de sexos, começou por ser vivida no medo, medo do outro, rejeição do outro. O desejo do viver, o desejo de se reproduzir, o desejo de prazer foram os primeiros impulsos, acompanhados do desejo de morrer e de fazer morrer, de sofrer e de fazer sofrer. Suprimir, excluir, dominar foram as respostas instintivas dadas a esse medo arcaico. Aceitar, coabitar, apreciar, amar são respostas evoluídas para viver o desejo-prazer do amor. A tarefa do homem e da mulher é a de levar o instinto dessa reconciliação ao centro da "atração" sensual. Contudo, durante milhares de anos, isso não foi suficiente para evitar o conflito entre os sexos. Esses dois princípios de vida complementares foram excluídos ferozmente e mutuamente e reproduzem essa exclusão nos divórcios modernos. O medo arcaico está sempre presente e continua a alimentar uma resposta inadequada, conflituosa.

Como sair desse círculo vicioso?

Pelo conhecimento. O instinto não foi suficiente; foi preciso apelar para a inteligência das coisas, e veremos que o humano ainda assim precisa descobrir uma forma superior de instinto, uma intuição global e sintética para tirar partido plenamente dos recursos da inteligência.

Tudo acontece como se a humanidade tivesse experimentado o reino da mãe seguido pelo reino do pai, **e nós nos encaminhássemos em direção à experiência da cooperação do homem e da mulher,** do feminino e do masculino, além dos poderes da mãe e do pai sobre os filhos. Durante muito tempo, os filhos foram propriedade de seus pais; hoje em dia, a idéia de que os filhos pertencem a si mesmos prevalece cada vez mais. Essa civilização matriarcal corresponde a milhares de anos da pré-história. A civilização patriarcal existe há não mais do que quatro mil anos, e a civilização esclarecida ou andrógina é algo que ainda se procura. Um novo paradigma está em vias de nascer, um novo modo de compreender a si mesmo e de compreender os outros, fora de qualquer religião constituída.

Hoje, um verdadeiro progresso da consciência não depende de uma revelação, de uma promessa de paraíso e de uma punição pelo inferno. O progresso da consciência reside no aparecimento individual da responsabilidade de ser e na redescoberta da delícia interior da sensação do amor.

Todas as formas de autoridade, sociais ou religiosas, criaram pessoas dependentes, inferiores, vítimas, escravas de si mesmas e dos outros. Cada vez mais as pessoas tentam sair desses condicionamentos e entrar em contacto com o núcleo inicial que faz de cada um ser único, real, incomparável, sabendo melhor o que é bom para si mesmo e para todos os outros, um ser não mais "inclinado" aos outros voluntária ou involuntariamente, mas um ser "direito", capaz de ouvir o que é bom para si mesmo e de agir, conseqüentemente; um ser responsável pelo que acontece com ele e não culpado. **A culpa sempre foi a grande arma de todo tipo de opressões, e essa arma cortante funciona a todo vapor na dinâmica do casal.** Duas pessoas contagiadas pela culpa encontrarão todos os pretextos para se destruir e jogarão a "culpa" no casal. O anagrama aqui é significativo. Somente extirpando de si mesmo as raízes venenosas da culpa é que uma pessoa poderá encarar uma relação saudável com o outro, seja ele quem for. A consciência culpada tem uma necessidade permanente de culpar o outro. Duas pessoas culpadas não cessarão de repetir um círculo vicioso que se reforçará até a ruptura do casal.

A saída da consciência culpada corresponde àquilo que eu chamo de A Grande Passagem. Ela é feita pela inteligência e, para certas crianças de hoje, já pode ser vivida como um dom, como uma herança. Essas crianças, que não parecem susceptíveis a nenhum sentimento de culpabilidade, atraem a atenção dos pedagogos que vêem nelas uma semente de delinqüência. Efetivamente, não basta recuperar sua própria autonomia de julgamento; ainda é necessário aprender a exercer esse julgamento no contexto de um valor: o respeito à vida, à sua própria e à do outro. Tudo acontece como se cada um de nós dispusesse, desde o nascimento de uma sabedoria, de uma capacidade de sentir as coisas que se esclerosa sob o peso da autoridade adulta, de modo particular por volta dos 6 anos de idade, no momento do aprendizado escolar. O ser perde o sentimento de sua realeza interior em proveito do sentimento de jamais ouvir o outro suficientemente. Culpado por não ouvir o adulto, culpado por não atender às suas demandas, culpado por sentir o que sente, culpado por não responder à suas exigências, culpado por incomodar, culpado por existir... Quantas mensagens destrutivas são registradas durante a infância! Uma grande parte da nossa vida adulta vai ser desperdiçada em resposta a esse desequilíbrio inicial.

Como reencontrar o sentido do próprio valor? E como amar sem reencontrar o sentido desse valor? Existem ao menos duas maneiras de amar. Um amor vazio, que faz com que se ame para tentar preencher essa falta, esse vazio que se sente e, por outro lado, um amor pleno, que proporciona um crescimento do ser. A Grande Passagem implica dois movimentos complementares: a saída da culpabilidade e o sentimento de unidade com tudo o que vive. A partir daí, tudo pode começar.

A saída dos reflexos arcaicos do medo passa pela saída dos condicionamentos alienantes, pela superação da relação dominador/dominado, pelo respeito para com todo ser vivo, pela recusa da exploração do outro. Quanto mais eu outorgo a mim mesmo o direito à violência, à crueldade em relação ao outro, tanto maior é o meu medo. Quanto maior o meu medo, mais eu outorgo a mim mesmo o direito à crueldade. Quanto mais eu me volto no sentido de uma restrição da consciência, mais essa restrição se acentua; mas o processo também se dá inversamente. Quanto mais me abro, mais a vida me oferece possibilidades. Trata-se então de aprender a fazer com que as coisas evoluam no sentido de abertura. Cada ser humano é confrontado com a sua escolha, consciente e inconscientemente.

A relação de intimidade do casal não se acomoda numa relação de exploração. O casal, como instituição social, está construído sobre um relacionamento de exploração. Essa contradição explica, por si só, o sentimento de urgência que os observadores atuais sentem diante da multiplicação do número de divórcios. Quando as pessoas não dão a si mesmas a possibilidade de desfazer esse nó antes que se forme o casal, é o mesmo que se colocar no mesmo nível da engrenagem do sofrimento.

A evolução tem o seu próprio roteiro. Cada um de nós foi levado a passar, mais ou menos rapidamente, pela sucessão de ciclos nos quais o ser humano tenta acabar com o seu medo de viver e de morrer. Eu proponho que se faça a distinção de **sete ciclos fundamentais** pelos quais somos levados a passar e a repassar até o momento em que saibamos nos estabilizar num estado de feliz abertura em relação ao outro.

O **primeiro estágio** é o estágio matriarcal da primeira parceria com a mãe, do primeiro casal apaixonado. Esses estágios de amor instintivo que dizem sim à vida, encerram o ser dentro de uma bolha de felicidade, mas ainda inconsciente de si mesma, uma bolha de dependência que não deixa que se crie o seu contrário: uma bolha de independência.

O **segundo estágio** é o estágio patriarcal, o estágio do aparecimento da autoridade do pai, do aparecimento, no casal, da necessidade de distância individual: o meu círculo e o seu círculo não estão mais fundidos. Por causa dessa distância necessária, o medo do outro, apagado dentro do primeiro impulso, reaparece e favorece o aparecimento da relação de força. Quem domina quem? As minhas necessidades vão prevalecer sobre as suas, ou o contrário? Dentro da tradição patriarcal, o homem foi preparado, condicionado a dominar a mulher.

Esse desequilíbrio se agrava com o tempo e prepara a cama para o **terceiro estágio**, o estágio de conflito, fechado ou aberto. Na intimidade, o casal é uma luta: você é o meu inimigo; somente a sua derrota permitirá que eu exista. Um terrível combate se trava dentro dessa ilusão. Hoje, a maioria dos casais explode nesse estágio. Outrora, a estabilidade social exigia que os casais permanecessem juntos nessa relação destrutiva tipo algoz/vítima, na qual se consumiam mutuamente num processo infernal.

O **quarto estágio** é aquele do casal esclarecido que chega, apelando para a inteligência, a guardar alguma distância nesse processo passional e destruidor. O que está acontecendo? O que estamos fazendo? Como salvar a nossa relação? Há sempre um momento em que essa pergunta é feita. É um momento importante porque a pessoa toma consciência de que não pode mais se identificar com seus pensamentos destruidores, que pode observar seus comportamentos, suas reações, e aprender a dominá-las como se domestica um animal selvagem. Toda a possibilidade de uma pessoa e de uma civilização saírem das covas do medo e da violência se situa nesse momento. Ao mesmo tempo, nada ainda foi ganho e, nesse estágio, ainda se alternam as dúvidas e as esperanças.

O nível esclarecido pode conduzir diretamente ao sexto estágio, mas a maioria dos casais vai fazer uma parada mais ou menos prolongada no **quinto estágio**. Se o homem foi dominador no segundo estágio, é a mulher que vai se tornar dominadora no quinto estágio. Essa inversão de papéis é sempre extremamente benéfica para um e para o outro. Ela faz parte do processo de evolução. O homem se efeminiza. A mulher se masculiniza.

No **sexto estágio,** as duas pessoas estão em vias da integração do masculino/feminino, desse paradoxo que faz com que, embora nasça homem ou mulher, cada pessoa é levada a experimentar interiormente a outra polaridade do ser. O sentimento interior do casal é alcançado nesse momento, e essa tomada da consciência permite que os dois parceiros se olhem em dois planos: um plano exterior, mais associativo, e um plano interior mais "religado", mais espiritual, pois está mais completo. Hesitamos em usar a palavra "espiritual" tantas são as suas conotações passadistas, tanto ela foi aviltada. Lembremo-nos da etimologia da palavra "religioso": *religado*. Em outras palavras: aquele que não está dividido.

A união amorosa é instintiva, fusionista, toda fascinação. O casamento patriarcal não era mais união, mas associação e acordo de forças. Precisamos aguardar o sexto casal para reencontrar a palavra "união". Não se trata ainda de um casal ideal vivendo em esferas etéreas. O sexto casal tem de enfrentar a descoberta de seus limites no jogo dependência/independência, mas ele já não é mais guerreiro, lutador, mortífero. Dois seres humanos experimentam o jogo do fazer e do existir além do conflito e do antagonismo dos sexos. Esses amantes/amigos proporcionam um ao outro grandes campos de liberdade. Duas consciências livres optam por viver juntas.

Como devemos definir essa evolução? É linear? É, de uma vez por todas, uma conquista de fato, ou está incessantemente ameaçada pela regressão? Nem uma coisa, nem outra. Ao longo destas páginas começaremos a nos familiarizar com a **lógica do paradoxo**. A saída da exclusão é também a saída do proibido e do pecado. Nenhum estágio é ruim em si mesmo. Todas as situações são experiências e, como tais, são oportunidades de sensações e de aprendizados, oportunidades de prazer. Nem o estágio de fusão, nem de o dominador/dominado, nem o conflito, nem a ambigüidade são destituídos de encanto, contanto que não caiamos prisioneiros desses comportamentos. No sexto estágio, o casal pode reexperimentar e reviver todas as situações anteriores, entrar e sair delas. Por outro lado, cada vez que um novo encontro acontece, cada um passa de novo, mais ou menos rapidamente, por todos os estágios. Esse encontro pode ser amoroso, profissional, associativo, entre amigos. Há muitas maneiras de se juntar com qualquer um fora da relação sexual. Criar uma relação a dois é sempre experimentar a fascinação, a distância, o conflito, a dominação racional, a inversão de forças e, algumas vezes, a co-criação, a verdadeira cooperação verdadeira. A todo instante, alguém põe em jogo a sua liberdade e a sua necessidade de reconhecimento.

O que se pode esperar da compreensão desse processo? Quando eu me desloco de um lugar para outro dentro de um país, o mapa me permite que eu me oriente, que imagine o percurso, que eu não me perca, não me inquiete e, sobretudo, não ande em círculos, estagnando-me no mesmo lugar. A compreensão do **percurso relacional** proporciona as mesmas vantagens. Porque conheço os atalhos, os caminhos, evito dramatizar, me bloquear. Posso até acolher e ouvir essas sensações, ao mesmo tempo novas ou conhecidas, da fusão ou da relação de força, e tentar acelerar as passagens quando são difíceis de serem vividas ou dolorosas. O que muda fundamentalmente é o estado de espírito no qual eu quero viver a minha forma de domesticar esse medo irracional, profundo e arcaico, que surge diante do desconhecido, do novo ser.

Entrar e sair, serão necessárias várias idas e vindas. A cada viagem, os tesouros da experiência e da consciência se constituem como uma espécie de fundo de reserva. Representamos algumas vezes o processo evolutivo como uma espiral. As voltas sucessivas se parecem, mas a circunferência a percorrer é cada vez menor, até se reduzir a um ponto...

A tirania da força abrirá espaço para a aventura da consciência? O novo milênio significa para muitos o advento da idade da consciência. Na medida em que o homem cria e realiza aquilo que ele é capaz de imaginar, esse sonho deixa de ser inacessível. A época nos impõe que aceleremos o desenvolvimento da nossa consciência individual. A transformação que afeta a relação entre os homens e as mulheres é, sem dúvida, uma das mais importantes, das mais fundamentais da nossa história. Todos nós participamos dela de certa forma, conscientemente ou não. E quanto mais conscientemente participemos, menos sofreremos.

Duas pessoas cegas à sua verdade interior buscam, ao longo de uma vida, elucidar um pouco mais esse mistério, caminhando uma em direção à outra e pedindo mutuamente um pouco de luz. Mesmo sendo um para o outro sofrimento, carcereiros, libertadores, o homem e a mulher, embalados num vôo às cegas, chegarão contudo a romper os véus da ilusão para chegar à clareira da consciência. **O novo relacionamento de cooperação entre o homem e a mulher constitui o próximo salto da civilização.** O "eu" reencontra o sentido do "nós". O desenvolvimento da individualidade nada mais é que uma etapa. O retorno a si mesmo é também um movimento para redescobrir a unidade, a "reunião". Entre o "eu" e o "nós", os dois que formam um casal vêm se inserir de um modo providencial. O casal é, para o indivíduo, o crisol privilegiado de sua evolução. No decorrer de uma única vida é possível superar as etapas arcaicas e situar-se num nível de abertura e de co-criação com o outro, com os outros. Por mais simples que seja, esse mapa da evolução dos comportamentos do casal traz preciosas referências para determinar onde estou, em que medida participo ainda de uma relação patriarcal ou conflituosa, em que medida navego entre os escolhos de um casal esclarecido, etc.

As três primeiras etapas representam um estágio de consciência ainda mergulhado nessa dualidade, no enclausuramento e no medo. A grande fronteira está aqui. Pelo fato de a vida ser para nós um combate, nós nos fechamos na ilusão da separação e agimos psiquicamente como assassinos da natureza e de outros seres vivos. Somente ao chegar a um estágio esclarecido é que o véu começa a se rasgar e uma nova visão do mundo surge. Certa paralisia se manifesta no nível do coração. A vida não é mais vivida primordialmente "contra", mas "com". Essa fronteira é essencial no processo de evolução; ela corresponde à abertura do coração, e todos os que a conhecem sabem também que, durante muito tempo, se instaura um vaivém nessa zona, com paradas nos estágios de consciência mais elevados, mais espiritualizados. O afetivo é, freqüentemente, a parte mais difícil de se desenvolver.

Nesse sentido, o casal é, hoje, uma forma moderna de aventura espiritual, uma terceira via.

Fundamentalmente, o casal repousa numa esperança de comunhão de corpo e de alma, mesmo se essa comunhão continue sendo um horizonte raramente atingido. A intimidade é um valor em alta na nossa cultura, um valor de autenticidade. Duas pessoas que consigam viver felizes juntas, sem que essa união se faça sob o signo da alienação de uma ou de outra, duas pessoas que exaltem reciprocamente sua criatividade, que realizem ainda que ocasionalmente um trabalho conjunto, dão uma à outra a chance de chegar a uma forma de androginia pessoal.

O casal não está nem ultrapassado nem condenado. Ele terá de se realizar com uma consciência nova. Ele passou da função de procriação e de educação dos filhos para a sua dimensão de atanor dos sentimentos, de crisol, na exploração da intimidade, da realização pessoal e da eclosão da capacidade de amar.

No centro do paradoxo, o casal desperto forma um elo com o casal arcaico, para relançar a espiral da evolução em sete etapas.

As 7 etapas do casal

HOMEM				MULHER
Lunar Inconsciente	→	1 **Casal Matriarcal**	←	Solar Inconsciente
Solar Dominante	→	2 **Casal Patriarcal**	←	Lunar Dominada
Solar Tirânico	→	3 **Casal Conflitante**	←	Lunar Revoltada
Solar Esclarecido	→	4 **Casal Esclarecido**	←	Lunar Esclarecida
Lunar Passivo Dominado	→	5 **Casal Lunar**	←	Solar ou Lunar Ativa Dominante
Solar Lunar Consciente	→	6 **Casal de Andróginos**	←	Lunar Solar Consciente
		↓		
		7 **Casal Desperto**		

PRIMEIRO ESTÁGIO

O Casal Matriarcal

Ó minha fascinante e terrível mãe,
ser-me-á possível um dia
ultrapassá-la?

A grande face da mãe

A grande face da mãe forma o pano de fundo da nossa vida arcaica. Essa simbiose, essa fusão, que todos vivemos com a nossa mãe, construiu em nós o sentimento primordial de unidade e de felicidade, de dependência e de contato. Nós fomos carregados, embalados e sacudidos dentro do seu ventre; percebemos os primeiros ruídos, o som ensurdecedor de sua voz, sua entonação. A cor de seus sentimentos despertou a nossa sensibilidade. Nós éramos essa cera virgem sobre a qual as primeiras impressões, ainda confusas, vieram se inscrever. No âmago de nossas células, estamos indissoluvelmente ligados a esse ser. Esse elo é para nós um mistério insondável, uma idéia longínqua desde a periferia de nossa independência conquistada. Mas o núcleo "indissolúvel da noite" permanece para sempre.

Guardamos a lembrança desse lugar que ocupamos no vazio do outro, dessa invasão e desse risco de estar na dependência de um outro organismo. Esse outro pode nos rejeitar ou nos aceitar, nos oferecer as condições suaves de crescimento ou, ao contrário, nos ameaçar e nos matar. O amor pela vida que transportou esse organismo nos coloriu. A nossa primeira experiência fundamental é a de uma grande dependência. Nossa saída do ventre vai se constituir no primeiro ato de independência biológica, nossa primeira respiração autônoma e, por toda a nossa vida, jamais cessaremos de procurar mais independência, mais sentimento de liberdade, de libertação, com uma oscilação contínua entre o desejo de dependência e o desejo de independência.

O desenvolvimento da consciência individual gira em torno da compreensão, da aceitação dessa dualidade dependência/independência, sem dúvida com a busca de um terceiro termo a partir da tensão do paradoxo.

A vida tem para nós o rosto da nossa mãe. Que amor poderoso e terrível, que amor-raiz nos mantém assim prisioneiros inconscientes, durante toda a nossa vida, na maioria dos casos? Quer esse amor seja expresso, colocado no centro de uma vida, quer ele seja, ao contrário, recalcado e até mesmo negado, o apego permanece o mesmo. Nós ardemos de amor pela nossa mãe, muitas vezes em total inconsciência. Colocaremos ao lado dele, ou em oposição a ele, outros rostos, outros amores, mas o que buscamos nesses encontros é reencontrar essa atordoante simbiose primitiva, carnal, psíquica e espiritual. Indecisos, felizes e parasitas, recebemos os ecos atenuados da agitação dessa existência todo-poderosa; aprendemos, pelas sensações de bem-estar ou de desconforto, a nos abrir ou a nos fechar, e, talvez, a nossa atitude em relação à vida venha dessa porcentagem de bom e de menos bom assim registrada de maneira primária. Ou a existência se anuncia como uma festa, ou se anuncia como uma prova difícil.

Nossa mãe é para nós como uma deusa, uma grande deusa, que nos dá a vida e que também pode retomá-la. Esse duplo poder faz dela uma criatura de sombra e de luz, diante da qual nos alimentamos de sentimentos ambivalentes de veneração e de medo. Desde que nasci, dependo dela para sobreviver; eu a alerto e agrido com os meus gritos. Ouço a sua resposta, que é cheia de amor, seus grandes seios que cheiram tão bem e que me enchem a boca. Seu contato me dá um prazer imenso, mas ela me inunda de uma tristeza sombria quando não está por perto e sinto fome, ou medo, ou dor.

Percebo também a sua irritação diante do meu choro, que ela nem sempre sabe interpretar, e às vezes me sinto terrivelmente abandonado, impotente; às vezes também em perigo com ela, que se detesta e me detesta. É nela que eu capto o prazer, a doçura, o amor, o sorriso, a violência, a cólera, o tédio, a tristeza; ela vibra de um modo que me é favorável ou desfavorável; sinto-me bem ou mal em função daquilo que ela emite, especialmente em relação a mim. São como os tentáculos invisíveis que me acariciam ou me atacam. Seu rosto é para mim como o sol com os seus raios. E às vezes os raios parecem velados. Seu rosto que se inclina é uma imagem turva que com o tempo se torna cada vez mais precisa. Eu a recebo como uma mensagem de prazer ou de dor, conforme o caso. Vejo-a por meio daquilo que ela é para mim. Ela é eu. Eu a incorporo ao meu sentimento de espaço. Ela está tanto fora como dentro, e sinto a tensão do paradoxo. Ela vive em mim e me escapa. Ela habita em mim e se afasta; todo o paradoxo do sentimento amoroso já está ali. O universo se constrói em mim por ela. Ela é a minha primeira imagem atingível/inatingível. Ela é a minha memória constitutiva, e tudo se lerá, ou se relerá, a partir dela. Eu não sei nada a não ser ela; eu não quero nada, a não ser ela; seu poder é o meu poder. Quando a vejo, vejo a mim mesmo e ao universo. Eu a desejo e incorporo por meio do seu leite. Sobreviver e viver é, para mim, absorver, reabsorver em mim. Vê-la é tê-la e existir. O sentimento de unidade é constitutivo, tanto quanto o sentimento de diferença. Sou a minha mãe. EU SOU OUTRO.

A deusa-mãe é a nossa terra prometida e a nossa identidade é de início feminina, mesmo que sejamos biologicamente homens ou mulheres. A primeira identidade é psíquica, identificadora, canibal. Eu como você, logo existo. Eu sou você. A semente do amor está completamente contida nesse primeiro movimento, e toda a longa etapa do desenvolvimento vai consistir em trocar de proposição, passando de *eu sou você* a *eu sou eu mesmo,* para voltar ao ponto de partida, em outro nível de consciência.

Do mesmo modo, a humanidade, durante milhares de anos, colocou no seu céu o rosto radiante da grande deusa e lhe rendeu culto por intermédio de suas sacerdotisas. Ela é a boa mãe por excelência, aquela que dá a vida, que assegura a fertilidade das colheitas e do ventre redondo das mulheres; a que também recupera a vida, que esteriliza e mata, a boa mãe e a mãe má. As grandes festas orgíacas da primavera honram o seu princípio; os acasalamentos se fazem e se desfazem no anonimato, na celebração da intensidade do desejo, na pirâmide vibratória invisível de uma alegria profunda de existir, na comunhão paroxística. A união dos corpos, feita na pureza do desejo, leva a uma transformação energética de todos os seres. O *hierosgamos,* o acasalamento ritual, é uma superação do individual, uma maneira de retomar as forças numa fusão primitiva e espiritual. O que pode haver de mais espiritual para um ser humano que fazer amor? Toda essa dimensão do espiritual parece ter sido descoberta por ocasião da celebração dos corpos e da aceleração da respiração. Além da necessidade, além do sexo, além da separação e da encarnação, reencontrar a unidade, o sutil, a ausência de peso.

Os filhos da mãe

Haverá alguma possibilidade de fugir ao fascínio muitas vezes inconsciente diante da figura materna? Pobres filhos da mãe, eternamente devorados por essa onisciência, eternamente despossuídos de si mesmos, apesar de suas miseráveis tentativas de emancipação, de rebelião. Poderiam os filhos fugir da imagem da própria mãe que se impõe ao espírito? Não se passa toda uma vida a perseguir a estrela inacessível, a inacessível fusão com a mãe? A grande deusa-mãe de nossas origens pode ser ultrapassada no plano da consciência coletiva como no plano da consciência individual? A morte real ou simbólica da mãe libertaria os filhos, fossem eles amorosos, devotos ou rebeldes? O que mantém alguém prisioneiro é a mãe real ou a idéia que cada um faz de sua mãe, ou melhor, a idéia que cada um faz de si mesmo?

A civilização da mãe perdurou durante os milhares de anos da pré-história, e os mitos mostram que a grande deusa da fecundidade foi também uma mãe cruel contra a qual era preciso lutar para existir. Toda a história da identidade masculina está construída com base nessa luta. Toda a história da identidade feminina firma suas raízes nessa herança biológica que faz dela a soberana aparente da fertilidade. Diante do homem que surge e combate a mãe e a destitui de sua onipotência, a força da reprodutora coloca-se ao lado da fragilidade daquela que procria e se submete à força psíquica. Dessa submissão, dessa passagem pela sombra, a mulher vai ressurgir progressivamente mais consciente de sua força de criatura solar. O homem e a mulher, a filha e o filho, vão travar uma espécie de combate para sair da matriz de fusão total e fascinante da grande mãe das origens. Suas chances e suas dificuldades não serão as mesmas.

A mãe e o filho

O filho é sempre um filho-amante da grande mãe. Todos os filhos e todas as mães formam inconscientemente um casal incestuoso. A atração é muito forte. Os mitos da grande deusa-mãe mostram muito bem que ela reveste seu filho-amante do poder da realeza, mas que ele continuava sob o seu controle espiritual. Cada ano, no momento das festas da primavera, ele é destituído desse poder, às vezes é levado à morte e substituído por outro filho-amante. Ao longo do tempo, essa destituição e essa morte tornar-se-ão puramente simbólicas. Durante oito dias o rei era privado de suas funções e sua imagem exposta em praça pública era entregue ao opróbrio do povo. Podemos, aliás, nos perguntar se nessa prática não existe uma certa purificação do exercício do poder.

Mas o homem continuava sob o controle da mãe, submetido como um filho e desejoso como um amante. É preciso imaginar essa mulher venerada e mágica que faz crianças sem que se saiba exatamente como, sem que o papel do homem seja verdadeiramente conhecido na reprodução. É ela que tem o poder de vida e de morte sobre os seus filhos, especialmente sobre os do sexo masculino; é ela também que dá acesso, pelo seu corpo, ao prazer do orgasmo. Nas civilizações que endeusam a mulher, a identidade masculina é como um satélite da identidade feminina, girando em torno dela na fascinação e no desejo confuso de fusão. Essa é uma posição que definirei como lunar inconsciente. Todos os homens são, de algum modo, filhos eternos da grande mãe, mais ou menos entregues a seu bel-prazer. Essa situação, que foi a dos primeiros milênios da humanidade, é também a mesma do bebê e do menino de hoje.

Muitas mulheres admitem claramente como o aleitamento é um ato cheio de intimidade erótica e, ao que parece, ainda mais com um filho: "esse pequeno corpo macio e quente contra o meu... essa sucção obstinada, regular, muito excitante." Algumas mulheres sentem vergonha de suas sensações e certos pais sentem um ciúme que eles não ousam confessar. A simbiose mãe-filho existe e forma um casal. Certos homens não ultrapassam jamais essa primeira díade e permanecem prisioneiros numa parte de si mesmos. Freud insistiu bastante na força desse apego do filho à mãe e chamou de complexo de Édipo à rivalidade que opõe o menino ao pai. Outros autores, como Eric Fromm, vieram completar a idéia de Freud mostrando o aspecto afetivo da necessidade do menino, e não apenas o seu aspecto sexual. No seu romance autobiográfico, *Amantes e filhos,* D.H. Lawrence fala assim de seu herói Paul: "Ele estava ligado à mãe. O elo que o ligava a ela era o mais forte de toda a sua existência. Somente ela contava para ele. Os outros podiam permanecer na sombra sem ter para ele existência real. Sua mãe não poderia. Ela era a alma, o pólo da sua vida, e do qual não poderia escapar."

Mas a mãe também sente uma atração muito forte pelo filho. Como não se satisfazer com um olhar de adoração que acompanha essa afirmação feita muito séria: "Quando eu crescer, vou me casar com você"? Para algumas mulheres, o filho é a pessoa do sexo masculino com a qual elas viveram sua maior intimidade.

A díade mãe/filho parece colorir-se com uma excitação sexual que não existe na intimidade mãe e filha, por mais forte que ela seja. Num contexto patriarcal, a mãe pode assumir também uma certa forma de revanche sobre a superioridade masculina. O fato de colocar no mundo uma criança do sexo masculino a enche de orgulho e atrai para ela a consideração do marido e da família. Orgulho e sensualidade vêm se reforçar mutuamente para criar um laço muitas vezes único na vida de uma mulher. "Como ele se parece comigo, como ele me completa", dizem certas mães, os olhos brilhantes, expressando essa idéia de um prolongamento de si mesmas. O esquema que está por trás de toda relação, o sol e a sombra, o masculino e o feminino, a completude da androginia, encontra no casal mãe-filho uma expressão privilegiada.

Quanto mais o filho e a mãe forem conscientes desses desejos incestuosos, tanto mais eles poderão aceitá-los e vivê-los positivamente, sem dramas. Há uma rica tessitura de sensações no sentido do "sim" à vida, e elas podem ser vividas com ternura, leveza e cumplicidade. Mas o pai pode se sentir excluído dessa intimidade. Ela acha que essa exclusão é real, que a mulher, satisfeita com essa nova ligação, não manifeste mais o interesse sexual. O homem perdeu a sua mulher; não lhe resta senão a mãe. Em outros casos, o ciúme do pai se manifesta, enquanto a mulher tem a impressão de que nela existe a possibilidade de viver dois amores. Esse ciúme é que traz o problema: "Estou a ponto de ter de fazer escolha entre o meu filho e o meu marido; ele não pára de dizer que tem direitos, e eu o acho infantil; ele não consegue tornar-se um pai." É preciso reconhecer que a paternidade é uma aquisição cultural relativamente recente, e que certos homens podem reativar os traumas da infância com o nascimento do filho. O homem não vê mais a mulher como a amante de ontem, mas somente como a mãe que ela se tornou.

Se o pai mostra para com a criança sentimentos de hostilidade, ele vai forçar a mãe a superproteger o filho em função dessas agressões. Cria-se um círculo vicioso. A família é constituída de dois clãs, e as frustrações do marido vão gerar comportamentos e violências verbais ou físicas que afastarão ainda mais a mãe e o filho, criando novas frustrações e assim por diante. Podemos constatar que o nascimento de uma criança, e particularmente de um filho, é uma causa relativamente freqüente de separação conjugal. A rivalidade edipiana pai-filho se cristaliza em torno da mãe. O filho não consegue se identificar com o pai. No conflito que opõe o pai e a mãe, a criança toma a defesa da mãe. A criança é refém do conflito e torna-se um filho que desagrada ao pai. As mães, então, se sentem culpadas por não saber defender o filho contra as agressões do pai. Algumas mães vão deixar o marido para proteger o filho. "Encontrei a coragem de me separar porque tinha vergonha de não poder proteger meu filho das agressões do pai." Outras vão continuar casadas, e esse conflito a três vai tomar uma intensidade toda particular, a ponto de o filho arrastar por toda a vida esse conflito com o pai.

Retomando a análise dessa situação em outro nível, podemos decodificá-la em termos de dominador/dominado. Na situação patriarcal de dominada, a mãe vai se vingar mais ou menos conscientemente da dominação do homem, fazendo uma aliança com o filho. O filho, que não consegue fazer uma aliança com o pai porque se vê como o salvador de sua mãe, trava um combate longo e difícil contra o homem dominador: é um combate pelos valores. Certas mães pedem assim ao filho que seja o seu salvador, o seu protetor, e partilham com ele no plano intelectual ou afetivo mais do que com o marido. A mulher também pode ser a vencedora no combate dos sexos e retomar a situação de dominadora. Ela buscará todos os pretextos para rebaixar o marido, especialmente diante do filho, que sofre, mas não ousa correr o risco de romper a aliança com a mãe e entrar em relação com o pai. Em qualquer dos casos, o filho vai sentir falta de um modelo positivo de pai.

Assim, a aliança tão exclusiva da mãe e do filho vai impedir o filho de estabelecer uma relação com o pai. E se os pais se separam, o filho corre o risco de se tornar o pequeno homem da casa. "Se a minha mãe tivesse tido um amante, eu não teria passado a minha vida morrendo de sede junto de cada fonte", disse Romain Gary. É difícil para um menino que tem uma relação forte e exclusiva com a mãe ser satisfeito por uma outra relação feminina, e por vezes ter o desejo de criar uma intimidade perigosamente total.

Muitas mães se vêem e são vistas por seus filhos como onipotentes. Elas se sentem responsáveis por tudo o que acontece com eles, seu trabalho escolar, suas aptidões sociais, seus problemas. Mas essas mães generosas criam filhos insatisfeitos. Aos olhos deles jamais fazem o suficiente. O marido também está duplamente decepcionado. Está decepcionado pela atitude da mulher, que ele julga muito fraca, cuja educação ele critica, tomando o cuidado de culpá-la por tudo. O filho também o decepciona porque não tem boas notas na escola, porque é insolente. A mãe se vê culpada por seus dois homens, o que é uma maneira inconsciente de tentar se livrar de seu poder absoluto.

A mãe que se consagrou ao filho (ou aos filhos) se sente abandonada quando eles crescem. O filho, por sua vez, se sente culpado de sua autonomia, culpada pela frustração e sofrimento da mãe. "O que dou à minha mãe em retribuição pelos anos que ela me dedicou?" A resposta a essa pergunta pode orientar toda a vida de um menino. Alguns não poderão encarar a mudança da cidade onde a mãe mora, ou mesmo do próprio quarteirão. Uma visita todos os dias, a cada dois dias ou todas as semanas será a regra. A tomada de consciência dessa dependência pode provocar uma relação conflituosa que realmente não lhe dá liberdade. É o caso daquele homem de 30 anos que deixava ligado o motor do carro cada vez que passava pela casa da mãe para indicar que ele não pretendia se demorar. Mas ele não se sentia no direito de interromper o ritmo de suas visitas. Certas crianças grandes se consideram por toda a vida responsáveis pelo bem-estar de suas mães, pela sua revanche sobre as dificuldades da vida. O filho é a compensação da mãe que não conseguiu ser bem-sucedida na vida. Mas nada do que o filho possa fazer satisfará realmente essa falta. Mãe e filho voltados um para o outro, imolando-se um ao outro, criam alienações recíprocas. O melhor que uma mãe pode fazer é procurar a própria autonomia e não colocar o filho no lugar de uma figura masculina ausente. O filho que se encontra ligado à mãe dentro de um contexto semelhante dificilmente irá encontrar o seu lugar no exterior e se desenvolver. Aos 50 anos, certos homens tomarão consciência de que viveram a vida que a mãe desejou para eles, na escolha da profissão e por vezes, até, na escolha da mulher.

A rebelião do filho

Nas diferentes lendas sobre a deusa-mãe poderemos descobrir uma evolução significativa. De início submissos, os filhos-amantes vão se rebelar, recusando morrer todos os anos, desejando apropriar-se da realeza pela força e, se necessário, chegar até a morte da deusa-mãe. A conquista da imortalidade e do *status* de deus-pai tem esse preço.

O que também está em jogo é a negação da liberdade sexual da mulher e a possibilidade de fazer emergir a paternidade. Porque como saber se somos o pai de uma criança quando uma mulher tem relações sexuais múltiplas? Estamos diante de uma tentativa de apropriação do sexo feminino pela força.

Não há outra saída para um homem a não ser a de matar a própria mãe e molestar a mulher? Trágico destino. O que é essa morte simbólica? Trata-se de sair da fascinação e da identificação com a feminilidade: eu sou a minha mãe, eu sou uma outra. E começar a poder dizer: eu não sou a minha mãe; eu não sou como a minha mãe; eu sou eu.

A ruptura da fusão com a mãe é uma tarefa considerável que talvez jamais seja concluída.

A feminilidade impregna o pequeno homem nos seus primeiros anos de existência e espera pacientemente para tornar a encontrá-lo na curva descendente da vida, depois dos 40 anos, mesmo que já tenha se distanciado dela na sua afirmação de masculinidade. De fato, o inconsciente sempre tem laivos do outro sexo, e se manifesta indiscutivelmente com a idade.

Para poder dizer: Eu sou como o meu pai, sou um homem, eu sou eu, o menino está obrigado a negar sua primeira experiência da feminilidade no estado de fusão? Não pode ele se colocar senão como opositor? A definição do masculino não é, a princípio: "Eu não sou feminino"? Somos obrigados a constatar que a história da humanidade jamais soube poupar o combate entre o homem e a mulher, que a diferença biológica fez o jogo do medo da diferença. Passamos por uma civilização da mãe e, há quatro mil anos, estamos passando por uma civilização do pai, o patriarcado.

Há quatro mil anos, o patriarcado representa uma iniciativa de rebelião contra a mãe pela afirmação soberana dos direitos do pai. **O filho lutou contra a mãe para conquistar seu poder e tornar-se um pai.**

Hoje, esse combate recomeça sob outra forma. Os homens sempre são confrontados com esse percurso de evolução primitiva, e esse é, sem dúvida, mais essencial que o percurso identificado pela psicanálise: o da morte do pai. Um pai pode impedir o filho de ter acesso à sua mulher como homem: ele pode se posicionar como um rival vencedor, mas não pode impedir o filho de ter seus próprios filhos, de por sua vez, tornar-se pai. A mãe, ao contrário, pode castrar o filho pela maneira em que busca prendê-lo a ela exclusivamente.

Os filhos do patriarcado vão se colocar ao lado dos pais e, para se tornarem homens, vão renegar a mãe e sua feminilidade. No princípio, ao menos, serão seres invencíveis e todo-poderosos, heróis capazes de enfrentar os monstros devoradores e, especialmente, os monstros saídos da feminilidade, que representam sua parte sombria. Sua porção luz está reservada tão-somente para a masculinidade, o solar. É preciso que ele saia vencedor desse combate com a sombra, com a mãe, com a mulher. O guerreiro, feroz, invencível e cruel, assim como o patriarca autoritário, tirânico, intolerante, déspota, isolado e infeliz nasceram dessa oposição radical entre o masculino e o feminino desvalorizado. O filho, diante desse desequilíbrio entre as polaridades masculina e feminina, tem duas possibilidades: ou se coloca ao lado do pai e nega a mãe e sua feminilidade, ou se coloca ao lado dessa mãe oprimida e se torna o seu defensor, o seu recurso diante do pai. Seja ele o filho da mãe, ou o filho do pai, nos dois casos ele herda uma grande dificuldade para ser feliz, para ser ele mesmo, para encontrar uma via de realização pessoal, de libertação e de apaziguamento.

A mãe e a filha

Se a dificuldade do filho é a de dizer não à identificação com a mãe: "Eu não sou como minha mãe" — a dificuldade da filha será a de dizer totalmente sim a essa mesma identificação: "Eu sou a minha mãe." Ela deverá introduzir uma distinção suficiente entre: "eu sou como minha mãe" e "eu sou a minha mãe". Quando pedimos a uma mulher, seja qual for a sua idade, para fechar os olhos, imaginar o círculo de amizades da mãe e visualizar o seu próprio círculo, temos freqüentemente a surpresa de constatar que os dois círculos se confundem, que o círculo de amizades da mãe não cessa de interferir com o da filha e que os dois círculos às vezes coincidem. O trabalho simbólico consiste então em direcionar conscientemente os dois círculos de maneira que eles se coloquem a uma boa distância um do outro, a uma distância de intimidade não intrusiva e de não-fusão.

Muitas mães se projetam nas filhas e tentam conduzir a vida delas para que elas realizem os seus sonhos ou reafirmem os valores que adotaram. A maioria dos pais parece assim buscar, na existência dos filhos, uma confirmação daquilo que foram ou daquilo que sonharam ser. As posições diante da sexualidade e do casamento são essenciais. Os pais freqüentemente encarnam a ordem moral e social, a preocupação com as aparências e com o que os outros dirão, quer os filhos adotem esses valores, quer se revoltem em busca de seus próprios valores. Esse é o tempo da busca adolescente, que pode se prolongar durante anos, e por que não, em certos casos, durante toda uma vida? A pressão sobre as meninas é ainda mais forte que sobre os meninos, pois a virgindade antes do casamento há muito tempo foi considerada uma prova de moralidade.

Hoje em dia, porém, a consciência coletiva nesse aspecto evoluiu. A prioridade não é mais a de que uma moça encontre um marido, se possível, com uma boa situação, mas a de que tenha uma profissão e, se possível, uma boa profissão.

A autonomia financeira começa a ter mais importância que o casamento. No entanto, a herança da mãe em relação à filha repousa mais sobre os comportamentos sexuais. O que foi dito e o que não foi dito pela mãe sobre os homens é registrado de maneira indelével. A mensagem pode ser: "Todos os homens são canalhas", o que reforçará a cumplicidade feminina, mas não sem criar para a moça uma dificuldade considerável em suas relações durante anos e às vezes mesmo durante toda a vida. As outras mensagens seguem a mesma linha: "O ato sexual não é interessante", "Os homens são todos egoístas", "Eles se satisfazem e pronto".

Quando a menina tem uma mãe submissa, inferiorizada, ela recusa-se com freqüência a se identificar com ela e toma o pai como modelo. Ela quer, sobretudo, não ser como a mãe. Para um grande número de mulheres é uma ofensa ouvir da parte do pai ou do marido: "Você é parecida com a sua mãe." É preciso esclarecer que esse tipo de comparação raramente é feito no sentido positivo.

Portanto, mesmo as filhas que se esforçaram por se desvincular da imagem da mãe, que se revoltaram contra ela, descobrem com desgosto que estão se comportando como elas, especialmente em relação a seus próprios filhos. Insidiosamente, os modelos que registramos na infância se impõem e repetimos os mesmos roteiros. De maneira geral, quer ajamos como nossas mães, quer façamos o contrário do que elas fazem, somos prisioneiros de sua influência. **Para ser eu mesmo, é preciso ultrapassar a imitação e a revolta.** Muitas mulheres acordam aos 40 anos com a impressão de terem vivido uma história preparada anteriormente por suas mães, de terem vivido para satisfazê-las ou para contrariá-las, mas de não terem vivido verdadeiramente para si mesmas, ouvindo os seus próprios desejos. Essa dissolução dos desejos da filha nos desejos da mãe é uma grande armadilha. A filha dócil e a filha revoltada contra a mãe são duas figuras antitéticas da **filha da mãe**.

Marie-Claude tem 40 anos e até agora nunca foi capaz de criar laços duradouros e felizes com um homem. Durante toda a sua infância, ela viu a mãe chorar e sofrer de ciúme doentio pelo pai. Com seus dois irmãos, passou para o lado da mãe para protegê-la contra o pai. Ao mesmo tempo, ficou revoltada com a sua submissão, com certos aspectos infantis e superprotetores. Ela recebeu as mensagens confusas sobre a sexualidade e concluiu que se tratava de algo, acima de tudo, complicado e negativo, gerador de problemas. Nessa atmosfera tempestuosa e apaixonada, as crianças também tinham a impressão de não ter verdadeiramente um lugar.

Marie-Claude é, portanto, extremamente desconfiada e, ao mesmo tempo, ávida de amor. Sempre trabalhou e assumiu sua autonomia financeira, procurou endurecer, apesar de uma aparência muito feminina, e sua voz tomou algumas inflexões masculinas. Como jamais se envolveu numa relação, manteve uma aparência bem juvenil, de menina, que traduz sua imaturidade afetiva. Ela se polarizou fortemente na sua revolta contra o pai e só voltou a vê-lo pouco antes de sua morte. Ela se considera um pouco como guardiã da mãe e se esforça, mais ou menos, inconscientemente por substituir o pai. Ela precisa se livrar da influência dos pais e das crenças negativas sobre os casais que registrou durante a infância. Ela precisa romper com a repetição que faz com que atraia homens com os quais repete o jogo da tirania paternal. Tanto não superou essa ferida que retoma o mesmo cenário, a história do seu relacionamento com o pai, a história do relacionamento de sua mãe com o pai.

A filha da mãe tem várias maneiras de ser fiel. Ou ela continua grudada na mãe no cotidiano, sendo um satélite dela; ou cuida da mãe e a protege até a morte; ou precisa da sua aprovação; ela vive de algum modo à sua sombra e a seu serviço, nutrindo sentimentos ambivalentes de amor e de ódio, de submissão e de revolta, sempre reprimidos porque jamais consegue se emancipar. Ela também pode viver a alguns quilômetros, não ficar mais de dois dias sem telefonar para a mãe, monopolizá-la, pedir-lhe todo tipo de favores e conselhos sobre todos os assuntos. Ela sofre tanto com esse relacionamento com a mãe que por qualquer motivo a censura; o que quer que faça ou onde quer que esteja, mesmo que a milhares de quilômetros, a filha não se livrará do poder supremo da mãe. Esteja a favor ou contra a mãe, não importa, ela sempre estará descentralizada.

A fidelidade da filha traduz-se também numa personalidade que renega a mãe.

Léa recebeu uma ferida profunda na infância porque a mãe dela, Gina, que era uma linda mulher, havia abandonado a filha e o marido para viver luxuosamente com o proprietário de um grande hotel na Côte d'Azur. Léa reencontrava a mãe durante as férias. Era levada como um cãozinho aos encontros mais ou menos clandestinos dessa jovem mulher muito cortejada. Chegava a esperar durante horas, sentada, sozinha, no banco de um jardim público, até que a mãe voltasse de seus passeios elegantes. Muito jovem, Gina teve um fim trágico e Léa foi criada por um tio e uma tia que a adotaram. Mais tarde ela se casou, desejando ser a mulher de um só homem e uma mãe atenciosa, com uma dedicação que não tinha limites, com um amor muito possessivo. Léa encarnou o contrário de sua mãe Gina.

A filha de Léa, Anne, se ressentiu muito desse desejo de controle da mãe e lhe escreveu, desde a idade de 10 anos, cartas de ódio, que deixava jogadas ostensivamente para que fossem lidas. Anne detestava sentir que deveria ser sempre a melhor e a mais bela. Essa revolta interior atingiu tal proporção que a menina ficou gravemente doente. Aproximou-se do pai e, porque ele lhe escrevia poemas, ela pôde entrar em contacto com um aspecto fino dele, escondido sob uma rude carapaça. Anne fez um curso universitário brilhante.

Quando, por sua vez, teve uma filha, buscou ser uma mãe diferente, não exercendo nenhuma pressão sobre Claire, que confiou por decisão própria aos cuidados de sua mãe ou de sua sogra. Criou-a numa atmosfera de autonomia, de responsabilidade precoce, sem se dar conta de que a criança poderia sofrer de insegurança e falta de atenção, ainda mais porque Claire se viu muito cedo separada do pai, por causa do desentendimento do casal. Anne era uma jovem mulher livre, independente, brilhante, mas Claire se sentia mal com a presença dos amantes de sua mãe. Poderíamos dizer que o esquema da avó Gina se repete, tanto mais porque Anne não é uma mulher que vive da generosidade de um amante.

Claire, por sua vez, vem a ter uma filha, Sara, e Claire encarna uma personalidade que renega a de Anne, pois no momento dá à sua vida toda a segurança e estabilidade que Anne tomou o cuidado de evitar. Claire é filha de uma mãe que pouco conheceu o próprio pai, e não é tão surpreendente que tenha escolhido por companheiro alguém que tem quase a idade de seu pai. Vive ainda uma mistura de fascinação e revolta contra essa mãe, a quem admira e reprova por lhe ter dado tão pouca atenção. O que será de Sara?

Nessas cinco gerações de mulheres houve uma alternância. Gina, já abandonada pela mãe, não soube assumir a maternidade e buscou um *status* de criança mimada ao lado de um homem rico. Léa, pelo contrário, adotou um modelo de mãe atenciosa e de mulher dominadora. Anne se rebelou passando para o lado do pai, e é a mais ambiciosa, a única intelectual de todas. Claire voltou ao campo maternal e buscou um modelo em Léa, sua avó.

É interessante notar que Anne abandonou a solidariedade ao clã das mães porque sofreu muito o poder absoluto materno e a derrota paterna. Esse homem, de uma inteligência brilhante, que adorava estar na companhia de outros, que mantivera durante muito tempo uma grande liberdade de espírito e de comportamento na sociedade, se adaptou e se conformou com a idéia que se fazia de um bom marido e de um bom pai. Ele escreveu a Anne sobre a sua revolta interior, partilhou com ela seus sentimentos, seu mal-estar, e, porque amava nele essa centelha de audácia intelectual, o seu desejo de se elevar acima do cotidiano e das atitudes convencionais, ela se tornou, sem o saber, uma filha do pai.

De certa maneira, a filha do pai é uma variante da filha da mãe, uma filha da mãe que mudou de lado e se recusou a se identificar com uma figura maternal desvalorizada ou com uma mãe muito poderosa.

O trajeto da filha da mãe consiste em livrar-se da submissão materna, chegar ao limite de sua revolta para reencontrar o seu poder. A ela restará ainda não se deixar invadir por uma dimensão masculina maçante, para enfim conhecer o brilho de um amor solar.

Uma mulher como Anne, que tem uma mãe dominadora, deverá explorar a submissão e o poder arcaico da grande deusa-mãe e reencontrar nela o amante masculino antes de atingir o estágio da mulher solar. Optando por se identificar com o masculino dominado que seu pai representava, Anne optou inconscientemente por liberar sua própria masculinidade culturalmente prisioneira numa sociedade ainda misógina. Esse modelo enfraquecido há muito tempo a afastou do êxito social. Foi somente a partir da segunda metade da sua vida, quando começou a reconhecer o seu valor, que Anne deixou que o sucesso chegasse até ela. Por outro lado, sua revolta contra a mãe dominadora, há muito tempo a separou também de sua feminilidade interior, desse frescor e dessa doçura, dessa essência de menina que lhe reanima o rosto. A luminosidade da mulher solar é criada com esse contato cada vez mais freqüente com a alma. **Quando o guerreiro e a fada benfazeja se conjugam num único indivíduo, quando um e outro são aceitos, a porta da sabedoria se abre e a vida dança embalada pela graça.**

A deusa-mãe e a filha

A história da deusa-mãe e da filha é grega, a história de Deméter e de Perséfone, filha de Zeus. Enquanto Perséfone passeava por uma bela pradaria colhendo flores, um maravilhoso narciso apareceu e, no momento em que se preparava para colhê-lo, a terra se abriu e Hades, o deus dos infernos, a raptou imediatamente e, apesar de sua resistência, levou-a para o seu reino infernal. Ora, esse rapto não poderia ter acontecido se não houvesse a cumplicidade de Zeus que criara esse narciso. Deméter, informada do desaparecimento da filha, procura-a por toda parte, em prantos. Nisso recebe a ajuda de Hélios, o sol, que a informa do rapto e do papel desempenhado por Zeus. Em sua cólera, Deméter condena toda a Terra à esterilidade. Para acalmá-la, Zeus propõe-lhe então um compromisso: Perséfone poderá deixar as regiões infernais se ela não tivesse se alimentado ali de nenhuma iguaria. Mas Hades já a havia feito comer algumas sementes açucaradas. Decidiu-se então que Perséfone passaria metade do ano debaixo da terra com seu esposo e a outra metade sobre a terra com sua mãe. Feito o acordo, Deméter concordou então em devolver a vida à Terra.

Dessa história podemos compreender que é o próprio pai que coloca a sua filha num lado sombrio, que a exclui de uma vida ao sol. A grande mãe não aceita mais essa submersão do feminino e, tendo ainda o poder de se opor vitoriosamente ao masculino, obtém um compromisso. O equilíbrio de poderes entre o masculino e o feminino é absolutamente claro na solução encontrada para Perséfone. Não há certeza de que Perséfone tenha sido forçada a comer as sementes; talvez ela tenha gostado de sua nova vida junto a Hades. Ela prefigura a mulher submissa. **Colocada entre duas figuras de autoridade, a mãe e o esposo, a menina vai de Caribde a Scila, de uma forma de submissão a outra, sem jamais dar ouvidos ao seu verdadeiro desejo, sua liberdade interior.** É assim que acontece quando a filha só deixa os pais se for para se submeter à tutela de seu companheiro.

Sem a mãe, Perséfone perderia a possibilidade de voltar para a superfície. Da mesma maneira, a mulher submersa no patriarcado, ou submersa no amor de um homem, necessita do recurso de um grande princípio feminino para desabrochar ao sol. Os reencontros da mãe e da filha, sua aliança, constituem uma força de vida essencial: sem esse acordo, a Terra morreria. A filha precisa também romper sua identidade com a mãe, separar-se dela e muitas vezes a figura paterna desempenha um papel importante nesse processo. A filha quer conquistar o pai, tornar-se sua filha-amante, eliminar a mãe. Ela é seduzida por um narciso, seduzida pela própria imagem refletida nos olhos do pai. Hades é irmão de Zeus; então, de certa forma é um pouco de Zeus; também o incesto está presente, ao menos psiquicamente, e não teríamos razão se atribuíssemos toda a responsabilidade ao pai, pois a filha também sente desejo por ele. Ela quer ao mesmo tempo reencontrar a mãe, mas a sua permanência no centro da Terra, nas profundezas da sexualidade, lhe traz conhecimentos indispensáveis. Perséfone é submissa e cúmplice de uma pseudo-opressão masculina que a traga e a fecunda. Da mesma forma, o acesso à maternidade vai enfraquecê-la, ameaçá-la e, ao mesmo tempo, enriquecê-la, desabrochá-la na sua feminilidade. Toda mulher é, assim, uma velha filha e uma nova mãe explorando a dependência e a independência, a submissão, a obediência, o poder e a autoridade.

O casal original

O filho e a filha formam com a mãe um inevitável primeiro casal fundador que irá colorir fortemente a sua vida afetiva. Como se opera a passagem da dependência absoluta à independência? A mãe facilitou, favoreceu a saída do ninho ou, ao contrário, fechou todas as saídas? As necessidades por que passou durante a dependência foram satisfeitas, ou o sentimento de frustração foi dominante? A mãe é boa ou má? Qual a idéia predominante que vai emergir das experiências da infância? As más lembranças superam as boas? A mãe partiu, morreu prematuramente, se desinteressou da criança, criando um sentimento de abandono, um medo compulsivo de abandono? Ou ao contrário, superprotegeu a criança, chocando-a permanentemente, criando uma fragilidade, uma dependência e, finalmente, o mesmo medo do abandono? Todo desequilíbrio vai gerar desequilíbrios.

Se a mãe trata os filhos com espírito de sacrifício, ela negará um certo número de suas necessidades próprias, e essa personalidade negada interporá uma sombra de frustração, às vezes violenta, entre ela e os filhos. Se a mãe se ocupa tão-somente de sua carreira ou de seus amores, ela se negará ao seu desejo de nutrição em relação aos filhos, e um sentimento de culpa subterrâneo virá corroê-la interiormente.

Como fazer para reencontrar uma relação saudável quando somos uma criança ferida por uma mãe indiferente ou, ao contrário, possessiva? Como não arrastar por toda a vida esse desequilíbrio? Poderíamos mencionar aqui a ferida original.

Geralmente, ela não é conhecida; nós a carregamos, a escondemos e, quanto mais a escondemos, mais ela se exibe aos olhos dos outros. Somos os únicos a não vê-la. Construímos todo tipo de obstáculos para não nos colocarmos diante dela; repetimos obstinadamente os mesmos erros, afrontamos e reafrontamos o monstro interior, tomando bastante cuidado de estar sem defesa, alimentando a tola esperança de ser vencedor e preparando em surdina a nossa derrota. Todos os filhos e filhas com uma ferida materna cultivam essa dualidade perversa vítima/algoz no seu íntimo, jogo que interioriza a partir de um relacionamento de força exterior: eu sou a vítima da minha mãe e sou o seu algoz. Tenho fome (vítima), choro (algoz); não tenho fome e você me força (vítima), viro o prato de comida (algoz). A maior parte adota também, como uma forma de fidelidade, a personalidade negada da mãe: se a mãe foi uma mulher do dever, alguns tentarão ser os boas-vidas, marginais despreocupados. Outros, pelo contrário, adotarão uma cópia do seu comportamento. É bastante comum também ouvir dizer que o homem procura uma mulher que se pareça com sua mãe, que uma menina se casa com a mãe no homem que escolheu. É essencial acabar com a repetição desse padrão que adotamos sem perceber.

Quando Jean se casa, ele não procura em Isabelle uma mãe; ele vive a fusão amorosa, o desejo sempre renovado; está sem cessar conectado a esse sentimento. Não obstante, sua ambição profissional o força a investir bastante tempo e energia em seu trabalho, o que lhe permitirá contrabalançar essa paixão por Isabelle. A parte dele que se quer autônoma não gosta dessa dependência amorosa, tem medo de explorar a sua entrega ao prazer e ao desejo; ele se refugia numa atividade exagerada, deixando que nele se expresse o homem dinâmico em detrimento da criança que brinca, que faz mágicas. Isso se deve ao seu *status* de homem casado: Isabelle é dele, Isabelle está em casa; pouco a pouco, a imagem da mãe vai insinuando-se sobre a imagem da amante.

Toda mulher que ama um homem deveria interessar-se pela mãe desse homem e suas relações. A mãe de Jean é inválida, se locomove com dificuldade e ele sempre se considerou a serviço de sua mãe, uma espécie de *chevalier servant*. Como tal, ele sempre se sentiu útil, valorizado, mas também prisioneiro. Jean escolheu a profissão de médico, que responde a esse destino de salvador de que se sente investido desde a infância. Nessa perspectiva ele, muitas vezes, renunciou a ouvir suas próprias necessidades, o seu lado lúdico. A boa mãe, a quem ele ama e protege, do mesmo modo que ela o ama e protege, é também a mãe má que o mantém prisioneiro. Essa sombra começa a pairar sobre Isabelle, que vive esse mal-estar sem o compreender.

Isabelle se volta para um outro homem para continuar a viver essa paixão que não encontra mais junto de Jean. Para ele, o despertar é brutal, a ferida é mortal, pois a primeira mulher já o abandonou.

Minha mãe também não traiu? Toda pessoa acaso não vive um tipo de traição com essa mãe que se afasta sempre do filho, que tem outras ocupações, que dorme com outro e que, de quando em quando, volta para pegá-lo nos braços? Essa mãe, que é minha, é também aquela que carrega outros filhos no ventre, que os amamenta e cuida deles. Nenhum de nós escapa a essa ferida da separação espacial e temporal no amor. Nós, que conhecemos a presença constante dentro do ventre materno, nós, que tivemos as nossas necessidades satisfeitas instantaneamente, descobriremos a frustração da espera. Teremos de caminhar para reencontrar a nossa mãe, e descobriremos depois que caminhamos também para outros encontros e para o nosso prazer. Nossa autonomia é construída para responder a essa primeira frustração. Algumas pessoas ficam mais marcadas que outras e desconfiarão compulsivamente de toda nova dependência. Suas relações com a mãe serão fortemente ambivalentes: desejo de fusão e desejo de independência. Faremos de tudo para que nossa mãe nos aprisione, e nos revoltaremos contra essas grades psíquicas. **Certas pessoas, homens e mulheres, continuam imobilizadas durante toda a vida nesse primeiro estágio e não conseguem viver com ninguém.** O lugar ocupado originalmente jamais será liberado.

Jean não é assim, mas subterraneamente alimenta a idéia de que uma mulher sempre irá traí-lo, e se comporta de tal forma que confirma a sua crença. Passadas as primeiras ondas da paixão, ele tem bastante medo do sexo e dos sentimentos para não deixar de investir na relação em proveito de sua vida profissional. A jovem mulher abandonada e decepcionada busca o amor fora, para que o fogo da paixão não se extinga. Jean escolheu Isabelle precisamente porque ela encarnava uma feminilidade forte, desabrochada. Mas, confinada em sua casa e sem trabalho, Isabelle se tornou uma mulher para ser protegida como a sua mãe... No jogo de polaridades, minha mãe, frágil, necessitava de um menino forte, mas a serviço dela; portanto, um filho da mãe forte num sentido, mas fraco noutro. Com a sua companheira, Jean tenderá a explorar esse mesmo eixo no qual ele está em desequilíbrio. Eu procuro uma mulher forte da qual eu possa me afastar sem culpa e que esteja lá quando eu voltar.

Mas Isabelle não é assim tão forte nem fiel. Ela caiu de amores por um outro. Com a ferida plenamente reaberta, Jean começa a andar em círculos, batendo a cabeça contra a parede. Sua profissão lhe oferece uma saída e ele se autoriza, pela primeira vez, a sentir as energias que podem circular entre ele e suas belas clientes, entre ele e uma cliente especialmente bela. Jean conhece Julia, 20 anos: amor e desejo. Isabelle soube tirar proveito da situação. O sofrimento de Jean ajudou-a a acelerar a superação das ilusões e Isabelle já descobriu que essa paixão não passava de um fogo de palha e preferiu ficar com Jean. Tarde demais, pois ele já se voltara para outra direção.

Isabelle encara, por sua vez, a sua ferida. Sua relação com a mãe é particularmente conflituosa. Ela construiu um sentimento negativo contra a mãe, com o sentimento de que nada deve senão a si mesma por ter-se salvado de uma mãe perigosa, devoradora. Isabelle jamais lhe perdoou seus sofrimentos de criança carente de amor.

Daqui por diante, a sombra da mãe má vem pairar sobre Jean. Isabelle encontra nele o algoz ideal que relembra a mãe. Ela começa um balé de fascinação e revolta, buscando desesperadamente a saída. Torna-se cada vez mais dependente financeiramente e afetivamente, como aquela mãe inválida... Jean se encontra entre a mulher e a amante, como entre o dever e o prazer, entre as obrigações e os novos desejos, entre o bom filho de outrora e esse novo homem, esse pai simbólico que ele tende a ser.

Por trás de todas as situações, a consciência continua pacientemente seu percurso evolutivo, buscando compreender e desabrochar. Esse casal em dificuldade é constituído de duas pessoas em plena transformação. Considerando o sofrimento vivido dentro da paixão e do ciúme, poderemos ler essa situação de maneira dramática. Do ponto de vista da consciência, duas pessoas voltam a representar suas feridas ancestrais, procurando a cura e encontrando novos recursos. Se muitas vezes repetimos os mesmos enredos que se assemelham é porque queremos entrar dentro da nossa problemática para sairmos melhores. Só a conscientização e a aceitação profunda de uma fraqueza podem nos salvar de sofrimentos repetitivos. A experiência às vezes faz a sua obra, mas podemos ganhar bastante tempo esclarecendo-nos, por intermédio da consciência neutra de um terapeuta. Apoiando-se nele, encontraremos a boa distância, o novo ponto de vista, o recuo necessário.

Jean e Isabelle vão continuar juntos? Seja o que for, eles cresceram e aprenderam a amar o outro por sua beleza e autenticidade. Eles procuraram um terapeuta, aprenderam a conhecer melhor quem eles são, para eles mesmos e para o outro, e, pouco a pouco, a pequena semente da sabedoria, da autoridade interior, começa a brotar. Eles vão mudar de necessidade em relação ao amor. O outro não será mais a muleta da sua carência; o outro será um companheiro de jogo para aumentar a alegria de existir. Fico bem quando você não está aqui, mas é realmente muito melhor quando você está. Com você e sem você, de um pólo a outro, aprender a estar bem sozinho ou acompanhado com a pessoa amada. Aprender a conhecer o seu calcanhar-de-aquiles, a sua ferida secreta, e não reviver sistematicamente a sua reativação dramática, destruidora. Aprender a se manter direito e em equilíbrio, centrado como um sol.

Cada um de nós precisa conhecer essa ferida materna para não projetar no companheiro ou na companheira a sombra da mãe má. Na tensão desses pólos femininos, o que Jean esta procurando? Quer crescer, passar do *status* de filho ao *status* de pai e, depois, a um estágio mais andrógino. Isabelle, no papel de mulher ferida, revive a filha ferida, busca a sua força de Grande Deusa e procura também ter acesso à sua completude por meio da emergência da sua parte masculina. O feminino de Jean é, à imagem de sua mãe, amputado de certas possibilidades, dependente e inquieto; e essa imagem torna-se uma armadilha para Isabelle, que pode ou não cair nela, ou seja, enfraquecer-se. O masculino de Isabelle é frágil, carece de confiança nas suas capacidades de realização, de estabilidade, e essa imagem torna-se uma armadilha para Jean, que pode ou não cair nela, ou seja, falhar.

Agora e sempre, a consciência procura a oportunidade de adquirir mais plenitude e mais felicidade. Mas enquanto essa intenção não for consciente, os antigos sofrimentos, as antigas carências retomarão os roteiros de fracasso. O casal arcaico, que todos formamos com nossas mães, condiciona o seguimento de nossa vida afetiva, enquanto não decidimos nos colocar diante da nossa vulnerabilidade.

A deusa do amor

Quando a deusa tem o rosto daquela que nasceu do mar, a bela Afrodite, o desejo torna-se adoração. Todos os adolescentes passam por essa fase em que a mulher é para eles uma deusa maravilhosa, em parte inacessível e que os deixa loucos de amor. A mulher provoca uma embriaguez contínua; ela exerce um encantamento que não é assim tão fácil de romper.

Os poetas, os artistas são, por excelência, os filhos da deusa. Eles vêem nela o seu ideal, o seu lado feminino idealizado, e buscam servi-la de mil e uma maneiras, no mundo profano ou no religioso. A linda menina, loura ou morena, e sempre brilhante de acordo com a imaginação de cada um, que faz a fortuna das revistas, responde a esse arquétipo do eterno desejo amoroso.

Alguns homens nunca decidem se casar, de tanto que seu apetite adolescente com respeito a Afrodite permanece forte. Passam de mulher a mulher, consomem freneticamente rostos e corpos, retomando indefinidamente neles a mecânica do desejo e do prazer, sem se aperceber que continuam na periferia de si mesmos, que não entram jamais em contato com a alma e que se condenam a uma perpétua insatisfação. Esses mesmos homens ficavam prisioneiros da mãe. São enquadrados por ela de todos os lados. Por trás deles, a mãe, figura arcaica todo-poderosa; diante deles, a mulher, fonte de todos os prazeres. Quanto ao mundo formado pelos outros homens, está relegado ao papel de um pano de fundo, onde silhuetas são desenhadas numa espécie de névoa. Os Don Juans impenitentes, no entanto, são relativamente raros. Depois de alguns anos, ou de dezenas de anos de libertinagem, a maioria deles busca estabilidade afetiva e sexual junto de uma mulher que possa ser admirada pela sua beleza, juventude e sucesso, mais raramente pelo seu valor interior, e que eles protegem por sua idade, sua experiência, seu *status* social ou seu dinheiro. Essa mulher encarna um ideal não formulado, inacessível, algo da ordem da graça. Por esse motivo, foi escolhida entre tantas e, se essa chama perdurar, esse homem será muito fiel de medo de perdê-la. Ele tem acesso, desse modo, a um certo sacerdócio inconsciente. À sua maneira, ele se consagra a uma mulher e, por intermédio dessa mulher, à sua própria mulher interior. Se ele tiver uma filha, repartirá às vezes entre sua mãe, sua mulher e sua filha essa necessidade de apoio espiritual, e devotará a ela uma espécie de culto apaixonado, que não é exercido sem tirania, sem violência mal contida.

A deusa do amor é uma promessa perpétua da renovação do prazer sensual. Essa mulher que encontramos todos os dias que faz compras, que tira a maquiagem, que come, que vai ao banheiro, essa mulher "humana, tão humana", pode continuar sendo o alvo da flecha do desejo? Muitas vezes não e às vezes sim. Não por uma pessoa que vive na consumação das formas, mas por alguém que tenha sido tocado por uma exigência interior e que persiga essa busca por meio de uma mulher. Os gestos mais cotidianos são agora fonte de prazer, porque remetem esse homem ao mistério do ser, que é feito sem cessar, mesmo de maneira inconsciente. A mulher não é só idealizada; ela também é percebida na sua essência feminina, esse eterno feminino, tão cantado e que fala a um homem dessa parte dele mesmo que ele chama de completude. Nem todas as mulheres possuem igualmente essa dimensão de maneira manifesta, mas todas são potencialmente suas portadoras. O que torna uma pessoa suporte da busca profunda e misteriosa da outra? Trata-se de uma questão de sexo? Trata-se de uma questão de evolução pessoal? Uma pessoa do mesmo sexo pode encarnar essa dimensão para outra? Uma mulher por uma outra mulher, um homem por um outro homem? A sociedade não favorece uma relação como essa. Mas toda pessoa no caminho da androginia, que já desenvolveu possibilidades masculinas e femininas verá convergir para ela as demandas de amor que concernem à sua necessidade de evolução.

O amor humano entre um homem e uma mulher também é dessa ordem, mas muito mais indiretamente, e se inverte ou se esgota com muito mais facilidade porque está entregue às flutuações do medo e das dúvidas, das ilusões e das desilusões. É assim que o amor cortês por uma mulher é cada vez mais remetido à Virgem Maria, figura de deusa reintroduzida no panteão masculino do cristianismo. A mulher, deusa de amor sensual e sexual, se tornou deusa de amor sublimado, inatingível, mas também inalterável. E a sublimação não seria em si mesma uma resposta à altura da ilusão amorosa? O amor não é como uma miragem de dois rostos, de dois olhares que se cruzam, que se compreendem, ou que acham que se compreendem no espaço de um instante, entre o dia e a noite, e que voltam a se perder na satisfação cotidiana de suas necessidades "humanas, tão humanas", grosseiramente corporais? Já que a mulher real é tão freqüentemente um suporte decepcionante do divino e do anímico, uma mulher verdadeiramente divina, uma mulher virgem de todo pecado da carne, uma mulher-mãe, uma mulher longínqua e onipresente vai reforçar a confiança masculina e excitar a imaginação.

Uma certa forma de amor — a mais prática sem dúvida — oscila entre o narcisismo e a idealização. É pela hipertrofia do "eu" que o homem busca para si uma deusa como mulher e se reconcilia consigo mesmo por meio dela. É pela fragmentação do "eu" masculino que um homem se vê numa mulher idealizada, sublime, incomparável e, no entanto, feita para ele, mesmo que ele não se sinta digno dela. A deusa do amor, todo-poderosa na sedução ou na compaixão, é ainda uma figura arcaica, sobre a qual o homem se desfaz de seu próprio desejo de onipotência e cria um padrão mortal para a sua consciência, uma alienação. E isso, mesmo que ela seja uma passagem obrigatória de uma evolução em direção a mais autonomia. Toda relação amorosa tem esse lado positivo, que é a abertura ao outro, que contém, ao mesmo tempo, um processo de identificação e de desapego. Quando a relação é bloqueada na identificação, quando o homem se esquece de si mesmo, esquece de se amar e de se respeitar para amar só a Mulher, ele se perde nas etapas do percurso.

Assim, a deusa do amor tem duas faces, ela é paradoxal: por um lado, escolta e convida o homem a se superar; por outro lado, aprisiona e aliena. É um risco certo e talvez uma etapa necessária no processo evolutivo. É numa terceira instância suplementar à díade mãe-filho que funciona o auto-erotismo. O desejo pela deusa do amor tira o homem da mãe, e o nascimento desse poder de sedução, faz com que a menina se diferencie, passe a rivalizar com a mãe, para chegar ao *status* de deusa do amor.

O casal apaixonado

Você deseja "cair" apaixonado, como dizem os franceses, ou "subir a montanha do amor", como dizem os canadenses?

Nos dois casos, o mundo se torna rico de novas possibilidades, a consciência muda. O mundo fica mais vivo, as cores ficam mais vivas ainda, o ar mais leve, mais fresco e perfumado. Todos os nossos sentidos são aguçados. Nós nos reconciliamos com nós mesmos e com tudo à nossa volta; estamos num estado de graça. Jamais as ruas da nossa cidade ou as paisagens do nosso trajeto matinal para o trabalho nos pareceram tão maravilhosas. "Antes, quando você não estava aqui, jamais eu havia escutado o canto dos passarinhos..." Chega-se a um estado de hipersensibilidade, de disponibilidade, de abertura. O mundo é novo, porque temos novos olhos para vê-lo. Queremos dispor de tempo para viver, para apreciar e sonhar, tornarmo-nos capazes de apreciar uma poesia, de fazer uma longa caminhada a pé, de aproveitar um pôr-do-sol, de comprar um presente que é uma loucura financeira. Amamos e somos amados numa perfeita reciprocidade. Olhamos nos olhos de quem nos ama e todas as críticas que fazemos a nós mesmos desaparecem. Nós nos aceitamos como nós somos e aceitamos o outro como ele é. Fazemos inconscientemente a experiência do amor incondicional. Todas as funções críticas perdem o seu poder. Sentimos, apreciamos, exploramos, criamos.

Nadia, que tem 30 anos, uma filha, dificuldades financeiras todos os meses, problemas no trabalho, um dia conhece Yves, e daí por diante tudo lhe parece perfeito. Não sente mais a necessidade de que o seu apartamento esteja arrumado, que seu salário seja aumentado, que seus superiores sejam mais compreensivos. Ela não se satisfaz somente com aquilo existe, mas suas prioridades mudaram. Ela desempenha todas suas as tarefas dentro de uma óptica positiva; ela está descontraída, desabrochada, e seu meio ambiente lhe responde no mesmo comprimento de onda. Já que tudo o que faz parece ser bem-sucedido, ela pode ser ela mesma, não tem nem sequer necessidade de ser gentil. Tornou-se confiante já que foi incondicionalmente aceita pela pessoa que é mais importante para ela. Ao contrário, seu lado de boa mãe começa a passar para um segundo plano; nega coisas que antes concedia à filha, não aceita que a tiranizem, precisa de tempo para si mesma e para estar com seu bem-amado. Passa também menos tempo com a mãe, mas encontra um equilíbrio satisfatório ao confiar mais freqüentemente a filha aos cuidados da mãe. Esta, por sua vez, se regozija com o lugar que lhe foi dado na vida da neta.

Quando "subimos a montanha do amor" nossa visão de "antes" nos parece muito estreita. Deixamos que o nosso otimismo fale. De maneira geral, esse estado nos permite deixar emergir todos os aspectos de nós mesmos que estavam mais recalcados, negados. Temos acesso a novas fontes de energia. Projetamos sobre o ser amado todas as qualidades que adoraríamos possuir no momento. Yves tornase o reflexo de Nadia e Nadia o reflexo de Yves. Nadia admira em Yves a fantasia, o gosto pela festa, pelo luxo, pela liberdade, o sentido da amizade, todas essas qualidades que ela repeliu por falta de recursos financeiros. Yves admira em Nádia sua seriedade, sua independência financeira e moral, sua estabilidade, seu trabalho. Cada um projeta no outro uma dimensão que ele tem, mas que não deixou se desenvolver até então. Assim, a escolha amorosa que ele ou ela faça, está ligada a essa necessidade inconsciente de fazer emergir, pela existência do outro, um impulso profundo e reprimido. O outro é a ocasião de se tornar mais vivo.

Poderíamos dizer que o estado amoroso é a ocasião para deixarmos emergir a porção infantil de nós mesmos, porção louca e sábia, que está aberta e acredita na magia da existência, que ao mesmo tempo é vulnerável e forte. É essa parte de nós mesmos que é capaz de estabelecer um contato intenso com outro ser humano.

Quando cuidamos da nossa criança interior, liberamos um grande sentimento de força e, quando estamos amando, assumimos automaticamente essa posição de pai em relação a nós mesmos. Essa é também a etapa romântica e de fusão do casal. Os sonhos de duas pessoas dão origem a uma visão comum. Temos a sensação de que fomos feitos um para o outro, de termos nos reencontrado por milagre; temos a impressão de criar juntos uma harmonia perfeita e mantemos uma ilusão de unidade, como se a velha nostalgia da unidade primordial do andrógino enfim se realizasse.

Não se trata, portanto, inteiramente de uma ilusão, mas também de uma intuição do que poderia ser um amor de qualidade, como a semente da planta futura, como o mapa de uma viagem possível. Duas pessoas partilham suas esperanças e seus sonhos e se fortalecem mutuamente para realizá-los. "Como nós nos parecemos, como nos completamos, como nos damos bem juntos!" "Você responde aos meus desejos mais loucos." Cada um dos parceiros tem de fazer durar esse sonho tanto quanto possível, mesmo que disfarce ligeiramente a realidade. Aquele que se sente visto no melhor de seus dias, vê-se obrigado a se adaptar a uma falsa imagem de si mesmo. O diálogo que se estabelece é mais entre duas imagens do que entre duas pessoas reais. Pouco a pouco, a energia dessa falsa troca se esgota. Todas as diferenças que foram apagadas vão reaparecer, fazendo renascer os medos, as lutas, as censuras.

O primeiro casal de uma vida ou de um encontro é sempre muito importante, mas se parece com um fogo de palha, ou com o estado de iluminação ou de bem-estar criado por uma droga. Tínhamos a impressão de ter compreendido tudo; a vida era simples e, de repente, restam apenas cinzas.

Então, o que aconteceu?

Enquanto Nadia e Yves estão na etapa amorosa e romântica, o aspecto mãe de Nadia permanece benfazejo, mesmo que seja levemente repressivo: "Não beba muito." Assim como o aspecto pai de Yves é protetor: "Não dirija tão depressa." O aspecto mãe de Nádia encontra o aspecto filho de Yves, e o aspecto pai de Yves, o aspecto filha de Nadia. Esses quatro personagens principais estão em equilíbrio dentro da relação. As projeções também funcionam a pleno vapor, como vimos, deixando que cada um se sinta portador de qualidades que se atribuem ao outro.

O primeiro filho

A ligação original entre mãe e filho é muito forte. Uma relação completamente simbiótica, uma experiência de unidade que vem sido vivida durante nove meses. Com o nascimento, todos os dois reaprendem a diferenciação, que na verdade é um processo iniciático. Na presença dessa criança, o pai deve, daqui por diante, partilhar sua mulher, aceitar até que essa partilha seja feita de modo muito desigual. O bebê necessita de muito cuidado, de tempo. Muitas mulheres se cansam e ficam pouco disponíveis. A mãe descobre um novo amor incondicional por essa criança, com a qual ela pode viver com o que há de mais vulnerável em si mesma. A mãe vive uma realeza e um estado amoroso.

Durante muito tempo, inúmeros pais se sentiram excluídos dessa relação e viveram um momento difícil com esse nascimento. Eles tinham a impressão de ter perdido a sua princesa, a sua mulher. Para alguns, essa também foi a passagem para a segunda etapa do casal. Deixaram para trás nada mais que a bem-aventurada inocência do casal apaixonado. Aqueles que possuíram uma mãe tida como malvada, padeceram grandes dificuldades interiores, com seus filhos e com sua mulher. O rosto da bem-amada é substituído agora pelo rosto da mãe todo-poderosa e castradora. Adeus aos sonhos do pequeno príncipe, adeus aos tempos da infância e da irresponsabilidade, da divina volubilidade, adeus à condição de filho; é preciso tornar-se um pai responsável. Um pânico pode então se apoderar do homem que se sente preso numa rede de deveres e apartado de seu prazer. Pois freqüentemente sua mulher, monopolizada pelo filho, não tem mais nenhum pouco de impulso sexual. Alguns homens vão se excluir deliberadamente dessa intimidade entre a mãe e a criança, da qual se ressentem, pois não querem confessar seus ciúmes. Partem então para desenvolver, mais ou menos freneticamente, as atividades externas. Pelo contrário, aqueles que chamamos de "novos pais", vão se esforçar para entrar nesse círculo, para tocar, trocar as fraldas do bebê, se interessar pelos detalhes dos cuidados. Uma relação a três pode assim se instaurar.

Por que tantos casais confessam que a deterioração do casal começou com o nascimento do primeiro filho?

Paola e Hervé eram ainda em parte estudantes e experimentavam um primeiro emprego quando Paola descobriu que esperava uma criança. Até esse momento, eles tinham vivido num clima de despreocupação e de boêmia, com a poesia das palavras e das formas, e sua sede de cultura parecia inextinguível. A vinda de uma criança veio pressioná-los e começaram a se organizar melhor. Encontraram um apartamento confortável que arrumaram com gosto. A gravidez ia bem e

Hervé se estabilizava no trabalho. Paola tivera uma mãe muito devotada, para a qual os filhos eram o centro de sua vida. Da luta que percebera entre o seu pai e a sua mãe, tivera a impressão de que o pai fora finalmente o perdedor, que ele de certa forma, caíra numa armadilha, aprisionado no círculo familiar sem satisfazer suas necessidades como indivíduo. Paola prometera a si mesma não reproduzir esse esquema familiar e talvez ela tenha prometido a si mesma não se parecer jamais a seu pai nesse nível. Apesar de seu sucesso escolar e profissional, sentiu-se sempre rebelde à organização social e familiar. Estava feliz por ser mãe, mas não sabia absolutamente nada do que isso representava. Ela tinha a impressão de que uma mulher não poderia ser plenamente mulher sem ser mãe, mas jurava que não negaria suas próprias necessidades, que não se sacrificaria como a sua mãe nem seria sacrificada como o seu pai. De início, ela fugia do modelo de "boa mãe" proposto por sua mãe. Ao negar esse modelo, arriscava-se a cair no esquema da mãe não-convencional, da mãe rebelde, ou mesmo da mãe má.

Por outro lado, Hervé era um pequeno príncipe, criado numa família burguesa abastada. Era um típico filho da mãe; ele encarnava o lado artístico da existência, o mesmo que seu pai renegara ao se tornar coronel do exército francês. No momento do nascimento da criança, Hervé se sentiu sozinho porque Paula foi para a maternidade e ele a viu sofrer durante longas horas sem nada poder fazer. Sozinho porque ela decidiu rapidamente, logo que voltou, partir por mar para a casa de sua mãe com o bebê. Depois que ela partiu, ele tirou sua fantasia de pai recente e retornou ao seu papel de jovem. Em poucos dias ele encontrou uma jovem, apaixonou-se e se sentiu culpado, cheio de remorsos. Escrevia pouco, a mulher se preocupava, a distância se aprofundava. Quando Hervé, por sua vez, foi ao seu encontro, não pôde deixar de confessar sua aventura, e Paola se sentiu profundamente magoada. Seu primeiro reflexo foi o de tentar realizar a unidade perdida e, para isso, retomar as relações sexuais para reencontrar o lado funcional do casal. Mas ela teve de se render à evidência. A criança chorava de noite. Seria pela presença do pai? Interiormente, Paola ficava cada vez mais furiosa e se mantinha distante. Começou a observá-lo de uma perspectiva crítica, ela que sempre fora indulgente para com ele. Ela desejava um pouco mais de ajuda dele. Ao voltar para casa, irritou-se, pois, além de ter que dirigir o carro, tinha que providenciar mamadeira; e ele não sabia dirigir. De volta a Paris, tudo ficou ainda mais difícil.

Ela se tornou a mãe responsável e ele o pai irresponsável. Mas ela detestava essa responsabilidade, esse lado adulto, que ele se recusava a assumir. Daí por diante, estabeleceu-se entre eles uma competição: quem assumiria menos responsabilidades e quem culparia mais o outro por isso. Um inexorável processo de destruição se pôs em ação nesse casal. Como suportar que o outro possa ter o direito de supervisionar o que fazemos ou deixamos de fazer; como suportar essa metodização de todo um sonho de vida, essa restrição que consistiria em se colocar a serviço da célula familiar, justamente quando a excitação da descoberta, do saber e do prazer, está à sua espera lá fora e suas jovens asas estão desejosas de provar o poder de seu vôo. O casal já está condenado, porque se tornou sinônimo de alienação, e a felicidade daí por diante está em toda parte onde ele não está. Dois adolescentes, loucos de amor alguns meses atrás, agora voltam as costas um para o outro, do mesmo modo que o fazem para o seu papel de pais, para o casamento e a vida adulta. Juntos, eles forjaram correntes e armadilhas; separados, sonham reencontrar aquela graça imaterial da adolescência. Recusando-se a construir o ninho tradicional em torno da criança, vão revezar-se carregando-a em suas andanças marginais e sem rumo. Assim termina essa primeira união, como muitas outras primeiras uniões que não têm meios para compreender, para atenuar o choque dos mal-entendidos, as dissimetrias de comportamento, as acusações recíprocas.

O homem-formiga

Durante o período da civilização da deusa-mãe, o homem era de certa maneira um ser secundário, cabendo à mãe a primazia. Esse estágio arcaico jamais foi totalmente ultrapassado e cada homem, ao longo de sua vida, é levado a atravessá-lo de novo várias vezes. Depois de ter sido o satélite da mãe, ele é ameaçado de novo de ficar girando em volta do círculo formado pela mulher e pelo filho.

Ele é o pai, ou seja, o protetor, o provedor de dinheiro, de alimento e de conforto. Essa é a sua função e nela ele corre o risco de se alienar, de desaparecer como pessoa, de não saber mais o que deseja, quais são as suas necessidades próprias. Ei-lo todas as manhãs saindo da célula familiar para colher o necessário. Responsabilidade, trabalho e defesa de território em caso de ataque, todos esses papéis são atribuídos ao homem. Em troca ele recebe a consideração de sua família, detém a autoridade do *pater familias*, encarna a lei exterior, a ordem social. Mas antes de encarnar esse poder ele é um ser a serviço de uma causa que é maior que ele.

Quantos filhos da mãe, no nascimento do primeiro filho, vão sentir ressurgir sua adolescência como um desejo de fuga, tendo a impressão de terem caído numa armadilha, num sistema de valores que eles não escolheram?

Assim o músico que se julga obrigado, no nascimento da filha, a vender todos os seus instrumentos, o que simbolicamente significaria para ele renunciar a uma paixão que não rendia nada para o sustento de sua família. Esse suicídio interior não lhe havia sido solicitado por ninguém, nem mesmo por sua mulher. Essa foi a sua maneira de expressar suas dúvidas sobre o seu valor como músico, sua maneira também de desejar virar a página de seus sonhos de adolescente; mas o que é uma vida sem sonhos?

Conhecemos muitos pais de família, jovens ou velhos, que se esfalfam como formigas com alguma coisa despedaçada ao peito. Eles renunciaram, renderam-se ao conformismo, engordaram, e hoje recebem os golpes, rivalizam duramente com outros homens, submetem-se às vezes ao desprezo da própria mulher. Eles não podem responder às mudas interrogações de seus filhos que não sabem mais como se aproximar deles. Anestesiam-se para não perceber que perderam a direção do vôo e que agora rastejam.

É importante saber que o homem paga um preço alto para "fundar" uma família. Ele corre o risco de se colocar a serviço de suas obrigações e de perder a sua liberdade exterior e interior. Por outro lado, porém, se ele não correr esse risco, continuará sendo um eterno adolescente.

Atualmente, é fácil compreender o que acontece. O surgimento do pai permitiu que a identidade masculina se desenvolvesse. A ruptura entre os dois sexos se aprofundou. O homem se apropriou do dia e deixou a noite para a mulher. Sobretudo, ele decretou que a noite era o mal e o dia, o bem. Nós nos debatemo-nos sempre diante dessa oposição e dessa exclusão. Mas o peso das dificuldades e dos sofrimentos que existe dentro desse papel de "dominação" não é menos pesado para os dominados. E, sobretudo, quando perdem sua própria alma.

Podemos ser pais fisicamente e nunca nos tornarmos pais para nós mesmos e para os outros, ou seja, alguém que é o fundador de sua própria lei, alguém que se aprofunda e progride sempre mais na sua liberdade de consciência. É esse justamente o desafio desse percurso de desenvolvimento na aventura da consciência e do amor: como aprender a não se alienar uns dos outros em nome da fascinação da fusão, ou em nome do medo da individuação? Com o patriarcado, vamos ver que, para sair do círculo de dominação da mãe, o masculino não pôde abrir mão da dominação do pai, colocando a mulher num estado de dependência.

O reino das abelhas

Ela reina todo-poderosa sobre o marido e os filhos, solidamente ancorada na terra. E às vezes toma proporções impressionantes em seu corpo. É a mãe que alimenta, que só faz bem; ela é o supremo recurso de uma bondade inesgotável. A mãe está no centro da colméia familiar. O pai e os filhos vão e vêm, mas o seu centro de gravidade e a sua força estão nela. Ela é a terra na qual lançam as suas raízes, e o poder dela é a fonte da confiança que eles têm na vida. O lar é o seu reino; ela prepara o alimento e é muitas vezes uma cozinheira extraordinária. O prato que ela serve é irrecusável. Ela está atenta a tudo e nada escapa ao seu olhar. Ela supervisiona, controla e sua solicitude às vezes torna-se incômoda. Ninguém pode desagradá-la impunemente; suas filhas e netas se submetem à sua lei. Para seus filhos, ela será sempre a primeira mulher, e todos os seus acontecimentos exteriores estão relacionados a ela como troféus. Seu devotamento e acolhimento não têm limites. Quando morre, toda uma parte essencial do edifício desmorona, e alguns de seus filhos não se restabelecem nunca dessa perda.

Esse arquétipo da boa mãe, raiz, rainha, coração e centro da família, está em vias de desaparecer. É como se fosse uma sobrevivência dos primeiros tempos que às vezes coabita com um arquétipo masculino do guerreiro forte e fanfarrão, preocupado com o poder exterior e com a política. De volta ao lar, o guerreiro deposita as armas e se submete.

Poderíamos representar essa mulher com grandes raízes mergulhando no solo. Sua força possui também um traço telúrico abissal. Freqüentemente ela engorda, incha desmesuradamente, como se muitos e variados elementos convergissem para a sua presença imóvel. Essa ancoragem na onipotência da feminilidade procriadora representa uma tentação fascinante e um desequilíbrio. Assim como a ancoragem no poder absoluto do pai vai se constituir numa outra fonte de desequilíbrio.

O aparecimento do patriarcado fará desaparecer a mãe livre, independente, mas a mãe servidora não vai esquecer para sempre seus grandes poderes arcaicos. Dois grandes poderes vão se rivalizar e se confrontar. **A mãe nutridora tem uma face tentacular escura, que poderíamos chamar de mãe-abismo, aquela que se alimenta dos filhos.** Muitas vezes, a consciência coletiva apagou esse aspecto ameaçador para se lembrar apenas de sua face luminosa. Essa influência é tanto mais perigosa quanto menos é percebida, quanto menos é declarada.

Contrariar a mãe

Tudo acontece como se a solução para essa tarefa de fusão da mãe com os filhos nunca tivesse sido verdadeiramente encontrada no plano coletivo.

O patriarcado nada mais é que uma reação à onipotência maternal, e ainda não estamos livres dele. Talvez jamais tenhamos prestado atenção suficiente a essa saída do círculo da mãe, a esse primeiro estágio. Os meninos e as meninas, na adolescência, agem como se o cordão umbilical tivesse rompido. A maioria deles passa de uma dependência dos pais, e especialmente da mãe, a uma dependência afetiva e sexual num primeiro casal. Eles não tiveram tempo de saber quem realmente são, qual a sua autonomia como ser masculino ou feminino, qual é o valor que darão a si mesmos. Como não estar inclinado para o outro na relação quando implícita e inconscientemente lhe pedimos para substituir o calor materno, quer a imagem da mãe seja positiva ou negativa. Substituir o que eu tive ou o que eu jamais tive.

Na maior parte do tempo, **quando se dá a saída do casal de junto da mãe, a etapa de diferenciação é feita às pressas.**

Cada adolescente está em plena organização de sua *anima,* para os meninos, e de seu *animus,* para as meninas. Jung mostrou muito bem, em *As Raízes da Consciência,* como os meninos vão construir os elementos femininos de sua personalidade, mas também a sua imagem idealizada da mulher, vaga e mítica, a partir da experiência que tiveram com a mãe. Toda passagem entre esse sonho e a realidade de sua companheira faz parte de sua aprendizagem do amor. Da mesma forma a menina sonha o seu *animus*, o qual deverá confrontar, ajustando-o num encontro real.

Na primeira relação amorosa de uma moça, se ela não tem confiança em si mesma, vai se comportar de maneira a responder à *anima* do rapaz. Assim como a menina sabe instintivamente seduzir o pai, mimá-lo, fazer gracinhas e obter dele o que deseja, a moça vai usar o seu charme todo-poderoso. Mas há um risco para ela ao tomar essa atitude. Ela adota o papel que é desejado pelo masculino, ela não tem consciência de si mesma a não ser no espelho dos desejos do seu parceiro; ela perde em parte a sua autonomia e até o contato com as próprias necessidades. É a mulher "bonequinha querida", a mulher objeto. Ela é amada como uma sombra e não como uma pessoa real.

Ao tomar consciência de seu *animus*, a moça desenvolve seu poder de afirmação, o seu modo de se manter direita e centrada em si mesma. A desvantagem da mulher provém do fato de que a deusa-mãe é um personagem que está submerso. O panteão dos deuses é dominado pela imagem de um deus-pai. A essência feminina está privada de seu poder e a menina tem um pouco da imagem de uma mulher que se basta a si mesma, que vive a sua plenitude. O lado de sua independência está submerso. Em conseqüência, a *anima* do homem também está sendo negligenciada e em dificuldade para se afirmar positivamente. Freqüentemente, as mulheres não vão encontrar uma solução para serem um pouco mais elas mesmas, para encarnar seu *animus*, a não ser agarrando-se ao poder desse estágio materno (esposa e mãe devotada e devoradora), ou de construir para si um comportamento masculino.

O homem e a mulher têm um intuito comum no seu processo de desenvolvimento. Todos os defeitos da mulher vão repercutir no homem, constituindo armadilhas e impedindo o desenvolvimento de sua *anima*.

Cada mulher deve resolver o paradoxo entre a mulher real e a mulher idealizada, e reconciliá-las. Esse sonho é duplo: o seu e aquele que é percebido dentro da perspectiva do outro masculino. No plano coletivo, quando dizemos que a mulher de hoje quer ser ao mesmo tempo feminina e feminista, mostramos com isso que ela busca a sua identidade, que ela se sonha a partir do sonho do homem, e que leva também em conta as suas necessidades. Trata-se de uma nova busca de equilíbrio. "O aspecto sombrio da deusa antiga não fez ainda a sua reaparição na nossa civilização, o que nos deixa uma interrogação, porque é evidente que com isso um elemento importante está ausente." Assim se expressa Marie-Louise von Franz no seu livro *La Femme et les contes de fées* [*A Mulher e os Contos de Fada*].

O que nos falta é a face sombria; a face luminosa da Virgem Maria está bem colocada diante do deus-pai para exercer sua função de farol. O arquétipo da mulher solar está prestes a ressurgir. Essa face sombria é precisamente o poder da mãe, o poder de matar e de esclerosar. Esse poder existe, mas é muito difícil hoje em dia contatá-lo em sua essência e, sobretudo, levá-lo claramente à consciência. O instinto da mulher é tão assassino quanto o do homem. Tudo nela pode ser excessivo: a sexualidade, a piedade, a crueldade... Negar esse aspecto sombrio é também privar-se de olhá-lo e de controlá-lo, portanto, de viver a sua força sem se deixar devorar.

Os homens e as mulheres de hoje têm problemas com relação à mãe porque a saída da influência materna não dá lugar a uma iniciação particular. Os exames de fim do ano escolar não podem bastar para criar a confiança em si, mesmo que contribuam para isso. As mulheres não conhecem suficientemente nelas o poder que as transforma em procriadoras.

Somos embalados por um discurso piegas sobre o amor da mãe e ninguém nos convida a olhar a mandíbula que se esconde atrás.

A semente do primeiro estágio contém tudo em si. Ela fica enterrada no inconsciente coletivo para permitir o desenvolvimento de outros aspectos, notadamente o do *animus* no Ocidente. **Anima e eros buscam hoje humanizar-se mais, conhecendo de novo a deusa-mãe, submersa nas águas do inconsciente.**

Da mesmo modo, não somos conscientes das partes de nós que ainda estão aprisionadas sob a mãe, seja qual for a nossa idade, tanto que o sentimento amoroso continua em nós criando a fusão, arcaico, com seu corolário de ódio.

Quem está livre do primeiro estágio?

SEGUNDO ESTÁGIO

O Casal Patriarcal

Se eu concordo entrar na jaula,
como poderemos voar juntos
para o amor?

A onipotência do pai

A onipotência do pai vai tomar o lugar da onipotência da mãe. O patriarcado, ou civilização do pai, apareceu por volta de quatro mil anos antes de Cristo, o que é relativamente um período curto comparado com os milhares de anos de civilização da mãe. A paternidade só pôde se desenvolver pela apropriação da mulher. De fato, enquanto as mulheres ficavam livres sexualmente, os homens não podiam saber quais eram os seus filhos. É interessante notar que o culto do deus-pai tomou o lugar do culto da deusa-mãe, justificando a destruição de templos da deusa, onde se realizavam rituais de união fora de toda noção social. Duas concepções de mundo se confrontavam e se afrontavam sempre. A primeira, a mais antiga, confere à mulher uma supremacia religiosa, uma dignidade e uma liberdade que englobavam as esferas econômica e sexual. A segunda coloca a mulher sob suspeita, sua liberdade sexual é declarada culpada, seu sexo mesmo é desvalorizado, e ela passa do *status* de mãe livre ao *status* de esposa-serva e de procriadora.

Os homens se tornaram pais ao preço da dependência da mulher e de um controle estrito sobre a sua sexualidade. Enquanto não tomarmos consciência dessa profunda realidade, jamais poderemos compreender a guerra entre homens e mulheres, o que os separa e os reúne.

O casal propriamente dito, naquilo que tem de restrito, de fatal, de elo paradoxal, surgiu nesse momento. Já havia casais sob a égide de uma onipotência da mãe, mas esses casais eram muito abertos à mudança, eram pouco formalizados, na medida em que a filiação era matrilinear e a sexualidade não era regulamentada. A dificuldade do casal acontece no estágio patriarcal com seus jogos de mestre-escravo e de dependência recíproca, com suas relações de dominador/dominado, de medo e de revolta.

A relação de força introduz uma perversão no encontro espontâneo do homem e da mulher. Cada pessoa ainda hoje é levada a retomar essa experiência dentro de sua própria vida e ultrapassá-la.

O surgimento do homem, a definição de sua identidade, a descoberta do papel e dos sentimentos de pai são feitos em detrimento da mulher. É possível amenizar esse novo desequilíbrio? É bem difícil responder. O uso da força é um reflexo da necessidade de sobrevivência; o apego, o amor são um luxo. A história do amor e a história do casal seguem vias paralelas sem jamais se encontrarem. O amor é uma flor da civilização que continua a buscar uma passagem no humano, que pulsa sobre os escombros da violência. O homem armou o seu braço, o masculino tornou-se guerreiro e decretou sua supremacia sobre o feminino.

As três grandes religiões monoteístas vão servir de justificativa teológica para essa dissimetria entre os sexos. A mulher torna-se uma criatura secundária, depois, progressivamente, uma criatura perniciosa, sendo portanto conveniente que se desconfie dela, que será decretada culpada. Essa tarefa de desvalorização vai ser muito bem-sucedida, **a ponto de as mulheres terem interiorizado essa mensagem, não sabendo mais como se livrar dela.**

A religião da deusa corresponde, para o homem, a um primeiro estágio de adoração do princípio feminino, a uma espécie de prolongação da fusão no ventre materno, de êxtase simbiótico vivido nos seus braços, ao contato de seu seio. Ela é a expressão da relação com a boa mãe nutridora. Ao contrário, a religião do deus-pai expressa a afirmação do mundo dos homens, o fato de virar as costas para mãe, também do aumento da angústia de uma mãe castradora que ameaça a sua integridade e a sua virilidade. O patriarcado é a entrada em cena de uma crença no aspecto mãe má da mulher. Os milhares de anos da prevalência da deusa-mãe permitiram experimentar a crença no aspecto boa mãe. Os dois pólos são partes da verdade mas, tomados separadamente, tornam-se um exagero e uma fonte de desequilíbrio.

Tudo acontece como se a consciência não tivesse encontrado outra forma a não ser a de experimentar o isolamento de cada um dos pólos antes de poder encarar uma **terceira via**. O que aconteceu na história coletiva é reproduzido na história individual. Depois do estágio de fusão e de paixão do encontro, o casal estabelece suas bases sociais e se vê confrontado com o estágio de distanciamento, com seu corolário dominador/dominado. O primeiro estágio é de uma unidade de fusão indiferenciada. O homem, fascinado pela mulher, é englobado por ela; o masculino é definido como estando a serviço do feminino. O mesmo acontece com a mãe com o seu filho; o casal apaixonado é banhado por uma graça que poderíamos dizer feminina.

A experiência dos dois só intervém verdadeiramente na história com o patriarcado e, no casal, com a diferenciação.

Em si mesma, a diferenciação não significa **dessimetria**, foi necessário que se introduzisse um outro elemento para que um novo movimento de contrapeso se opere e para que o masculino domine o feminino. Esse elemento é um mecanismo universal que se encontra em todos os estágios de evolução: é **o medo da diferença,** o medo do Outro. Cada um de nós precisa tomar mais consciência desse medo que alimentamos no mais profundo de nós mesmo e que não se revela a não ser por clarões privilegiados. Todos os desejos de amor se chocam contra esse escolho fundamental. Quantos fantasmas e projeções sobre o outro vão ser construídos a partir desse medo! Que terrível violência, que desejo de morte vai se acumular no interior da pessoa, enclausurando-a viva!

Não podemos minimizar esse medo e essa violência que estão a serviço da nossa sobrevivência; podemos somente aprender a conhecê-los e a dominá-los; podemos civilizá-los.

O patriarcado é uma organização social que responde ao medo do homem com relação à mulher, medo dessa fascinação que ela exerce, medo de que seus braços se estreitem sobre ele, medo de que ele não possa crescer, desenvolver-se, ser ele mesmo; medo da sua onipotência de mãe. Vimos que esse medo não é despropositado. De um certo modo, a mãe é talvez para uma pessoa — homem ou mulher — uma matriz englobante, com a qual precisamos nos conciliar sem a esperança de ultrapassá-la jamais. A mulher se acomoda à sua maneira, guardando um fundo de desconfiança em relação às outras mulheres. E é talvez apoiando-se nessa falha do psiquismo feminino que os homens vão poder pôr em ação o seu domínio. Surge aqui uma questão. Os homens escravizaram as mulheres sem dúvida pela violência, apagaram o culto da deusa-mãe às vezes com sangue; mas foi preciso que as mulheres tenham sido cúmplices, pelo menos uma parte delas. A relação com a mãe poderia bem estar na origem de todas essas construções. Tudo aconteceu como se as mulheres tivessem preferido o domínio dos homens ao domínio da mãe. Toda a lenda de Perséfone extraiu daí a sua substância.

A identidade masculina

Para tornar-se um homem, o menino deverá de início se diferenciar de sua mãe. Sua primeira afirmação consiste em viver como um prolongamento da mãe: "Eu sou a minha mãe." Seu segundo posicionamento introduz um não tonitruante, cheio de conseqüências: "Não, eu não sou a minha mãe", ao qual se acrescenta este outro: "Não, eu não sou uma menina." Não se trata de uma ruptura, de uma rejeição, de um combate. Um terceiro não vem se somar: "Não, eu não sou o bebê da mamãe. Sim, eu sou eu, eu sou como o meu pai, eu sou um menino."

Para construir a sua identidade, o menino deverá renunciar à sua mãe e à feminilidade. O masculino se define, pois, de início por manobras de defesa: não ser feminino, terno, passivo, dispensador de cuidados aos outros... Ele se sente ameaçado por esse modelo fascinante, e toda a dificuldade do seu desenvolvimento provém do fato de que ele deve poder dizer esse não sem ferir o seu feminino interior. No plano biológico também, o embrião é primeiro XX, ou seja, feminino, e o masculino XY é construído em contraposição a essa feminilidade primordial. Tudo acontece como se, para se tornar macho, fosse preciso travar uma luta. As qualidades masculinas vão ser a força, a coragem, a responsabilidade, mas também a independência, a criação, a racionalidade e a possibilidade do exercício do poder. Notemos que é justamente o homem ameaçado por sua dependência em relação à mãe que se apropria do pólo selvagem da independência. Como ele se apropria do pólo glorioso da criação, ele que, sozinho, não pode fazer seus filhos. Ele imagina deuses como Zeus que fazem sair seus filhos de sua cabeça ou de seus braços. O homem afirma por meio de Aristóteles que a mulher é um "macho estéril", um "macho defeituoso", pois só o macho é divino e a sua semente contém o princípio da alma.

Para compensar esse desequilíbrio inicial (é a mulher quem gera os filhos), o homem não cessa de afirmar sua superioridade em todos os domínios da ação. O homem do patriarcado, o homem saído da fascinação da mulher, é um guerreiro, um ser construído sobre o não, a luta. A prioridade consiste em triunfar sobre as dificuldades, em ser vitorioso. Ser um homem é, a princípio, não ser uma mulher, depois, não ser um homossexual. A conquista de poder sobre a mulher é terrível interior e exteriormente: o homem se posiciona como vencedor e a mulher como vencida. A palavra de ordem do guerreiro é também: matar a mulher que está no seu interior, ou, em outras palavras, matar a parte gentil e vulnerável.

Esse programa sempre falhou. A feminilidade é como uma princesa sob as águas; podemos mergulhá-la nas profundezas, mas ela não desaparece jamais; ela pode ressurgir a todo instante. Existe, portanto, um engodo na ideologia do guerreiro. O modelo proposto é inacessível. **Ele introduz no masculino uma mentira pessoal que vai pesar grandemente no mal-estar do macho.** O homem macho precisa mostrar-se duro, solitário, invulnerável, superior.

Ele triunfa de tudo e de todos; ele permanece impassível em todas as situações; é um animal sexual que não se liga a nenhuma mulher e não tem medo da morte. O exagero desse modelo está na medida da reação à dependência diante da mãe. Toda reação é ainda uma alienação, mas serão precisos milhares de anos para que essa identidade seja profundamente resolvida na consciência coletiva. Sabemos seguramente que esse modelo sempre causa estragos e talvez mais do que nunca por meio dos heróis dos filmes. Os heróis lendários, Ulisses ou Robin Hood, ou mesmo os *cowboys*, passavam por toda a sorte de provas e deviam sair-se vitoriosos; nesse sentido, eram invencíveis, mas suscitavam ternura por suas dificuldades e continuavam sendo heróis de coração generoso. Os heróis modernos como Rambo ou o Exterminador do Futuro, os agentes secretos ou os tubarões da política e das finanças, são antes de tudo máquinas mortíferas implacáveis, de uma invencibilidade desumana, a quem todos os horrores são permitidos quando estão do lado da boa causa. Insidiosamente, e mais do que nunca, o fim justifica todos os meios. Quem quer o poder deve ser um matador. Todo o inconsciente é profundamente marcado por essa identidade-raiz do masculino, e poucas pessoas têm consciência de que estão agindo em resposta a esse rebaixamento.

Assim, **a consciência masculina está sofrendo uma torção**, pois a demonstração da virilidade exige deles uma negação daquilo que neles exigiria abandono, vulnerabilidade, confiança. Depois de alguns milhares de anos de civilização cristã sabemos, portanto, que tudo o que está proibido, tudo o que não pode se expressar, nada mais faz do que se reforçar subterraneamente para depois jorrar de forma brutal. Assim, os duros às vezes saem da casca, da armadura e revelam um interior fraco e frágil, um afeto entregue ao abandono e como que deficiente. De modo geral, podemos dizer que o tipo masculino desenvolve uma atrofia dos sentimentos e da sua feminilidade interior. Quando sabemos que a evolução e a realização de um ser consistem justamente no equilíbrio de seus dois pólos — feminino e masculino —, compreendemos que a identidade masculina mantém na consciência coletiva uma inquietação, um mal-estar, uma doença.

A versão positiva do guerreiro é o gosto e o sentido da conquista, a penetração da matéria, o ato de dar forma às coisas, a criação sempre renovada, a curiosidade intelectual, a elaboração científica, que constituem outros tantos aspectos de uma genialidade fecundante. A criação do espírito masculino é prodigiosa, de uma complexidade sem limites. Essa sexualidade exterior do macho fez nascer um psiquismo expansionista, sempre em busca de aprimorar a vida humana sobre a Terra. A parte masculina da mulher contribuiu, à sua maneira, para esse movimento para a frente, para essas realizações. O espírito masculino continua a dominar grandemente o conjunto da civilização, continua a ter a palavra, a escrita, as ideologias, a política. Atrás de qual sonho de dominação do cosmos, do planeta, da matéria, da vida e da morte nós seguimos? O objetivo é desenvolver o artifício até que o homem possa procriar? A realização dos sonhos mais loucos do cérebro humano é a felicidade mais procurada, a excitação ímpar ou o controle dos territórios interiores, a sabedoria e a elevação, a realização do amor — são esses o próximo objetivo da conquista, da eterna busca?

Cada homem pode se perguntar: em que medida esse modelo masculino tradicional me influenciou? Quais são os homens das minhas relações que o representam, pai, avô, tio, professor, etc...? Quais são os meus heróis preferidos? Acaso eu me sinto fechado dentro de uma carapaça? A vida é para mim um combate?

Aos três primeiros nãos à mãe vêm se juntar, como vimos, dois outros: não, eu não sou o meu pai; não, eu não sou homossexual. De fato, nesse percurso para se afastar do feminino e se aproximar dos outros homens, o menino pode sentir a atração da fusão, não mais com o outro sob a forma da mãe, mas com o semelhante sob a forma de um rapaz ou de um homem mais velho. Houve civilizações — notadamente a grega — em que esse movimento foi encorajado, mas na nossa civilização ele é considerado com certo desprezo. A norma masculina é ser heterossexual, com tendência poligâmica e, subterraneamente, misógina. "A capacidade de satisfazer várias mulheres ao mesmo tempo faz parte do erotismo viril. [...] O homem é, na sua natureza, mais inclinado à poligamia que a sua companheira, esse é um fato bem conhecido" (Didier Dumas). Essa afirmação efetivamente bastante praticada deve ser recolocada dentro de um contexto patriarcal. A poligamia só é bem tolerada sob a forma masculina. Notemos também que, se o desejo masculino é que a mulher seja monogâmica, nada, no entanto, garante que isso seja um fato da natureza.

Para certos homens existe *a* Mulher; para outros, existem *as* mulheres, para outros ainda há, ao mesmo tempo, idealização e desvalorização. A ruptura é vivida seja na forma de idealização, seja na forma de um rompimento e de um desprezo subjacente. A mulher é um ser inferior devorador e perigoso. As relações com ela serão feitas sob o signo da traição. Minha mãe me traiu, me abandonou afastando-se de mim porque eu era pequeno, cuidando do meu irmão ou da minha irmã, saindo para trabalhar. Eu também a traí, deixando-a para encontrar outras mulheres. **O casamento com mamãe foi impossível; nada garante então que as outras mulheres tornem o casamento possível.** Essa desvantagem relacional profunda precisa ser levada em conta.

O medo do homem em relação à mulher se alimenta dessa necessidade de fusão e da certeza íntima da traição. A idealização é uma maneira de gerar esse medo centrando-se no pólo da boa mãe. A misoginia, pelo contrário, vai se centrar na mãe malvada. Nos dois casos há um desequilíbrio pela ruptura de contato com um dos pólos. É sempre indo em busca do pólo submerso no inconsciente que conseguiremos o restabelecimento de uma harmonia.

O guerreiro patriarcal encarna uma emergência solar para o homem arcaico, que estava fechado na aura da mulher. É, portanto, uma passagem decisiva, uma transformação considerável e irreversível, o desenvolvimento sempre desejado daquilo que já existe em potencial. O guerreiro abre caminho para o pai, um todo-poderoso, um patriarca que tem o direito de vida e de morte sobre a mulher e os filhos; que reina sobre eles como reina sobre suas terras e, às vezes, sobre os seus servidores. O homem dominador poderá desenvolver todo o seu campo de expressão, chegando até mesmo à tirania. O esposo torna-se um senhor e, às vezes, um carcereiro. O pai permanece distante, ausente; ele encarna a lei, impõe o respeito. Serão bem raros os pais que tenham relações de proximidade e intimidade com seus filhos.

Se falamos hoje em dia sobre novos pais, é porque a paternidade ainda não encontrou sua plena expressão. Durante alguns milhares de séculos ela permaneceu, de alguma forma, exterior ao ser. A identidade masculina herdada do patriarcado procura hoje em dia suavizar-se pela integração de novos valores pedidos de empréstimo ao pólo feminino: a ternura, a vulnerabilidade, o cuidado com os outros e consigo mesmo. Mas veremos que essa integração não acontece sem armadilhas.

A identidade feminina

O que é uma mulher? A identidade feminina vai se transformar bastante com a emergência do masculino. Ela se definia por uma realeza solar em torno da maternidade, aspecto solar também inconsciente dela mesma, assim como é o aspecto lunar no homem. Ela submerge, se inferioriza numa passividade dominada. Poderíamos dizer que ela regressa, que desce, porque o homem sobe, que o desenvolvimento de um se faz em detrimento do outro? Uma primeira leitura poderia chegar a essa conclusão. Mas uma visão mais ampla permite que se veja toda evolução em termos da experiência.

A mulher não é a vitima do homem; ela aceitou, no fundo de si mesma, a experiência de seu poder dominador; ela na verdade a favoreceu. Ela já conhecia o reino da deusa-mãe e o de sua própria maternidade dentro dela e, às vezes, fora dela, na vida comum entre gerações. Eis que lhe é oferecida agora uma experiência sem precedentes. Ela pode tornar-se mulher de um só homem, trocar a própria liberdade por uma proteção, assegurar-se de uma ajuda permanente para criar os filhos. Num mundo de guerreiros, essa proteção está longe de ser negligenciável. Teoricamente, o impulso sexual do amor faz nascer associados, a associação gera confiança e então o amor pode florescer nesse terreno fértil. Na intimidade da relação, a mulher não está desprovida de poder: o poder da sedução, da maternidade, da rainha do lar, da cozinheira, etc... É talvez por causa desses poderes básicos que ela concordou em deixar-se encerrar dentro dos muros de uma casa, como se ela não acreditasse verdadeiramente nesse poder exterior do homem, na influência dele sobre os setores políticos, econômicos e jurídicos. Não se pode esquecer também esse aspecto que existe no íntimo de cada pessoa, um lado de submissão que sente prazer ao encontrar um chefe, para fazer o que lhe dizem que deve ser feito, para dar um sentido à vida fora de si mesmo. A liberdade de ser, de assumir sozinho a condição humana, parece, para muitos, um fardo pesado demais para carregar. A mulher escorrega na proposição masculina, muito segura de si, não percebe que essa bolha de proteção aliena uma parte dela mesma.

Seu sexo está dentro dela. Ela está diretamente em contato com uma permanente alegria de viver; ela é um canto para Deus; vive no presente numa espécie de delícia energética. Ela se comunica com as árvores, com as plantas, com os pássaros, com o céu, com o sexo do homem; ela gera filhos. O que ela busca já lhe foi dado; é preciso apenas atenuar as arestas, deixar germinar a semente, entrar no ritmo das estações. Ninguém poderá roubar-lhe o seu reinado. Ela não pode contar com as partes dela mesma que podem ser cúmplices de sua própria destruição. Ela, que era a esposa de Deus, a todo-poderosa rainha do céu, vai se tornar serva de um homem, escrava de seus desejos de conquista. A mulher livre, Lilith, não desapareceu, mas se escondeu em algum reino subterrâneo aguardando a sua hora. Eva apareceu, nascida de uma costela de Adão, astuta e enganadora. O combate entre o homem e a mulher começou. Ele quer se assegurar da sua rendição, ela o conforta nessa ilusão para melhor inquietá-lo alguns instantes depois. Ela também usará o mesmo jogo e quererá, por sua vez, assegurar-se da rendição do homem, ele lhe dirá sim, mas agirá como se dissesse não, e o drama se desencadeará. Porque atrás desse jogo de "eu possuo você, você me possui", acontece algo essencial: o da liberdade e, especialmente: o da liberdade do desejo. Quando entendermos que o desenvolvimento da consciência está ligado a essa liberdade-autenticidade do desejo, desejo de prazer e desejo de viver, poderemos compreender a loucura e a sabedoria do casal. **O casal, associação de interesses recíprocos, é por excelência uma armadilha de alienação no nível do ser.** Ele favorece *o ter* em detrimento *do ser* e é bem assim que o entendia a instituição social.

Tudo acontece como se a mulher selvagem e livre concordasse em se deixar domesticar pelo homem, movida pela curiosidade, pelo interesse e pelo apego. Podemos imaginar o que aconteceu observando a evolução das estátuas. No começo, a deusa-mãe era representada com um pequeno deus macho ao seu lado; em seguida eles aparecem semelhantes; depois a deusa-mãe se torna pequena, antes de desaparecer completamente para deixar ao deus-pai um lugar onipresente. A mulher, por sua vez não desapareceu fisicamente; seu poder religioso, sua dignidade sagrada é que foram submersas. Houve sem dúvida tempos em que os poderes masculinos e femininos estiveram equilibrados — como em Creta ou no Egito —, e depois, tendo-se aguçado o apetite masculino, o princípio feminino foi relegado a um papel secundário. Os filósofos e os teólogos reforçaram e justificaram esse esforço pela sua inferiorização. Eva é uma pecadora responsável pela perda do Éden; ela está proibida de exercer o sacerdócio; e, com essa ancestral, **cada mulher vê na outra o reflexo da sua decadência.** A identidade feminina é algo tão pesado de carregar que não haverá durante muito tempo nenhuma expressão para designar a aliança das mulheres entre si. Não existe equivalente para palavra "fraternidade" [*frater*, em latim=irmão]. A palavra "sororidade" [*soror*, em latim=irmã] acaba de ser registrada no dicionário. O medo dos homens em relação às mulheres forjou uma série de qualificativos bastante pesados: castradora, devoradora, sexualmente insaciável, munida de uma vagina com dentes, maléfica, destruidora, feiticeira, inimiga, prostituta, virago, esfinge, fúria, górgona, inimiga. A mulher é aquela que trouxe para a terra a sexualidade, o mal, o pecado e a morte. Ela vem do lado das sombras, enquanto o homem vem do lado da luz. A mulher não é somente inferior ao homem; ela não terá apenas de passar por ele para reencontrar Deus, mas, mais que tudo, ela é culpada. Seu único modo de se resgatar será servindo docilmente ao homem e à sua descendência. Só na condição de mãe ela encontrará uma certa dignidade. Na condição de amante também, mas unicamente nos grandes momentos de paixão, ou como virgem ou quando polariza o desejo masculino.

A mulher submissa pode ser passiva, dependente financeiramente, afetivamente frágil, irresponsável e infantil, mas ela também pode se amargurar. **Ela cultiva às vezes uma dupla face e esconde sob a aparência de submissão uma autoridade manipuladora, uma solicitude envolvente e sufocante,** que lhe dá o poder sobre a casa, mesmo que ela pareça exteriormente impotente. Essa identidade não pertence ainda ao passado. Ela é transmitida de mãe para filha insidiosamente, como uma doença vergonhosa que não se pode nem mesmo dizer o seu nome. As mulheres hoje têm essa desvantagem bem escondida no seu inconsciente: nós somos inferiores aos homens. E elas têm sempre a tentação de se tornarem úteis, indispensáveis para serem amadas. No amor, elas se põem a serviço do homem; elas se esforçam para lhe dar prazer, enquadram-se nos seus gostos, nas suas exigências; elas negam as próprias necessidades em total inconsciência, persuadidas de que isso é que é ser mulher, de que o seu primeiro dever é o de agradar a um homem.

E por isso repetimos que a mulher *é* e que o homem *se torna*; que o desenvolvimento da identidade feminina é colocado sob o signo do sim dito à mãe enquanto o da identidade masculina é colocado sob o signo do não. Assim como o homem terá que provar que é um homem, a mulher se definirá pela sua capacidade de gerar filhos com um homem, de carregá-los no ventre. No plano biológico, a feminilidade **XX** é o primeiro sexo. No plano espiritual, os tibetanos consideram que a mulher é uma encarnação mais avançada, mais desenvolvida que a do homem. **O sexo frágil, o segundo sexo, seria na realidade o primeiro.**

Eu sou a minha mãe, eu não sou a minha mãe, eu sou eu; eu sou uma menina como mamãe, eu sou como o meu pai; eu sou eu, meu espírito é macho e fêmea; sou mulher no meu interior e no meu exterior; sou homem também no meu interior. De início identificada com a mãe, a menina vai constituir pouco a pouco a sua autonomia, vai diferenciar-se. Sua dificuldade está nesse nível. Ela pode continuar muito identificada com a mãe, ter dificuldades para viver por ela mesma. De um modo geral, o elo que liga mãe e filha acentua a fusão e a continuidade em detrimento da individualidade e da independência, preparando o caminho para a dependência e a submissão diante do masculino. O que pode acontecer também é que a menina rejeite essa mãe demasiado submissa e se identifique exclusivamente com o pai, rompendo com a transmissão do modelo de submissão; ela terá freqüentemente uma autonomia exterior, mas sempre estará presa a uma dificuldade para viver e se entregar à sua feminilidade.

Nessa situação, a mulher desenvolve um medo do homem; ela não pode sobreviver se não pela astúcia, tirando algum lucro desse poder que ele lhe recusa. O homem é um bruto, uma besta sexual, que a toma às vezes com violência e a engravida regularmente até deformá-la e matá-la. Só o ódio pode nascer nessa terrível exploração conjugal.

A mulher submissa tornou-se lunar na medida em que, daqui por diante, ela ouve muito pouco do seu espírito de iniciativa, da sua criatividade, do seu aspecto fálico e penetrante. Daqui por diante, como a lua reflete o sol, ela se contenta em refletir a atividade masculina, em adaptar-se a ela. No plano sexual ela também se oferece, espera, recebe a semente que vai fecundá-la. Contenta-se em ser a taça, o receptáculo. Perdeu toda a grande sabedoria que fazia dela uma maga e uma iniciadora. Ela não sabe mais que ela é a deusa dos mistérios do amor e o palácio do sol. A Bela está adormecida. Como os guerreiros se transformarão em príncipes para vir acordá-la? **O verdadeiro príncipe encantado, o verdadeiro cavaleiro da mulher não está no seu interior?**

As mulheres de hoje reencontram sua virilidade conquistadora no exterior, mas por acaso estarão elas livres das velhas crenças sobre o papel da mulher no amor e do complexo de inferioridade?

O homem dominador, a mulher dominada

Para o homem dominador, a diferença triunfa sobre a divisão, a autonomia sobre a união, as barreiras sobre a comunhão, a auto-suficiência sobre a dependência. A mãe, a mulher torna-se a parte de si mesmo que ele recusa. A psique masculina no patriarcado tem a tendência de não reconhecer o outro feminino. Essa atitude é ainda reforçada pelo fato de a mulher oferecer espontaneamente seu reconhecimento sem esperar a recíproca. A psique feminina não procura negar o outro, mas negar a si mesma.

A armadilha milenar está no medo do outro, no medo do homem em relação à mulher e, inversamente, na negação do outro e na sua sujeição. Quanto mais um deles é dominador, mais o outro será dominado e cada vez mais o círculo vicioso da destruição psicológica recíproca se põe a caminho. O dominador usará sempre mais violência e tirania, e receberá sempre menos reconhecimento da parte de uma consciência alienada. O dominado entra assim numa ronda infernal e reclama para si os direitos de senhor. Essa relação senhor-escravo está na essência da guerra dos sexos.

De onde vem esse medo? Da diferença e do desejo. Já vimos o medo do homem diante da onipotência da mãe, seu medo também do sexo insaciável da mulher. Podemos agora ver como a atração e a diferença dos dois sexos convivem arcaicamente numa relação profunda de risco e de violência. O desejo é fundamentalmente a expressão de uma carência, e para recuperá-lo eu tenho de absorver o que me falta. O que fez Hegel dizer que cada consciência leva à morte do outro. O desejo pelo outro, que é também um desejo de si mesmo, se choca com a resistência dessa outra liberdade, o que faz nascer a angústia e a agressividade contra o outro. **Por trás de todo desejo existe um medo.** É todo esse processo que está em marcha no patriarcado. O homem que deseja a mulher tenta apropriar-se dela, encerrá-la no interior dos muros de uma casa para melhor compensar a sua falta; mais ainda, ele tenta negar a liberdade dela e, finalmente, tenta negá-la desvalorizando-a. Mas, ao mesmo tempo, todo desejo tende a fazer nascer o desejo do outro, o que vem a ser reconhecido, desejado por uma outra consciência livre. Aqui vemos surgir uma dupla contradição. Para acalmar a minha angústia, eu não posso fazer nada senão aprisionar o outro; mas, para que o meu desejo seja satisfeito, devo deixá-lo livre. Se o outro se torna meu escravo e não me dá somente senão o seu corpo, vou me sentir frustrado, vou procurar outros corpos, sem saber que busco uma consciência livre com a qual partilhar o que chamamos de amor.

Nesse clima de guerra crônica arcaica, o amor não é nem sequer uma realidade sonhada; ele é apenas um horizonte ainda obscuro; ele existe somente em estado de latência, ele espera a sua hora. O homem dominador quer ignorar sua dependência afetiva, sua fragilidade e, para descarregar a angústia conseqüente dessa negação, ele acusa a mulher de ser um elemento perturbador, a causa de todos os males. Essa mulher amada/odiada vai ser apagada, destruída, desvalorizada. O processo sádico destruidor está em curso, e encontrará sua expressão culminante na caça às bruxas, que se pode chamar justamente de um verdadeiro *sexocídio,* por corresponder a uma tentativa de eliminar fisicamente as mulheres. Esse risco de destruição que existe no desejo explica a desconfiança generalizada diante da sexualidade, desconfiança substituída pelas proibições que vão elas mesmas gerar outros desejos ainda mais fortes. O impiedoso círculo vicioso foi acionado.

O casal homem dominador/mulher submissa não pertence só ao passado. Ele constitui uma armadilha na qual todo casal pode ser tentado a cair... por amor. Quando um casal apaixonado deixa o estado de fusão para dar início à fase de diferenciação, a mulher, para reduzir a angústia desse afastamento, vai "inclinar-se" para o homem. Ela deseja tanto quanto ele sentir que é uma pessoa, ouvir suas próprias necessidades, ver amigos sem ele, retomar contato com a sua autonomia; mas o atavismo da submissão é tamanho que ela vai se "sacrificar", agradá-lo, reduzir seu campo de expansão e de liberdade para não o inquietar. Ele, pelo contrário, com a consciência tranqüila, recua a maior parte do tempo, com o pretexto de trabalhar ou sem pretexto, porque esse é seu direito desde toda a eternidade. A mulher confinada à casa estabelece ali o seu reino.

A mãe todo-poderosa na educação dos filhos, dirige — especialmente aos filhos — seus impulsos de dominadora rejeitada. Insidiosamente, ela os separa do pai para preservar toda a sua influência. O filho guarda uma má lembrança desse braço sufocante, do qual algumas vezes teve de sair brutalmente para poder afirmar sua identidade masculina e encontrar outras mulheres. Ele não quer que a sua mulher seja como a sua mãe, e que ela cerre os braços ao redor dele. Ele precisa sentir-se livre e guarda um medo secreto da armadilha feminina. A mulher, por sua vez, tem uma relação insatisfeita com a mãe. Ela forma com ela um casal de "iguais" que a infantiliza, que não a tranqüiliza sobre ela própria, porque mamãe será quase sempre insuperável.

O pai, por sua vez, é muito ausente e a filha raramente fica suficientemente interessada em ser levada pela sua sedução. Ela chega vazia e faminta de amor na relação e essa demanda não é a mesma que a do homem. "Você me ama? Você me ama? Diga, você me ama?" Como preencher essa sensação de vazio, de insatisfação, essa é a sua problemática, enquanto a do homem será esta: como continuar livre? Por causa dessa diferença na demanda, muitos mal-entendidos vão surgir, servindo de base ao estabelecimento de um casal dominador/dominado em proveito do homem. Hoje, ainda, isso parece ser uma tendência natural. Durante milhares de anos as mulheres foram exortadas a concordar em se colocar a serviço do homem. Não se lembraram de que, **quando alguém vive para os outros, ele também quer que vivam para ele.**

A estabilidade social e familiar geralmente está construída sobre esse casal que representa uma verdadeira fábrica de pólvora, carregando em si o germe de todos os conflitos e de todas as explosões.

O que fez com que se mantivesse por tanto tempo, o que o mantém ainda, é **o peso da culpabilidade feminina.** Ao se nascer mulher já se nasce culpada do pecado original, do gosto pela liberdade em geral, pela liberdade sexual em particular; culpada por não responder ao espelho ideal que a moral lhes impõe: a esposa fiel, compreensiva, modesta, devotada, atraente, colaboradora atenta, a amante condescendente, a mãe ablativa... A mulher, pilar da família e da sociedade, submete-se aos humores do esposo, conforta-o, ajuda-o no momento de uma prova, fecha os olhos para seus erros, e essa atitude faz parte do contrato que permite que o casal chegue às bodas de ouro ou de diamante. O casal do contrato é um casal de associados, e o primeiro dever da mulher é continuar casada, custe o que custar. Um pai dizia à sua filha que o informava de que queria se divorciar: a cabra pasta onde está amarrada. Ele traduzia assim todo o pensamento patriarcal em relação à mulher. Não estamos mais nessa situação do ponto de vista externo, mas interiormente a imposição permanece no nível inconsciente: a ordem quer que a mulher seja subordinada ao homem. Por outro lado, a mulher se sente responsável pelo casal, justificando talvez: "É a mulher que faz o homem", diz o ditado popular, e parece que em muitos casos são as mulheres que tomam a iniciativa de uma ruptura, de um divórcio. "O que a mulher quer, Deus quer." E justamente as mulheres parecem não querer mais esse tipo de casamento, mas não chegam a abandoná-lo completamente.

História de um casal

Sofia deixou o primeiro marido, ficou com a guarda dos dois filhos e se pôs a trabalhar. Abriu uma loja de roupas e se entregou com paixão à criação, trabalhando sem descaso para receber um magro resultado financeiro. Conheceu Denis, um homem de negócios, que começou a ajudá-la a gerenciar melhor o seu negócio, investindo nele. Sofia deixou que ele a ajudasse com certo alívio, sentindo-se protegida. Ela gosta de ser maternal, envolvente, mas como sempre esconde nessa postura uma criança que deseja profundamente que cuidem dela. Não é por acaso que, apesar da intervenção de Denis, sua loja vai de mal a pior. Ela decidiu definitivamente abandoná-la e ir morar com ele. Essa mulher que havia conquistado sua independência voltou, assim, a ficar numa relação de dependência — situação que ela já conhecera com o primeiro marido. Denis lhe propõe que trabalhe em sua empresa. Sofia aceita, mas seu relacionamento logo é perturbado por conflitos de autoridade. Agora ela é companheira, serva, mãe, empregada e depende financeiramente de Denis; então, se rebela, capitula, adoece, se desgasta, geme e continua. Ela acaba de receber uma pequena herança; compra um apartamento e oscila entre o desejo de independência e desejo de dependência. Investiu o dinheiro que restou na empresa de Denis e continua procurando o seu lugar profissional, da mesma forma que o seu lugar sentimental.

Sofia teria os meios de conquistar sua liberdade financeira e profissional. Ela não a conquistou porque o único modelo de casal que ela conhece é o de associados; a única função que ela imagina para si mesma é a do sacrifício consentido a serviço do homem. A criança que está em Denis gosta dessa mãe transbordante de generosidade, admira a sua capacidade de sofrer e aprecia o que ele considera como uma prova de amor. Sofia convida-o subterraneamente a desempenhar o papel do tirano doméstico, o admira e o conforta no seu desejo de onipotência. Ao mesmo tempo, ela adota o papel de mãe-serva, narcisicamente submissa, e ambos buscam o amor. É então que a coisa complica e o conflito não cessa de surgir porque o amor não está no encontro desse casal de associados que eles representam. Sofia precisaria aprender a se ocupar mais de si mesma e menos de Denis para sentir que vivia. Esse redirecionamento interior, essa autonomia, é a coisa mais difícil de se concretizar numa mulher. De maneira inteiramente simétrica, na medida em que o homem é um bom companheiro para si mesmo é que ele pode renunciar a ter ao seu lado uma mulher-mãe submissa. Esse casal, como tantos outros, se encontrou para viver uma relação de alienação recíproca. Mas essa é uma via paralisante ou de naufrágio que esse casal às vezes maternal, por vezes sadomasoquista, escolheu.

A História de Griselda

A história de Griselda ilustra magnificamente a crença que o homem nutre na sua tentativa patriarcal, a busca desesperada do amor que continua a ser representada no seio da servidão feminina. Essa história muito antiga vem de Boccacio, depois de Petrarca, antes de ser retomada por um burguês de Paris, em 1393, no *Le Miroir des Dames Mariées,* uma espécie de tratado de moral e de economia doméstica.

O marquês de Saluces é um belíssimo homem que tem medo de, ao se casar, fazer o papel de tolo. Pressionado por seus barões, resigna-se ao casamento, mas ele quer estar seguro de que sua mulher lhe será inteiramente submissa. Por isso escolheu a pobre Griselda, filha de um velho servo, que vive muito pobremente, mas com dignidade, trabalhando na roca de fiar. O marquês faz com que Griselda prometa obedecê-lo em tudo, "sem barulho nem objeção, de fato ou em palavras, por sinais ou pensamento". Ela não deve levar nenhum objeto, nenhuma roupa de sua vida passada. Ela chega ao castelo em trapos e se vê vestida de roupas suntuosas.

Griselda é toda doçura, sabedoria e devotamento, e conquista a admiração de todos. Ela dá à luz uma menina e o marquês então decide colocá-la à prova pela primeira vez. Finge que está zangado e a faz acreditar que os barões pediram que ele mandasse para longe a menina, pois era de baixa origem, e acrescenta que espera que Griselda mostre a obediência prometida. Griselda responde ao marido: "Eu e essa menina somos tuas. Faze de nós o que bem te aprouver." O marquês faz com que levem a menina para a casa de sua irmã. Griselda não deixa transparecer na sua atitude nenhum sinal de pena ou de rancor. Passados quatro anos, ela traz ao mundo um belo menino e o marquês acha que esse é o momento oportuno para pôr à prova uma vez mais a mulher. Espera que o menino faça 2 anos e o retira de sua mãe com o mesmo discurso anterior. Griselda responde: "De mim e de meus filhos tu és o senhor. Desde que entrei em teu palácio, eu me desfiz de minhas pobres vestes e, por minha própria vontade e afeição, vesti as tuas." O marquês se maravilha interiormente com a sua obediência e, um pouco envergonhado de si mesmo, se retira cabisbaixo. Griselda achava que seus filhos estavam mortos, mas sempre se manteve obediente e amorosa. Contudo, o marquês continua a achar que precisa de novas provas.

Doze anos depois, ele finge que pediu anulação do seu casamento e declara a Griselda a sua intenção de se casar novamente. Griselda permanece fiel a ela mesma na sua humildade: "Pensei bem que entre a tua magnificência e a minha pobreza, não havia sequer proporção. Agradeço pelo tempo que passei contigo. Quanto ao mais, estou pronta a voltar para a casa do meu pai tão pobremente como quando aqui cheguei. No entanto, como não fica bem que aquela que foi tua mulher volte para casa nua, eu te peço que uma única veste me seja deixada." Diante de tanta humildade, o marquês cai em lágrimas, mas não deixa que ninguém perceba. E assim Griselda volta para a sua choupana. No momento em que sua filha e seu filho chegam ao castelo, o marquês manda buscar Griselda para que receba sua presumida futura esposa e seu irmão. Griselda cuida de pôr tudo em ordem para a recepção, ouve os elogios sobre a beleza da futura esposa e se põe de joelhos para recebê-la na casa. No momento de se sentarem à mesa, o marquês chama Griselda e lhe pergunta se acha bonita sua futura esposa. Griselda se ajoelha de novo e deseja uma vida feliz aos futuros esposos, pedindo ao marquês que trate diferentemente a nova esposa "pois é jovem, de grande estirpe e poderia sofrer com isso". Enfim, vencido pelo amor de Griselda, o marquês revela o seu estratagema: "Ó Griselda, vejo e conheço suficientemente a tua fé e lealdade. Não existe homem sob este céu que tenha provado tanto sua esposa... eu jamais teria outra esposa. Essa é a tua filha e esse, o teu filho. Saibam todos aqueles que pensam o contrário que desejei curiosamente e rigorosamente provar a minha esposa e não a desprezar nem a desesperar." O marquês de Saluces chora de alegria e o casal viveu ainda ditosos vinte anos juntos. "Assim termina o espelho das Senhoras casadas: saborear a maravilhosa paciência e bondade de Griselda, marquesa de Saluces."

Essa notável história ilustra a maneira pela qual o casal dominador/dominado pensa poder reencontrar o amor. O homem sempre desconfia da mulher e do amor. É pela rendição incondicional da mulher que o homem pode domesticá-la. Ela deve provar-lhe o seu amor, só então ele consentirá em abrir o seu coração. O marquês aparece sob um ângulo cruel, e diz a história que ele não conseguia parar de pôr sua mulher à prova. Sua crueldade é exercida em nome do desejo de amar. Eu procuro o verdadeiro amor, mostre-o a mim. Tu me deves tudo. Fui eu que te fiz, sou o teu Pigmalião; mostra-me o teu amor; mostra-me que podes me amar, mesmo que eu tire os teus filhos, mesmo que eu te abandone por outra mulher. Quando me deres essa prova, que me darás a liberdade para fazer tudo o que eu quero sem nenhuma recriminação nem crítica; se me propuseres um amor incondicional, então eu posso ser o homem que esperas; tu és digna do meu amor. Esse comportamento não pertence ao passado; ele está gravado na base do pensamento masculino dominador. Não é possível entregar-se ao amor enquanto a mulher não tiver sido modelada pelo homem, enquanto ela não provar que pode suportar tudo de sua parte por amor a ele. Essa história termina bem, pois pretende ser edificante; mas na realidade, nesse processo de crueldade, não haverá senão separação e morte. A metamorfose do tirano em bem-amado e da mulher submissa em bem-amada é pouco provável. O tirano exige sempre mais provas, e quem se sujeita a ele torna-se um senhor e um tirano na primeira ocasião.

Tirania doméstica e submissão narcisista

Há casais que funcionam de acordo com o modelo de Griselda e do marquês de Saluces.

Henri se casa com Jeanne, dez anos mais nova. Ele a conheceu na época em que era sua colaboradora e Jeane nutre uma grande admiração por esse pesquisador reconhecido na sua especialidade. Henri e Jeanne continuam trabalhando juntos e exploram comercialmente as descobertas de Henri. Seus esforços são coroados de sucesso, especialmente graças às qualidades de organização de Jeanne e ao seu talento em estabelecer relações. Henri não demora a tomar conhecimento dos inúmeros elogios que são feitos a ela. Jeanne é, de certa maneira, sempre a sua aluna, e não é permitido que a aluna faça sombra ao mestre. À medida que o tempo passa, Henri torna-se cada vez mais exigente, cada vez mais tirânico. Ele sente prazer em fazer acusações, observações descorteses que deixam Jeanne ofegante. Ele continua sendo o seu ídolo, e ela se nega a fazer qualquer rebelião. Todos os que a conhecem ficam admirados. Como uma jovem pode se deixar tratar assim? Ela dirige com mão de mestre dezenas de empregados mas, diante, desse homem, ela se comporta como uma serva. Ela sai muitas vezes da sala para não mostrar suas lágrimas e, alguns minutos depois de uma cena particularmente injusta, coloca no rosto um sorriso e segue adiante. Contudo, as acusações pesam, ela volta a senti-las quando está só e regularmente reclama com seus amigos. Ela se queixa, mas continua ali.

Henri está preso numa escalada crescente de sadismo, faz a mulher sofrer cada vez mais, pondo-a à prova e sente uma desconfiança cada vez maior. Persuadiu-se de que ela o trai às escondidas e justifica desse modo a seus próprios olhos os maus-tratos que lhe inflige. Jeanne admirara bastante o próprio pai, e agora é Henri que ela colocou sobre um pedestal. Ela idealiza o masculino, espelha-se nele, recebe os reflexos de sua glória. Mesmo que o ídolo tenha suas fraquezas, ela prefere voltar-se contra si mesma a derrubá-lo no pó. Pacientemente, a cada dia, ela cola as rachaduras uma a uma, cada vez com mais dificuldade. Esse amor-doação, esse amor-oblativo que Henri exige provoca nele um sadismo, gerando nela um narcisismo masoquista, Jeanne espera sempre ser reconhecida como a boa esposa que deseja ser e se desespera por ser cada vez mais considerada uma inimiga. Fica à espreita do menor sinal de ternura, como se tudo não passasse de um pesadelo destinado a prová-la. Ela espera sempre acordar com um príncipe encantado ao seu lado, príncipe que ela acredita ter vislumbrado sob a pele da besta. De certo modo, poderíamos dizer que

Henri tomou muito a sério a mensagem patriarcal. Ele procura o amor na absoluta submissão da mulher e se sente muito infeliz por não encontrar senão novas dúvidas. A história do marquês de Saluces é um engodo do patriarcalismo. Uma tal escalada de tirania e crueldade na relação jamais poderia resultar num milagre de amor.

Agnês e Vincent logo conheceram a dissimetria como casal. Vincent adotou o perfil do homem ausente e, depois, o do pai ausente, envolvendo-se em atividades associativas e políticas. Esse homem brilhante fora de casa, em casa mostrava-se taciturno. Agnês se refugiava na dor e no desespero da solidão, no excesso de trabalho, nos problemas familiares não partilhados. Ela se colocou na situação de vítima e Vincent tinha cada vez menos vontade de voltar para casa. Ele não suportava mais suas exigências de afeto, de ternura, suas reclamações, seus olhares carregados de rancor, justamente ele, o homem requisitado que tanto animava as reuniões fora de casa. Ele logo passou a ter uma dupla vida cheia de mentiras e infâmias. A revolta de Agnês não se manifestou jamais às claras. Ela cai doente; detestava o seu grande homem sem jamais deixar de amá-lo; ela mergulhou no seu sofrimento, buscando a saúde por uma via espiritual. Ela fazia sozinha o seu percurso, tomando consciência da vaidade no discurso masculino, da fuga de si mesmo escondida por trás do excesso de atividades de seu companheiro. Havia uma distância considerável a seus olhos entre o homem público e o homem privado. Mas, aos olhos de todos e aos seus próprios olhos, ele era a luz e ela, a sombra. Ela se ocupava das coisas mesquinhas da casa, dos filhos, dos idosos pais, e deixava para ele as grandes questões. No meio das provas que se multiplicavam, ela continuava esperando o milagre do amor. Ela não o encontrou onde o procurava, mas acabou descobrindo que não existiria ninguém que a amasse antes que ela fizesse o reconhecimento de si mesma. Ela começou a se sentir tomada por uma vida interior. Foi a partir daí que tudo mudou. Porque estava enraizada na sua própria força, porque não pedia mais ao outro que lhe desse razão para viver, ela começou enfim a se reaproximar de um Vincent agora mais maduro, menos hiperativo e que aprecia a sua serenidade.

Agnês reconhece que teve que passar toda uma vida de sofrimento para encontrar seu lugar na relação conjugal, para se sentir enfim reconciliada consigo mesma e com Vincent. Ela deseja que sua filha não tenha de pagar um preço tão alto. Essa filha, aliás, achou melhor viver sozinha. Sem dúvida, ficara demasiado marcada pelo exemplo da mãe.

O triângulo

Quando um homem dominador consegue submeter a mulher a ponto de ela ser o seu reflexo, de ela pensar como ele, de ela ver os mesmos espetáculos que ele, sendo uma espécie de duplo, seu desejo sexual se enfraquece. Essa mulher que não o surpreende mais, que não mexe mais com ele, não representa mais um caminho de evolução em direção a si mesmo. O caminho patriarcal é um caminho sem saída, porque uma mulher submissa o absorveu; ele perde sua magia erótica e não se abre mais para o sonho de um futuro desconhecido, de um continente misterioso. Eva, serva fiel e mãe irrepreensível, não tem mais nenhum atrativo se está separada de seu aspecto Lilith, indomável, livre e secreto, ligado ao divino.

Um homem que em casa só tem Eva, vai procurar Lilith fora. Todas as histórias de triangulo entre um homem e duas mulheres são construídas sobre esse esquema, mesmo quando são aparentemente motivadas por uma questão de idade. Essa jovem caçula de 20 anos, é também uma terrível Lilith em potencial, alguém com quem a diferença biológica impede o jogo de reflexo. O triângulo do adultério é o complemento indispensável de uma história de casal concebida de tal modo que leve a um impasse. A sobrevivência do casal patriarcal passa pelo adultério e é sem dúvida por isso que se recomendava às mulheres casadas que fechassem os olhos para a infidelidade dos maridos. A fidelidade sempre foi concebida num sentido, e primeiro para a mulher a fim de que o homem tivesse a certeza de que os seus filhos eram de fato seus. A fidelidade masculina veio depois, para canalizar a desordem de nascimentos fora do casamento, e foi sempre composta de extravagâncias diversas.

As exigências do desejo ultrapassam de muito a organização social em torno do casal casado e da família. Há dois tipos de mulher. Aquelas que fazem calar nelas o desejo para melhor entrar no papel de esposa e de mãe, para satisfazer as exigências de uma ordem social que lhes traz a compensação da segurança material e afetiva, como também da boa consciência moral. Essas Evas são feitas para serem as esposas traídas, abandonadas, desencantadas em torno dos seus 40 anos, ou em plena revolta, prontas a largar o marido para descobrir uma outra vida, muitas vezes pagando o preço da solidão. Por outro lado, há aquelas que permanecem vivas no desejo, que continuam buscando novas sensações, novas emoções, que gostam de correr o risco de estar amando de novo e de contrariar a ordem estabelecida. Essas Liliths possuem um jardim secreto e, às vezes, uma dupla face: Eva e Lilith. Algumas têm dois homens em sua vida, o marido e o amante, o que não quer dizer que o marido não seja também um amante amado. Essas mulheres raramente são abandonadas, e não são elas tampouco que se divorciam mais. Elas encontram uma forma de equilíbrio nessa dupla relação, quando não se sentem culpadas. O amante é, às vezes, um homem casado. É assim que, às vezes, dois casais que não se conhecem funcionam de maneira equilibrada com dois triângulos invertidos. Um homem com duas mulheres. Uma mulher com dois homens. Em cada caso, essas ligações paralelas são mantidas secretas e não perturbam em nada as duas relações principais. Pelo contrário, tudo acontece como se os dois parceiros do casal não legal levassem para o respectivo casal legal mais vida e mais amor.

Esses testemunhos contemporâneos não são os encontrados na literatura e nas comédias teatrais. Sinônimo de desordem, de destruição, de pecado, o adultério está sujeito à dura lei de uma justiça iminente e acaba sempre mal. Ele desencadeia a tortura terrível do ciúme, dos desejos de vingança, dos atos violentos, na discórdia. No livro *Le Miroir des Dames Mariées* já citado, o autor conta a história de uma mulher que sabe que o marido tem uma amante. Ela é pobre, mal vestida, mora numa casa com aquecimento deficiente. Ela cuida de levar-lhe cobertores e lenha para a lareira, prepara um bom colchão de plumas e se propõe até mesmo a recolher a roupa suja, de modo que o marido não tenha nenhum desconforto nos seus encontros amorosos. O ideal masculino vai até aí: que a mulher viva essa poligamia de pleno acordo e com toda a serenidade e, sobretudo, que não o imite, pois o que nele é fraqueza, nela se tornaria um crime. Nas cartas das mulheres pitagóricas, vemos muito bem as palavras de consolo que trocam com as amigas quando o marido está apaixonado por uma cortesã: a virtude de uma esposa consiste em ser uma companheira indulgente e suportar essa loucura, continuando "incorruptível no que diz respeito ao leito conjugal", o que quer dizer que elas não dão a si mesmas o direito de agir como os homens.

Essas mulheres acaso não sentiam ciúme? Sua complacência era uma prova de indiferença ou de sabedoria? O problema do ciúme é muito complexo. O ciúme parece fazer parte do sentimento e da necessidade de posse. É raro que o ciúme apareça numa relação quando ela existe dentro de um espírito de não-exclusividade. Pelo contrário, quando uma relação funciona há muito tempo com exclusividade, o ciúme parece desenvolver-se como uma espécie de monstro incontrolável que devasta tudo em sua passagem. A relação com o outro é vivida como uma ferida pessoal, uma negação de si mesmo: se amas um outro, não me amas mais; se não me amas mais, eu não existo mais, eu não tenho valor. Essa é a outra face do "tu me amas, logo eu existo" e a forma mais infantil do amor. Temos uma ausência tão grande de nós mesmos, tão pouca segurança interior e plenitude que precisamos de um outro ser ligado a nós como garantia do nosso valor. Se essa pessoa volta o seu olhar para o outro lado, nosso universo desaba. E todas as tendências masoquistas sobem à superfície; amamos de tal forma essa pessoa que ela se torna um carrasco, no qual nos agarramos... E, se ele se entrega ou cede às nossas súplicas mesmo mudas, então talvez o rejeitemos bem depressa...

Alguns homens confessam espontaneamente que são extremamente ciumentos, que desejam que suas mulheres sejam fiéis e que ao mesmo tempo permitam que eles tenham relações extraconjugais. Eles justificam esse ponto de vista com o seguinte argumento: uma mulher é muito marcada por um homem porque ele a penetra. Outros dirão que ele a possui. Um homem pode viver aventuras sexuais sem que isso tenha conseqüências. Satisfazer várias mulheres lhe dá um sentimento de poder. Essa linguagem que perpetua a dissimetria pode causar náuseas, mas está encravada no inconsciente e é largamente aceita. Ela não leva em conta o ciúme feminino, que é tão vivo, tão visceral quanto o dos homens, e insensível a essa argumentação.

O que se pode dizer em relação ao ciúme? Teoricamente, o ciúme seria um problema do ego, e quem mantivesse distância em relação a esse ego não se sentiria mais ameaçado pelo abandono do outro. Teoricamente ainda se eu entendo bem a mim mesmo, se estou suficientemente alicerçado na minha androginia, eu não vou querer perpetuar por muito tempo o relacionamento que essa pessoa me oferece, se esse relacionamento me faz sofrer. Eu irei viver este amor mais afastado, vou encontrar a distância ideal. A solução existe, mas podemos conhecê-la sem conseguir, no entanto, colocá-la em prática. Ninguém está totalmente a salvo do ciúme. A evolução é um risco. Na medida em que uma pessoa experimenta novos relacionamentos, na medida em que ela permanece profundamente viva, em busca de si mesma, outros seres podem lhe aparecer como suportes dessa ressonância que a atrai. A reciprocidade tem arestas perigosas. Num casal, existe freqüentemente aquele que ama mais e aquele que ama menos; depois, os pólos se invertem.

O grande amor

A mulher submissa mente a si mesma com a sua crença no grande amor. Ela transfigura seu dominador e seu tirano em Deus, coloca-o sobre um pedestal e o adora. A capacidade mística da mulher, a ligação fluida e direta que existe entre o seu sexo, o seu coração e o seu espírito, permite que ela sublime seus sentimentos e alimente um ideal. Ela é a melhor base de todas as religiões. É ela, ao longo de todo um relacionamento, que vai inspirar e conduzir a espiritualização, o refinamento da relação homem/mulher, e dar um conteúdo à palavra amor. Muito sutilmente, contudo, essa força interior se voltou contra ela e se tornou uma mistificação.

Quando uma criatura não tem confiança em si mesma, ela pode às vezes renunciar a si mesma e procurar alguém para servir e admirar. Vimos que existem, na constituição da psique feminina, grandes deficiências em relação à confiança em si mesma. A mulher é inferior, minha mãe não me tranqüiliza quanto ao meu próprio valor por causa de sua própria submissão, e meu pai está ausente. E, além do mais, só os homens são sacerdotes ou mestres. **O grande amor profano aparece como um caminho de salvação natural para a mulher alienada em relação ao seu próprio valor.**

O homem vai encorajar essa atitude, que o conforta, na crença da sua superioridade também natural: serás o reflexo fiel da minha grandeza: existirás por meu intermédio; serei a tua razão de viver; essa energia que me delegas permitirá que eu seja sempre o melhor. Naturalmente, existem as compensações. A mulher que é amada por um deus participa de sua divindade e torna-se o centro do seu universo.

Mas toda negação de si mesmo, como toda tomada de poder sobre o outro, esconde uma armadilha. Em termos de consciência, existe um parasitismo recíproco. O próprio deus não encontra vantagens nessa situação. Tenta escapar, seus desejos o levam para outros lugares.

Foi o que aconteceu com Victor Hugo e Juliette Drouet. Essa comediante célebre se retirou do mundo para se consagrar ao seu grande homem. Mas quantas revoltas, quanto sofrimento! Um homem ama uma Lilith e, em nome do amor, ela se torna Eva... Ela se identifica quanto possível para com o ser amado, adota todos os seus gostos, todos os seus pontos de vista. Essa identificação tem seus limites; o desejo arrefece, a mulher sofre. A mulher que se faz de vítima condescendente não quer atacar esse homem que a faz sofrer, às vezes sem o querer. Ela se volta contra ela mesma, se autodestrói, somatiza. Ou, ainda, se revolta, faz projetos para abandoná-lo, mas nunca chega a concretizá-los. É uma revolta larvar que só a esgota. "Veja você meu Victor, esta vida de isolamento; esta vida sedentária me mata; eu gasto a minha alma desejando você; a minha vida dentro de um quarto de doze metros quadrados. O que eu quero não é nem o mundo, nem estúpidos prazeres, mas liberdade, liberdade de agir, a liberdade de ocupar o meu tempo e as minhas forças cuidando da minha casa; o que eu quero, não é sofrer mais, pois sofro mil mortes por minuto; eu lhe peço a vida, uma vida como a sua, como todo o mundo enfim." Dezoito mil cartas testemunham essa tentativa de oblação talvez sem precedentes. "É você que eu adoro em Deus, e é Deus que eu adoro em você." Não encontramos os mesmos sentimentos nas cartas de Heloísa para Abelardo: "Dentre todos os estados a que a vida me conduziu, Deus o sabe, é a você, mais que a ele, que eu tenho medo de ofender. É a você, mais do que a ele, que procurei agradar. Foi por ordem de você que eu tomei o hábito, não por vocação divina[1]"? Esse amor é uma inovação baseada na concepção cristã de uma sublimação pelo sofrimento. Heloísa e Juliette são grandes figuras. Elas chegaram ao extremo de suas escolhas ao preço de uma total renúncia. Consumidas pelo amor, elas acabaram por existir, mas esse caminho, que não é destituído de grandeza, é muito cruel. Muitas mulheres, por a terem tentado, perderam aí a saúde e a razão.

Casados ou companheiros?

O casamento é uma instituição patriarcal, periodicamente ameaçada e, no entanto, está sempre renascendo. É um ato social estabilizador, que traz segurança, é também uma consagração, um engajamento recíproco para construir uma vida a dois. Contudo, muitas pessoas hoje em dia não desejam mais oficializar, pelo casamento civil e/ou religioso, uma relação que acreditam ser de ordem privada. O argumento que encontramos mais freqüentemente é que o casamento mata o amor. Uma jovem que assiste a um casamento volta-se para a amiga e lhe diz com ar de entendida: "O mais difícil para uma mulher dentro do casamento é continuar sendo ela mesma." Nós voltamos a encontrar o perigo da mulher "inclinada" para o outro. Na palavra casamento parece que há, ainda hoje, muitas ressonâncias patriarcais. O casal casado se vê insidiosamente confrontado com um modelo de comportamento de inspiração burguesa. Se esse mata o amor é pela relação de força dominador/dominado — que se instala às vezes com vantagem sobre a mulher — e pela alienação de si mesma que continua sendo a grande tentação feminina. Dois companheiros são duas pessoas sempre susceptíveis de retomar a própria liberda-

---

1. Cristiane Singer, *Une passion,* Albin Michel, 1992.

de. Duas pessoas casadas são, no entanto, tidas como duas metades de uma unidade. Quando dizemos que o desejo profundo de um ser é o da sua própria unidade, podemos entrever os obstáculos que não deixarão de aparecer e a frustração que está à espera dos dois. A mulher toma o nome do marido. Os jovens casais que concordaram em mudar o sobrenome adotam às vezes os dois sobrenomes. O mais freqüente é que o marido mantenha o seu e a mulher assine dois.

Alguma coisa se procura nessa instituição para tirá-la da rotina patriarcal. Alguma coisa que será da ordem da consciência. Casar-se poderia significar que aquele homem, aquela mulher, foi escolhido entre todos para ser o suporte da minha *anima* e do meu *animus*. Para além das flutuações eventuais do desejo, eu me disponho a olhar esse ser como o ator privilegiado da minha completude interior.

O TERCEIRO ESTÁGIO

O Casal Conflituoso

Dois pobres guerreiros perdem
o combate com a sua sombra
ao se virarem de costas.

Você me fere e eu firo você

O terceiro estágio do casal passa inevitavelmente pela revolta e pelo conflito. Estamos na mesma configuração do segundo estágio: a mulher continua lunar e o homem continua solar, com nuances diferentes. A relação dominador/dominado, que é o modelo do casal patriarcal, contém em si o estigma da destruição. Ele desencadeia a revolta da mulher e a resistência do homem, resistência que pode degenerar em tirania. A exacerbação desses dois pólos contrários produz o conflito aberto ou fechado. "Infelizmente, muitos casais vivem sempre no confronto e na violência [...] mas esses casais instalados numa relação do tipo dominador/dominado [...] exaltam o aspecto patológico mais que o sociológico." Assim, Denise Bombardier se expressa no seu livro *La Déroute des sexes*. O problema levantado é, ao mesmo tempo, menos grave e mais profundo. Nenhum casal escapa totalmente a esse estágio do conflito, mas essa dificuldade será de longe mais bem superada na medida em que for encarada, conhecida, desdramatizada.

Um casal apaixonado vai, a princípio, viver seu estágio de fusão, que durará mais ou menos tempo, com esse desejo muito forte de estar juntos o mais possível, de se tocar, de se olhar e de estar nos braços um do outro. Depois, virá o estágio da diferenciação, onde cada um retomará um pouco mais de seu espaço próprio, reconstituindo o seu círculo como pessoa, com suas necessidades, paixões, ocupações e amigos. Para alguns, esse é o momento do desencanto, do medo de perder o outro, da frustração. Alguns vão desistir da relação a partir do final do período de fusão, e recomeçarão várias vezes até que a necessidade de diferenciação seja compreendida e integrada. **Aquele ou aquela que viver na nostalgia da fusão também vai, de certo modo, se colocar na relação do casal na posição de vítima, de dominado.** A diferenciação é feita, portanto, com custos altos, preparando o advento de um futuro conflito.

Mesmo que a diferenciação seja bem vivida pelos dois parceiros, a chegada de uma criança introduz às vezes uma outra fonte de desequilíbrio. A relação entre mãe e filho durante a gravidez e depois do nascimento, pode ser vivida com dificuldade pelo pai no plano afetivo, mesmo que subterraneamente. O que pode traduzir-se por uma necessidade maior de se afirmar no trabalho, de viver mais fora de casa, de olhar mais para outras mulheres etc. A mulher coloca a sua segurança afetiva na criança, seu desejo diminui... a escalada da incompreensão aumenta.

É importante compreender que, hoje, o modelo dominador/dominado, mesmo não sendo proposto explicitamente, continua sendo uma rampa natural para nossos psiquismos. Todas as ocasiões são boas para a sua reprodução e, portanto, para reunir também as condições ideais para que se dê o conflito. O que ama mais que o outro é dominado; o que é mais velho que o outro é dominador; o que é mais jovem que o outro também pode ser dominador; o que ganha mais dinheiro que o outro, o que é mais bonito que o outro, o que é mais manipulador que o outro etc. Tudo pode ser usado para pôr em marcha essa estrutura de relação que responde tão diretamente aos nossos medos, já que somos os herdeiros da relação que nossos pais tiveram. Quando crianças, aprendemos a nos submeter, interiorizamos bastante a virtude da obediência. Os pais e os adultos sabem, a criança não sabe; tem de ouvir e obedecer. Essa impregnação se duplica de uma outra integração; o modelo de opressão dos genitores. Aprendemos então conjuntamente a ser dominados e a dominar o outro. Se encontramos vantagens nessa situação de criança submissa, teremos a tendência de reproduzi-la naturalmente ao longo da nossa vida. Inversamente, se sofremos com isso, se isso nos pareceu sempre injusto, se em suma o verniz da educação não se fixou bem, o que acontece com certas crianças, não cessaremos de buscar uma posição de dominação ou de independência.

Tradicionalmente, a menina é criada dentro de um espírito de submissão ao homem, e o menino dentro de um espírito de superioridade diante das mulheres — com exceção da mãe. Estamos então já diante de duas fontes fundamentais que alimentam a relação dominador/dominado: uma fonte social ligada à identidade dos sexos e uma fonte familiar ligada à educação. A vida escolar irá reforçar essa fonte familiar e acentuar os desequilíbrios.

As mensagens que registraremos serão como armadilhas temíveis:

— O homem é superior à mulher (mensagem confessada, pois é subliminar na consciência coletiva).

— A mulher é superior ao homem, pois ela é capaz de gerar filhos (mensagem subliminar do inconsciente coletivo).

— O adulto é superior à criança (mensagem confessada na consciência coletiva).

Na relação de cada um dos parceiros, essas mensagens funcionam como o catalisador de uma relação desequilibrada e conflitiva.

No interior de cada um dos parceiros coabitam o adulto e a criança. Cada vez que o adulto faz uma crítica, encontra a criança no seu parceiro, uma criança submissa, mas facilmente ferida pela crítica e pela revolta. A criança revoltada pede ao seu pai crítico interior que machuque por sua vez a criança que se encontra nesse adulto, e o círculo vicioso se fecha. Você me fere e eu firo você. Quanto à criança, eu faço surgir o pai dominador em você e você faz o mesmo para mim. Somos prisioneiros de nossas "reações", de nossas revoltas, urdidas com respeito ao sistema de autoridade dos adultos.

Quando duas pessoas têm um encontro amoroso, elas não conhecem ainda esse casal interior pai-filho do outro, como também não conhecem conscientemente o seu próprio casal interior pai-filho. É, portanto, uma relação a quatro que vai estar em jogo nesse conflito. Os terrenos psicológico e sociológico se reforçam mutuamente.

A revolta secreta

A maior parte das crianças vive um tipo de revolta contra seus pais, contra os valores de seus pais, e essa revolta permite que elas experimentem seu poder, pensem por si mesmas e exerçam esse seu poder. Para alguns, esse é o momento de abandonar a religião familiar ou as convicções políticas, o momento de afirmar outro estilo de vida. Para ser eu mesmo, eu não serei como você, como você meu pai, ou você minha mãe. Eu serei exatamente o contrário. Tudo acontece como se a minha fidelidade em relação a você consistisse em explorar tudo o que você se esforçou por negar. Adoto como programa de desenvolvimento toda a personalidade renegada de meu pai ou da minha mãe. Estou numa situação que ainda é um condicionamento, e a minha revolta é apenas aparente. Talvez, eu precise de anos ou de dezenas de anos para ser verdadeiramente aquilo que eu sou.

"É pelo seu bem." Quantas crianças tiveram uma infância apagada, idealizada, por não questionarem jamais a opinião de seus pais! A superação da infância passa pela lucidez e pelo perdão. Se eu continuar a mascarar o que senti durante a infância, estarei em dificuldade. Se eu continuar a alimentar os rancores em relação aos meus pais, estarei em dificuldade e me colocarei na posição de vítima. A revolta secreta dos filhos em relação aos pais consiste em alimentar as críticas sem perdoar, sem poder passar para o próximo estágio. Jamais serei vítima dos maus-tratos da minha mãe; jamais permanecerei também seu prisioneiro em sua órbita, seja qual for a distância que nos separa. Ao alimentar essa raiva, sou-lhe fiel à minha maneira, mas fiel enquanto criança, e o adulto em mim vai sofrer por causa dessa fidelidade.

Se desenvolvo uma relação de revolta interior com um de meus pais, vou levá-la para a minha relação de casal. Nós jamais esquecemos esse primeiro casal fundador que estabelecemos com a nossa mãe. Se guardei da minha mãe principalmente uma imagem má, mais forte que a de boa mãe, inevitavelmente projetarei essa imagem interior no meu cônjuge. Ele, por sua vez, vai se tornar a minha mãe má durante um certo tempo, ou por muito tempo. Essa mãe má que me assombra, eu não posso evitar. O amor e o combate têm para mim um mesmo nascedouro.

Cada um desposa no outro, ao mesmo tempo, a boa mãe e a mãe má; cada um leva interiormente um conflito no plano afetivo para partilhar. Como se revoltar contra alguém que nos protege e nos sufoca sem experimentar ao mesmo tempo um sentimento de culpa? As mulheres têm de enfrentar duplamente esse problema, às vezes com a mãe e o marido e às vezes com o patrão. Condenadas a passar da dominação de um à dominação do outro, como não se tornariam elas mestras na arte da astúcia e da revolta subterrânea? Eu quero e não quero me libertar desse julgo, nisso eu encontro vantagens; tenho medo da minha liberdade. Eu tenho medo de perder o seu amor. Eu lhe dou a minha liberdade em troca do seu amor.

É por toda essa ambivalência que se explica o fato de a mulher ter permanecido durante milhares de anos nesse estado de sujeição. Observamos, com razão, com justiça, que as mulheres eram os únicos escravos a ter tanta dificuldade em se agrupar para formar um poder contrário diante do opressor. Poderíamos dizer que elas acreditaram por muito tempo que havia um motivo interior: reinar sobre a casa e reinar sobre o coração de um homem.

Elas se esqueceram de reinar sobre seus próprios demônios; elas menosprezaram a necessidade de liberdade que é condição para a evolução de uma consciência. Durante muito tempo, as mulheres se contentaram em se queixar, em recriminar, em envenenar a atmosfera, em desprezar, em se recusar sexualmente sob diversos pretextos, em encontrar ouvidos amigos para contar todos os seus rancores, sem se revoltar abertamente. Quando a pressão ficava muito forte no interior da panela, levantava-se um pouco a tampa e a fechavam novamente. O dinheiro é uma alavanca poderosa. As mulheres que não trabalham, que são dependentes economicamente, terão a tendência de desenvolver situações de revolta íntima. As mulheres muito dependentes afetivamente, ou que têm medo de envelhecer sozinhas, aceitarão também muitas coisas antes de trocar verdadeiramente de situação.

A revolta aberta

Tradicionalmente a serviço do marido e dos filhos, a mulher que se revolta é considerada uma mulher má, uma Lilith, uma feiticeira. O peso dessa culpa é muito grande e difícil de se livrar.

Certos homens vão também sufocar a sua revolta contra essa mulher megera, que os oprime e desvaloriza. Escravidão aceita por medo da solidão, mutismo desenvolvido como tática de sobrevivência. Mas a tomada de poder da mulher sobre o homem acontece geralmente no quinto estágio, porque as condições históricas favoreceram até agora o domínio do homem. De qualquer modo, parece que cada um de nós tende a experimentar todas as situações, a conhecer a situação de dominador quando já conheceu a de dominado, e inversamente, seja no mesmo casal, seja num novo casal.

Henri casou-se muito jovem com uma mulher dominadora e, como havia muito tempo se dedicado aos estudos da medicina, foi sua mulher que, em grande parte, se incumbiu dos dois filhos e da casa. Sua mulher reencontrou alguém e ele sofreu muito nessa situação antes de se decidir pelo divórcio. Enquanto seu consultório se expandia, encontrou Martha, uma jovem de 16 anos da qual ele tinha sido o primeiro amante. Sua concepção de casal mudou completamente. Agora, ele queria viver com uma mulher para a qual ele seria o Pigmalião em todos os níveis, mantendo-a economicamente, deixando que vivesse em casa e, sobretudo, evitando que ela trabalhasse para não ter ocasião de encontrar outros homens. Martha, superprotegida, sufocada pela mãe, encontrou em Henri a possibilidade de fugir do casulo familiar.

Mas ela não demorou a perceber que saíra de uma jaula para entrar em outra. Desde o seu casamento, ela começou a se desinteressar pelas relações sexuais, ela que fora tão ardorosa durante os dois anos de noivado. Começou a se culpar. Sua mãe e Henri lhe repetiam: ela tinha tudo para ser feliz, um marido que a amava, que não a enganava, riqueza material, nenhum aborrecimento. A maternidade aquietou um pouco a sua angústia nascente. Seu filho a satisfez, mas ela se sentia sempre incapaz "de fazer feliz o marido". O que significava essa fórmula? Ela mesma era incapaz de responder, mas era sempre ela que se sentia cada vez mais culpada diante da insatisfação crescente de Henri. A cada instante ele reforçava a sua superioridade.

Ela havia abandonado os estudos e não tinha nenhuma idéia do que ela seria capaz. Sentia-se cada vez mais infeliz. Sua única forma de se expressar era com sua indiferença sexual, que magoava muito Henri.

Martha se autorizou a ler livros, a falar com outras mulheres e começou a expressar o seu mal-estar. De secreta, sua revolta tornou-se aberta. Ela não queria mais a vida que Henri lhe proporcionava. Esse casal dominador/dominado, que Henri julgava ser a solução para todos os seus problemas passados com a primeira mulher, se revelaria totalmente impraticável.

A sorte de Martha é que Henri por si mesmo acabou reconhecendo o erro dessa concepção e decidiu que a situação deveria mudar. Ele fez uma mudança na sua evolução pessoal, procurou sua segurança afetiva em outro lugar e não nos braços de uma mulher. Ele começa a compreender o caminho da androginia. Sua tendência nesse momento é a de se fechar sobre si mesmo, se proteger, construir para si uma nova superioridade, para se abrigar do medo de ver Martha evoluir e ir embora. "Eu sou mais evoluído que você." Martha sofre diante dessa verdade, sente vertigem diante do desconhecido que a espera, mas sabe também que não pode mais recuar. Ela compreendeu que tinha o direito de se buscar, de descobrir o seu próprio valor, o que era possível fazer, e essa é uma grande liberação. O conflito entre eles ainda não foi superado. Eles são confrontados com o desafio da Grande Passagem. São confrontados com a sua força de destruição. Conseguirão continuar juntos? Nesse estágio não há nenhuma garantia.

O casal infernal

Em todo ser, Thanatos e Eros, o desejo de morte e o desejo de vida, se encontram e se afrontam, tanto no nível biológico como no nível psicológico. Esses dois pólos podem ser vividos no confronto ou na harmonia. O que está em jogo fundamentalmente é um pensamento dualista de exclusão que colore todo o pensamento patriarcal. Posso privilegiar um pólo em detrimento do outro ou poderei fazer coexistir os dois pólos e até mesmo procurar o caminho do meio? O casal infernal leva ao paroxismo a diferença e funciona com base na oposição. O masculino e o feminino são vividos em contínua luta. A guerra dos sexos chega ao seu ponto culminante, e o que interessa é ganhar. O casal infernal encarna essa lógica de pensamento, e toda a energia dos dois parceiros será mobilizada nesse sentido. Cada um permanece isolado no seu medo do outro; cada um se considera vítima do outro. Todos os comportamentos e todas as palavras têm por objetivo apenas alimentar essa convicção maior vivida como vital: eu estou certa e ele está errado, ou vice-versa.

Ouçamos o que dizem Henri e Martha:

Henri: "Você não tem nenhuma preocupação; pode ficar tranqüilamente em casa, tocar piano, cuidar do nosso filho, e mesmo assim nunca está contente..."

Martha: "Você não quer que eu trabalhe; tem medo que eu olhe para outros homens; você nunca está feliz quando está em casa..."

As acusações recíprocas vão chover durante horas com uma total incompreensão. Nenhum dos dois ouve verdadeiramente o outro, pois já está em vias de preparar a sua resposta. Ou antes, cada um compreende muito bem os ataques de amor-próprio que o outro faz, mas não está disposto a ouvir o ponto de vista do outro. São assim as tentativas de diálogo: "Nós vamos falar" degenera em ataques sangrentos que deixam os parceiros magoados. O casal torna-se permanentemente um espelho que fere, e a vida se resume em declarações ofensivas. Eu critico você sem parar; eu estou no papel do pai crítico; eu censuro você, eu julgo você e revivo em você a criança ferida. Quanto mais a minha auto-estima é atacada por você, mais virulento eu me tornarei. As afirmações com duplo sentido, os subentendidos, as inflexões de voz vão constituir outras tantas sabotagens. Essa guerra intestina, ao mesmo tempo aberta e fechada, declarada e insidiosa, é extenuante, é até mortal para a pessoa.

Toda ação mortal age como uma droga. Torna-se "viciosa"; isso quer dizer que a intensidade negativa começa a ser vivida no prazer, no prazer de destruir e de ser destruído. Se esse prazer não existisse, seria suficiente denunciar o erro desse comportamento para que ele deixe de existir. Mas as lutas entre duas pessoas podem durar meses e mesmo anos. Tornam-se um modo de vida, um modo de relação.

Thanatos tomou o lugar de Eros. É bem sabido que as primeiras disputas de um casal se resolvem sobre os travesseiros. Eros vem transformar as forças de Thanatos que estavam mobilizadas. Mas chega um momento em que a intensidade de Thanatos aniquila todos os desejos dos parceiros. A partir daí, o combate passa a ser a fonte do prazer. Os dois parceiros se colocam numa relação de algoz/vítima, trocando às vezes seus papéis e se agredindo cotidianamente.

Poderíamos dizer, por isso, que eles não se amam mais? Eles se "amam/odeiam", exploram a face odiosa do amor e ficam bloqueados nesse aspecto. A intensidade mórbida os mantém prisioneiros tão certamente como a paixão amorosa: eu não posso viver sem você, eu não posso viver com você. O conflito interior/exterior ocupa todo o campo da consciência. Cada um se considera vítima do outro. Esse é o casal sadomasoquista.

Parece que entre os casais que envelhecem juntos, três quartos deles cultivam um modo de relação sadomasoquista. Podemos nos espantar, nos indignar com isso. Mas podemos lembrar que a civilização patriarcal está igualmente colocada sob o signo do sofrimento e que esse sofrimento na relação acabou por se tornar a norma.

Ao longo de uma vida, tudo acontece como se escolhêssemos com muita freqüência, inconscientemente, uma ou várias pessoas para "jogar" com a nossa parte sombria, aquilo que em nós está relegado a Thanatos, o desejo de se destruir e de destruir o outro. Essas pessoas se situam mais ou menos perto do nosso círculo de intimidade, de relações profissionais, familiares, de personagens ou eventos públicos. Há, no entanto, pessoas que não amamos, com as quais não temos nada a fazer, pessoas que nos são antipáticas, que não queremos mais rever, que nos incomodam, etc. Mas há também aquelas que fazem parte do nosso cotidiano, o chefe do escritório, aquele empregado doméstico, aquele colaborador e, sobretudo, o nosso cônjuge, com o qual o confronto se repete o tempo todo. Sem dúvida, nada é mais terrível que a guerra travada no círculo da intimidade. Para melhor compreendê-la, é conveniente de início que assumamos a responsabilidade por ela. **Eu não me submeti somente a um casal infernal; eu o criei também. Enquanto continuo nesse estado de espírito de vítima, não tenho nenhum meio de sair dessa situação.**

A vítima

"O meu cônjuge sempre decide o que é bom para mim."

Quando uma mulher se expressa dessa forma, mostra que não tem nenhuma confiança em si mesma e que o seu companheiro compartilha da mesma opinião. Ambos sem dúvida têm pouca confiança no princípio feminino e se olham reciprocamente nesse espelho. Para sair desse círculo vicioso, é preciso que a mulher deixe de acusar o outro e se ponha a ouvir a si mesma e às suas próprias necessidades.

Ela queria sem dúvida chamar a atenção do outro ao se infantilizar; a escolha de um homem protetor e autoritário acontece dessa forma. Agora ela o critica, mas foi precisamente isso que ela procurou. Se ela o acusa de decidir tudo por ela, ele vai se justificar e se tornar agressivo. Talvez até mesmo vá acusá-la, por sua vez, de se imiscuir demais na sua vida. A sufocação costuma ser recíproca e provém da vontade de controlar o outro. E ninguém pode sufocar alguém que decida não se deixar invadir. Em outras palavras, a vítima precisa compreender que criou o seu próprio algoz e que critica no outro alguma coisa que ela mesma faz. A reciprocidade desses modelos de comportamento é alucinante. Eu não posso ver no outro senão aquilo que me pertence. O que me incomoda no outro é que ele faz aquilo que eu me impeço de fazer... e que eu faço, no entanto, inconscientemente, ou que eu não faço mais e que me deixa frustrada.

Se você pedir a alguém que observe as três ou quatro coisas que o incomodam mais no outro, certamente descobrirá que são coisas muito íntimas que tocam essa pessoa, comportamentos que para ela são sinônimos de culpa, que ela não se autoriza a adotar. Tirar a proibição para esses comportamentos nos dá muita energia.

Do mesmo modo, as qualidades que admiramos nos outros estão em nós: "O mundo é o reflexo de mim mesmo." É preciso meditar todos os dias com proveito sobre essa frase.

"Minha mulher me critica sem cessar e sente prazer em criticar todo mundo. Como fazer para viver uma relação harmoniosa com ela?"

Quando um homem se expressa assim, está dizendo também implicitamente que não se autoriza a criticar os outros, e é precisamente nesse ponto que a ferida lhe dói. Sem dúvida uma parte dele adoraria criticar; aliás, sua intervenção em si é uma crítica não reconhecida. Quanto mais esse homem reconhecer na atitude da mulher uma parte dele mesmo, mais cessará de ser agredido pelo seu comportamento. As críticas que alguém emite sobre os outros se parecem muito com aquelas que ele mesmo poderia fazer a si mesmo interiormente. Ao brincar, as crianças usam uma frase lapidar que bem traduz esse processo de consciência: "Aquele que diz é que é." Uma frase como essa faz com que a pessoa pare de dramatizar, coloque um pouco de distância entre a crítica acusadora e ela mesma e se preserve de uma ferida muito viva que corre o risco de levar a uma reação e ao conflito. É preciso considerar que a pessoa que critica expressa também uma grande necessidade de ser tranqüilizada a respeito de si mesma.

"No início da nossa relação, estávamos bem; agora as coisas estão deterioradas e o meu companheiro só provoca brigas. O que fazer?"

É preciso que haja duas pessoas para brigar e é pouco provável que a responsabilidade recaia somente sobre uma. A distribuição de papéis no casal pode ser tal que um seja o provocador ativo, ao passo que o outro age de maneira menos visível, mas não menos provocante. Durante a primeira fase do amor, cada um só vê no outro aquilo que lhe apraz, cada um se esforça também em mostrar ao outro aquilo que ele espera. No segundo estágio, cada um nota no outro os aspectos que lhe agradam menos e refletem certas imagens pouco lisonjeiras. Assim, a cada dia estou diante de alguém que age como um espelho sem complacência e que eu quero trocar por alguém que não queira me mudar e que continue a corresponder às minhas necessidades. "Você não é aquele ou aquela que eu achava que era; eu me enganei com você." É na medida em que não aceitamos a nós mesmos que o desejo de mudar o outro se instala e o conflito começa, porque se trata de uma tentativa de ter poder sobre o outro.

"Nossas brigas degeneraram, e o meu marido agora me bate. Nosso casamento está condenado?"

A violência física às vezes pode ser o prolongamento de uma violência verbal provocada pela mulher. Ao se interrogar sobre o início da briga, ela talvez possa se conscientizar de sua parte de responsabilidade na atitude do homem. Quando essa violência torna-se excepcional, é melhor que não se dramatize e que o casal não se culpe reciprocamente. Não há, por um lado, um marido algoz e, por outro lado, uma mulher vítima; há duas pessoas que nos dois casos manifestam seu desprezo pelo feminino: desprezo do homem pela sua mulher interior, desprezo da mulher pelo seu valor. O recurso à violência é a expressão de um impasse e uma tentativa desesperada para sair dele. "Por que estou com um homem tão violento? Como posso provocar tanta violência nesse homem? Meu homem interior é violento?" Logo que esse olhar de tolerância sobre si mesmo e sobre o outro cresce, a situação muda entre as duas pessoas.

Tudo sempre acontece como se estivéssemos juntos para aprender alguma coisa de fundamental sobre nós mesmos, para aprender a viver em harmonia com os nossos dois princípios: o masculino e o feminino. O fato de encarar tudo o que acontece como a expressão de alguma coisa que existe em si mesmo ajuda a sair radicalmente desse papel de vítima.

"Se ela me amasse, deveria..."

A relação começa sempre com muito idealismo e expectativas inconscientes. A decepção ocorre sempre no encontro porque esse homem cada vez exige mais. Seu vazio interior é impossível de ser preenchido, pois foi construído num passado de insatisfação que procura sempre provocar situações que continuem a darlhe razão. Ele alimenta a crença permanente de que os outros lhe devem alguma coisa de especial que não querem lhe dar. Essa crença provoca catástrofes na relação do casal. "Ela" não lhe dá suficiente afeto, comporta-se de maneira muito independente; "ela" não é uma boa esposa. Ele, por sua vez, torna-se cada vez mais distante, irritadiço, desagradável, ciumento. "Ela" acaba por deixá-lo por alguém mais divertido. Então ele pode se sentir vítima de uma mulher ingrata, apesar de ele ter sido tão apaixonado.

Toda pessoa que viva assim num estado de espírito de vítima herdado da infância acaba sempre por destruir toda a relação, o que é uma forma de destruir a oportunidade de uma evolução que ameaçaria a sua crença de base. Decepção, julgamento, crítica e decepção são o percurso fatal depois da refrega. A vítima é uma eterna desiludida.

Para saber se estamos infectados por esse vírus, podemos fazer esta pergunta: quantas pessoas me desiludiram na vida?

"Sou muito generoso e encontro sempre ingratos..."

É próprio da vítima também se encontrar na situação daquela que dá e não recebe nada em troca, posição de sacrifício e mesmo de martírio. Ela repete dessa forma uma situação vivida na infância em relação aos pais: eu faço tudo o que posso para agradá-lo e jamais obtenho a satisfação dos meus desejos. No início da relação, esse homem vai dar sem pensar, propor viagens, colocar-se como salvador, tornar-se disponível. Mas inconscientemente o seu lado vítima fará as contas e haverá sempre um momento em que o excesso de suas atenções fará com que o outro se sinta sufocado e fuja e, portanto, não lhe retribua nunca. Ele terá assim de verificar o seu postulado de base, ou cada relação só servirá para aumentar a sua insatisfação. Podemos notar que tudo parte de um vazio que não pode ser preenchido, porque a pessoa ao mesmo tempo é incapaz de receber verdadeiramente. O sentimento de gratidão que pede dos outros lhe é desconhecido.

Cada pessoa é tentada a adotar o papel da vítima num ou outro momento da vida, e de modo especial quando as circunstâncias não são muito favoráveis. A atitude que consiste em dizer: "O que essa situação pode me ensinar? Em que medida sou eu o criador dessa realidade?" — é menos freqüente. A autoridade dos pais e a educação nos deixaram traços e vivemos como seres submissos e impotentes. De modo particular, o psiquismo feminino está inclinado a escorregar nesse papel de submissão e de vítima. A arma da vítima é, por excelência, a culpa do outro: eu me deixei levar porque você me disse que era para o meu bem; e agora que me sinto mal, a culpa é sua. Essa projeção da responsabilidade do mal-estar para fora de si mesmo tem como conseqüência perpetuar a situação. Nem o algoz nem a vítima se remetem à causa, e nem se reencontram a si mesmos. Tudo o que desejam fazer é descarregar a culpa sobre o outro. Giramos num círculo vicioso tanto mais repetitivo quando crenças negativas sobre a relação puderam criar corpo desde a infância encontrando, no terceiro estágio da relação, a ocasião propícia de atingir seu ponto culminante.

A posição de vítima ocasional ou constante tem um custo muito elevado: ela se traduz por uma decepção constante das relações, o medo de ser possuído, a solidão, a impressão de estar separado dos outros, o fechamento, o complexo de perseguição, de sacrifício, a incapacidade de receber, o sentimento de injustiça, a impotência em cooperar, a dramatização, a insatisfação permanente, a acusação do outro, a falta de auto-estima, a culpa, o cansaço, a doença. A vida é percebida como cheia de muito trabalho e pouco prazer; há uma espécie de incapacidade de entrar na alegria, na leveza, no humor, na beleza do momento presente. Esse estado de espírito, que parece catastrófico depois dessa descrição, é, no entanto, o que é adotado ainda hoje pela maioria das pessoas.

O carrasco

O papel do algoz é exatamente simétrico ao da vítima; ele é mais especificamente proposto à mentalidade masculina e ao psiquismo do senhor, enquanto a vítima é um atributo feminino próprio do escravo. Poderíamos acreditar que existem mais escravos do que senhores, mais vítimas do que algozes; mas a famosa dialética do senhor e do escravo mostra que a existência de um chama o outro e que os papéis tendem a se inverter numa luta sem misericórdia. Num casal, o algoz terá, portanto, a tendência de se considerar vítima e inversamente.

Sendo o algoz definido como o que faz o outro sofrer e que eventualmente sente prazer nisso, podemos nos perguntar sobre essa capacidade em nós. De onde nos vem ela?

Do sofrimento que registramos quando criança, das humilhações a que fomos submetidos. Teremos inconscientemente um desejo compulsivo de repetir a nossa própria história, identificando-nos com aquilo que nos agrediu. O algoz desenvolve um mecanismo de defesa contra o papel de vítima. Quanto mais o ódio é acumulado na infância sem poder ser reconhecido, porque os pais continuam sendo "protegidos", sendo vistos como amantes-amados, tanto mais esse ódio estará presente na relação do casal. Ele se manifestará sob a forma de autodestruição ou de destruição do outro. Existe nesse papel de algoz a função de se livrar da infância ferida e um fascínio pelo exercício do poder.

O algoz se situa dentro de uma relação de onipotência. Vimos que a grande mãe, na sua origem, podia se mostrar cruel com o filho-amante, do mesmo modo que o deus-pai, que dominava e expulsava uma Eva culpada de transgressão. O algoz recupera o poder criador da fonte divina, mas ele o usa para a destruição. **É raro que o dominador tenha consciência de que o poder exige uma catarse para se exercer no mundo de Eros.** Exatamente essa é a dificuldade. O poder é escorregadio e é assumido por pessoas que não controlam seu impulso de morte, seus ódios infantis acumulados.

Numa relação íntima, todo ser amado possui poder, todo ser amado pode ter a ocasião e a tentação de colocar em movimento o seu Thanatos. Desse modo, o homem casado que encontra uma outra mulher e que mantém com ela uma nova relação, para não se sentir culpado em relação à própria mulher, começa a criticar o seu modo de se vestir, seus comportamentos. Quando a mulher se rebela, ele a acusa de se comportar como uma megera, ele a desvaloriza e, assim, convence a si mesmo de que tinha uma boa razão para traí-la. Ele encontra na mulher os pontos de fraqueza sem os quais não teria podido arrastá-la nesse jogo destrutivo. Ele se apóia na falta de confiança da mulher em si mesma, no sentimento de inferioridade da mulher em relação a ele.

Certos homens se comportam com suas mulheres como eternos pais com seus filhos. A cada dia eles apontam uma insuficiência, uma falta, uma culpa, e buscam assim inferiorizá-las. A companheira fiel cai em lágrimas, sorri nervosamente e volta logo depois para oferecer seus préstimos com um fundo de rebeldia e uma atitude de submissão. Como o homem pressente essa rebelião latente da qual tem medo, acentua ainda mais a sua tirania e a sua escalada de poder.

Algumas mulheres também martirizam com voluptuosidade o homem que envelhece. Dizemos freqüentemente que, nos primeiros anos da vida de um casal, é o homem que domina e que, nos últimos anos, esse papel cabe à mulher. Na medida em que o homem interior de uma mulher não pode surgir a não ser com o tempo, ocorrendo a mesma coisa com a mulher interior de um homem, podemos compreender a instauração dessa nova relação de força.

O jogo do poder

Jérôme está doente e deveria se retirar dos negócios, mas se recusa a encarar a realidade e, de certa maneira, continua vivendo e pensando como um homem de posse de sua plena saúde. Esse estado de espírito poderia ser positivo se não fosse acompanhado de uma espécie de mentira pessoal. Pois ele está fisicamente bastante comprometido e, se é respeitado pela sua atividade passada, hoje não possui mais tanta notoriedade no seu ramo. Sua empresa declina, mas ele continua a achar que só ele possa salvá-la. Seu colaborador, Pierre, tomou a princípio o seu lugar, mas Jérôme lhe manda sem cessar uma dupla mensagem contraditória: seja o melhor, mas mostre isso o menos possível, senão você me fará sombra. Pierre, preso a esses dois imperativos, manifesta diversos problemas, está freqüentemente cansado, deprimido.

Para obter poder sobre alguém, eu posso encerrá-lo **numa dupla contradição.** A dupla contradição prepara o caminho da esquizofrenia.

A mulher de Jérôme, Nicole, tornou-se presidente da empresa. De certa forma, Jérôme lhe deu todos os poderes no que se refere aos negócios, mas ele a controla e a domina no plano psíquico. Todo o seu jogo na relação consiste em se assegurar, dia após dia, de sua submissão. Ele jamais está contente, ela nunca faz o suficiente, a menina dentro dela corre atrás da aprovação paterna, a mulher se coloca de joelhos para obter uma prova de amor, e a submissa se revolta em nome do seu direito de existir por ela mesma e para ela mesma.

Jérôme se comporta sempre como um Pigmalião — "Você me deve tudo" — e ele a prende às vezes pelo reconhecimento e às vezes pela culpa. Com asas febris, ela se prepara, porém, para voar na primeira ocasião. Essa ocasião chegou e ela continua ali.

Esses dois seres são cúmplices na manutenção dessa relação de força: um tomou a si o papel de sempre estar errado, o outro o de sempre ter razão. Aparentemente, há um dominador e um dominado, um ganhador e um perdedor, mas ambos são perdedores, porque Nicole fará Jérôme pagar pela sua capitulação.

Jérôme leva sempre mais longe suas exigências. Exige, por exemplo, que Nicole tome providências contra Pierre, que ele julga incompetente. Jérôme vive mais ou menos inconscientemente com medo de que Pierre o suplante e, com a idade, esse comportamento tornou-se doentio. Nicole está diante de uma escolha cada vez mais difícil. Jérôme a ameaça de represálias se ela não lhe obedecer. Mas a consciência de Nicole reprova os atos de Jérôme, e chega o momento em que a sua revolta deveria tornar-se aberta, em que ela deveria dizer não às exigências do marido. E, de uma certa maneira, é isso o que ele busca: uma consciência que vá, enfim, resistir a ele, colocando à prova a sua onipotência imaginária.

No jogo do poder, freqüentemente há uma **demanda explícita e uma demanda implícita,** que toca bem mais de perto a pessoa que a formula.

Assim, Jérôme vê reduzir-se a margem de liberdade de Pierre, mas na realidade ele quer sobretudo que Nicole escolha entre ele e Pierre, que ela lhe prove que está do seu lado. Para isso ele está pronto a chantagear: "Você não sabe o que a espera"; e lisonjear: "Preciso de você, posso contar com você." Ele a envolve com essas justificativas: "Temos de ser justos." Nicole se sente muito mal quando está de folga, o que é um sinal de advertência da presença de um jogo de poder. Uma pressão é exercida sobre ela porque alguém tem um projeto para ela e o expressa com uma distorção entre o explícito e o implícito.

Jérôme diz explicitamente que fez tudo por ela, o que também quer dizer que tudo fez para sufocá-la. Se ele tivesse refletido um pouco sobre isso, teria dado conta de que havia criado todas as condições para desenvolver em Nicole uma animosidade e uma culpa que agravam ainda mais a tensão do seu relacionamento.

Os dois funcionam há muito tempo numa **cumplicidade circular**. Nicole dá a Jérôme o poder de ter poder sobre ela. Se ele resiste, ela alimenta o seu poder. Ao não dizer que ela não quer, ela deixa que ele a maltrate. Quanto mais ela entra nesse jogo, mais Jérôme se sente autorizado a exercer seu poder sobre ela. Se essa situação se mantém, é porque cada um encontra nela o seu papel. Que vantagem Jérôme tira do seu poder visível? Eu decido. E que vantagem Nicole tira de seu poder invisível? Eu me submeto.

Essa análise se complica pelo fato de o poder real, oficial, estar nas mãos de Nicole e a influência oculta ser a de Jérôme. Este pode fazer com que Nicole faça aparentemente o que ele quer. Ele joga muito particularmente de modo a deixá-la em conflito, de vê-la negar e, depois, ceder, porque não suporta mais aquele seu mutismo pesado. É sempre ela que volta atrás e retoma o diálogo como se nada tivesse acontecido.

Tornar-se dependente de alguém é também tê-lo sob a sua dependência, para se assegurar de que a relação vai continuar, que o outro não vai me deixar. Quanto mais entramos nesse papel de dominador ou de dominado, mais precisamos do outro para existir.

Jérôme considera que os conflitos e as dificuldades de sua relação conjugal provém da atitude de Nicole e reciprocamente. Nenhum dos dois se sente responsável pela relação, porque cada um funciona dentro de um mundo fechado baseado na acusação do outro: Você não fez isso, você não fez aquilo. O que é também um modo de se responsabilizar pelo outro no nível da relação: Eu espero que você...

Notemos que aquilo que motiva Jérôme, por trás desse jogo de poder, é a busca de reconhecimento da sua competência, de que ele é sempre o senhor. A motivação de Nicole é também a de se fazer reconhecer como uma boa esposa, digna de ser amada pela pessoa a quem escolheu como senhor. Os meios que são usados para chegar aos seus objetivos parecem inadequados. Mesmo ao reforçar o seu controle sobre Pierre, Jérôme não pode mudar nada em relação à idade e à perda de credibilidade. Ao perpetuar um conflito com o seu colaborador, ele se enfraquece. Ao entrar no seu jogo, Nicole não pode de nenhum modo satisfazê-lo, para conseguir o seu reconhecimento.

Se esses jogos de poder têm por característica serem **inadaptados à realidade**, são igualmente **repetitivos**, pois Jérôme e Nicole já representaram centenas de vezes essa história sob um ou outro pretexto. Tudo acontece como se os dois continuassem a ignorar o que o outro busca e o que eles mesmos buscam, girando sempre em círculo, cegos e desesperados, com alguns momentos de trégua. Eles continuam a girar em torno do vazio de si mesmos e não há quase mais ninguém para acompanhá-los nessa ronda infernal. Quanto mais a pressão aumenta, mais se vêem presos um ao outro. Quanto menos são satisfeitos na sua demanda fundamental, mais se frustram e mais essa frustração os leva a reproduzir compulsivamente comportamentos inadequados...

Fazer pressão, enviar uma dupla mensagem, criar uma cumplicidade circular, manipular o outro, tornar-se dependente, estar inadaptado à realidade, repetir as mesmas histórias, são essas as características dos jogos de poder.

Como e por que chegaram a esse ponto?

Na dialética do senhor e do escravo, o escravo é aquele que tem tanto medo da morte que prefere se submeter a afrontar o senhor. Este, pelo contrário, provou sua determinação ao preferir a morte à escravidão.

O medo e a morte, o medo da morte aparecem aqui como as grandes fontes dos jogos de poder. "Eu domino você, logo eu existo." "Você me domina, logo eu existo", talvez possa ser colocado em paralelo com "você me ama, logo eu existo" e "eu amo você, logo eu existo".

A tomada de poder será uma versão bastarda do amor. Evita um confronto com a liberdade ameaçadora do outro. Constitui uma medida para se tranqüilizar diante da presença do outro, para não voltar a sentir o medo de ser abandonado. Tudo acontece como se esse medo primeiro e fundamental do bebê, o medo de não ser alimentado, se perpetuasse no adulto como uma conduta inadequada, tão inadequada que ela produz freqüentemente um corte na relação, um antagonismo. Assim, eu evito um confronto comigo mesmo. Faço que acredito que e faço que você acredite que... eu me recuso a me questionar, crio uma realidade que me convém e tento, num golpe de força, conseguir a adesão da sua consciência, que me confortará na minha ilusão.

Os jogos de poder são uma tentativa de anestesia que evita que respondamos à pergunta: "Quem sou eu"? Jérôme alimentou a respeito de si mesmo uma crença bastante arraigada e muito ameaçadora: eu sou um homem excepcional, mas não suficientemente reconhecido. E Nicole: sou uma mulher excepcional que deixou que esse homem se tornasse o que é. Essas crenças são em parte inconscientes, mas consomem muita energia e ambos agem de maneira que elas sejam reforçadas. Enquanto não encontram oposição, eles têm a impressão de controlar o mundo que está à sua volta. O jogo que se joga a dois é tão-somente aquele que nos coloca à prova na medida em que os nossos projetos de poder e de reconhecimento são realizados em detrimento do outro.

Acabamos de ver que os jogos de poder são jogos de defesa:

— para me assegurar da posse ao menos de um outro ou de vários outros que reforcem a relação;

— para evitar a pergunta "Quem sou eu?" e me confortar com uma imagem de mim mesmo;

— para evitar viver a mudança e a perda de controle;

— para me proteger do medo da morte;

— para não ouvir o meu corpo.

A fuga de um confronto com o outro, consigo mesmo e com o mundo permite que eu alimente a ilusão da onipotência, mas me priva de toda a possibilidade de realização pessoal. Eu perco o meu poder criador para me projetar num mundo ideal. Ganho segurança e perco a vida.

Como sair dos jogos de poder

Nessa história, o jogo de poder de Jérôme é o de contrariar Nicole e o jogo de poder de Nicole é o de se deixar contrariar dizendo a si mesma que nada já está ganho e que na próxima vez... A evolução da história depende da posição tomada pela pseudovítima.

Na situação inicial em que ela cede, Nicole está certa de evitar o confronto e de se proteger do risco da ruptura.

Se ela decide mudar de comportamento, pode resistir a Jérôme se justificando (eu fiz isso e não pensei que... eu disse isso e você interpretou mal, etc.), mas ela ainda continuará sujeita a ele.

Ela pode também se opor a seus argumentos: Pierre é um excelente colaborador, você o paralisou, você é injusto com ele... Ela corre o risco então de afirmar o seu sistema de valores, mas nesse caso a pressão se acentua, pois Jérôme toma isso como uma declaração de guerra. Vimos que ele não suportava que ela pensasse diferentemente dele. Quanto a entrar num sistema de acusação face a face com Jérôme, Nicole nem sequer tenta, a não ser indiretamente, pois ele reage imediata e violentamente. Seu estado de nervos é tal que ele não suporta a menor disputa.

Em geral, nesse nível do combate, Nicole bate em retirada, fecha-se nos seus aposentos e chora. Eles precisam de uma pausa para a recuperação, mas logo depois o jogo recomeça.

Como poderíamos sair desse círculo vicioso? Seria necessário para isso que um ou outro evoluísse dentro da relação, ou seja, pensasse de outra forma e agisse de outra forma. O arsenal de poder do dominador é impressionante:

— a culpa (você não tem nenhum reconhecimento);

— a desvalorização (sem mim, você não seria nada);

— a ameaça (represálias);

— a chantagem afetiva (nosso casal... nossa união... eu sofro... ninguém sofre como eu);

— oportunismo (exatamente, eu queria te dizer...);

— a distorção (já que você é tão devotada...).

Enquanto o dominado não tiver consciência clara de todos esses métodos para despistá-los e não se deixar impressionar por eles, cairá de novo na mesma armadilha de seu comportamento passado. É como saltar de pára-quedas. O dominado precisa se convencer de que nada lhe acontecerá de terrível, nada de mortal, se ele não ceder às expectativas do dominador. Ele precisa aprender a dizer não, não um não de revolta, mas um não de distância refletida. Dar um pequeno passo de lado. Dar um pequeno passo de lado físico e psíquico. Levantar-se e, às vezes, saber deixar a sala antes que as coisas degenerem. Superar o medo do outro e, para Nicole, o medo do masculino já bastante bem enraizado na relação com o pai.

O jogo de poder é terrivelmente mortal; ele mata cada vez mais a capacidade de amar, mas o que há nele de particular é que **traz em si a possibilidade de cura dos dois parceiros.** Sem essa esperança invisível, não se perpetuaria no absurdo de sua repetição.

No caso de Jérôme e Nicole, somente Nicole está aberta à compreensão do mecanismo que os cerca. Como cúmplice e atriz, ela quer encontrar uma porta de saída.

A droga é uma boa comparação. Alguns drogados não querem ouvir falar em desintoxicação. Outros, ao contrário, buscam ajuda, tentam sair, recaem, se desintoxicam de novo e por vezes se livram totalmente do vício. Não se deve subestimar os jogos de poder, eles são igualmente "viciosos" para qualquer um de nós. Nicole não pode mais contar com uma colaboração consciente de Jérôme. É preciso que ela renuncie a qualquer projeto eventual de mudança concernente a ele. **Querer que alguém mude é ter sobre essa pessoa um poder sutil e isso freqüentemente bloqueia a situação.**

Nicole precisa observar Jérôme e aceitá-lo como ele é, como ela o vê. Só essa aceitação, que também a diferencia, permitirá a distancia indispensável sobre o plano interior. Ela não é a salvadora de Jérôme; os benefícios não poderão ser diretos. É certo que, se Nicole mudar seu comportamento, Jérôme terá uma nova possibilidade em sua história, possibilidade que ele busca inconscientemente há muito tempo; mas o desempenho de Nicole pára por aí. O comportamento submisso de Nicole foi adaptado na sua infância, adaptado também à forma senhoril com que Jérôme age profissionalmente, mas inadaptado, enquanto esposa. Ao se tornar inadaptado, seu comportamento tornou-se neurótico, o mesmo acontecendo com Jérôme.

O aspecto neurótico se alimenta do sentimento de derrota sem poder tirar desta uma lição. Enquanto o jogo de poder se enquista e degrada cada vez mais a relação, criando as frustrações. O jogo de poder protege os medos inconscientes, e enquanto esse benefício é sentido como mais importante do que o sentimento de frustração, esse comportamento se perpetua. Chega um momento em que, apesar do medo, a frustração leva a novos comportamentos. Poderíamos dizer que o medo de Jérôme continua grande demais para que ele possa fazer uma mudança, mas que a frustração de Nicole atinge o limite.

Voltemos a Nicole. Como poderia ela sair dessa "vitimização", que também esconde uma grande dominação? Como muita gente, ela não conhece mais que dois pólos contrários entre os quais oscila em total desequilíbrio. A visão do meio lhe é na maior parte do tempo impraticável, salvo quando ela deixa falar o seu coração com outras pessoas do seu círculo.

É muito importante prestar atenção: **ouça o seu corpo,** as suas necessidades fundamentais, e **escute o seu coração.** O que representa o fato de permanecermos centrados numa relação? É manter-se ereto diante do outro, sem se inclinar na direção dele para servir às suas necessidades. É certo que Nicole terá muitas dificuldades para integrar esse dom, ela que sempre aprendeu que uma mulher se define pela sua capacidade de doação. Sua boa saúde mostra no entanto, que ela sabe se preservar. Observemos os benefícios de ouvir o corpo.

Se eu estou atento ao meu bem-estar corporal, não terei o desejo de focalizar a minha atenção no outro, de fazer pressão sobre ele, de o manipular, de ter um projeto implícito. Eu estou aqui agora, o que quer dizer que não repito nada, estou adaptado à realidade. Eu não estou mais na dependência, porque satisfaço as minhas próprias necessidades.

A consciência do corpo, o enraizamento no corpo, a respiração consciente, habitar seu corpo com o seu pensamento: há nisso toda uma higiene interior, e exterior, de volta a si mesmo.

O desejo-projeto de ser um puro espírito, de esquecer o corpo, faz parte da loucura do superpoder. É notável a que ponto chegamos na recusa de nos encarnarmos, de nos identificarmos com o nosso corpo e com seus limites. Queremos sair do corpo antes mesmo de entrar nele. É porque a sabedoria consiste a princípio em **entrar** mais e mais em todas as camadas, em todas as células, antes de **sair** em direção às regiões cada vez mais etéreas do si mesmo. Uma das doenças da civilização consiste em deixar o intelecto tomar a frente do corpo, ao valorizar mais as atividades cerebrais que as atividades manuais. Também o desenvolvimento espiritual pode trazer a marca desse desequilíbrio, propondo técnicas para sair do corpo antes mesmo que o indivíduo esteja integrado à existência desse corpo.

Jérôme e Nicole sofrem dessa síndrome à sua maneira. Embora estejam atentos às necessidades do próprio corpo e sejam bastante esportivos, eles se desconcentram rapidamente assim que o psíquico entra em cena. A crença de Jérôme de que "sou perfeito" ativa nela o perfeccionismo, a desconfiança, a superioridade, o desprezo... A crença de Nicole, "é preciso dar prazer aos outros", a leva a dizer sim quando gostaria de dizer não, a continuar jogando como salvadora mesmo quando isso não é necessário.

Suas crenças não são "más", mas em situação de *stress* reativam os comportamentos compulsivos, induzindo condicionamentos. Para "reabrir" esse círculo fechado, Nicole precisa compreender todo esse funcionamento para depois se propor experimentar uma outra crença de maneira deliberada e se dar a permissão, por exemplo, de dizer não. Ela pode até mesmo encarar esse não como um sinal de coragem, de autenticidade.

Imediatamente, no entanto, seu medo ressurgirá: o que vai acontecer, o que eu estou arriscando? Para que ela mude, é preciso que a sua frustração seja mais forte que o seu medo, ou ainda que esteja convencida da necessidade de uma mudança de valores.

Nicole é muito emotiva, chora facilmente, e Jérôme desvaloriza qualquer traço de sentimentalismo. Ela precisa reabilitar o valor de suas emoções, precisa escutá-las, precisa religar-se às suas necessidades e mesmo se apoiar nelas para agir. É bom também que ela demarque e conheça seus limites para deixar de se negar em nome dos outros: o que posso permitir, o que é inaceitável para mim? Enfim a questão fundamental para todo indivíduo é reconhecer nele mesmo a sua fonte de amor e ter confiança em si mesmo como detentor de sabedoria. Nicole tem a necessidade de reforçar o sentimento de seu valor próprio.

Para tudo isso, ela pode receber uma ajuda externa, ou de uma amiga, ou melhor ainda de um terapeuta, que saberá agir sobre todos os pontos necessários: ouvir o seu corpo, suas crenças, suas emoções, suas necessidades, seu próprio valor, e tantos outros aspectos de seu autoconhecimento.

Imaginemos uma conversa entre Jérôme e Nicole. Como de costume, Nicole está em guarda. Ela está decidida a não se deixar dominar por Jérôme, a não se deixar desestabilizar, a não entrar num sistema de justificação. Ela se prepara para ouvir sem responder, e mesmo ouvir sem preparar a resposta, sem buscar a solução. Ela se apóia no seu corpo e no seu coração e torna-se toda ouvidos. Essa não é uma atitude de desconfiança, de combate; ao contrário, é uma posição bem relaxada, distanciada.

Depois de ouvir, ela usa a confirmação (se bem compreendi, você quer dizer que...) e toma todo o tempo necessário para se assegurar de que compreendeu bem. Ela repete o que ele acabou de dizer. Se Jérôme logo depois exige que ela reaja, que tome uma posição, ela lhe responde, num tom calmo, que precisa refletir e que dará sua posição mais tarde.

Com essa atitude, Nicole sai da dinâmica do jogo de poder. Ela não está nem na submissão nem na resistência.

Se Jérôme lhe faz críticas, ela deixa que ele fale sem tentar se justificar. De uma certa forma, ela aceita encarar que essas críticas podem ter um sentido: eu não sei, talvez você tenha razão. Ela não entra no conflito: eu tenho razão e você está errado. Ela não procura fazê-lo mudar de idéia, mas não aceita mais adotar seus pontos de vista sem nenhum questionamento. Ela pode também se informar: o que provoca esse julgamento em você?

Nicole ouve o que está acontecendo com ela. Ela se dá a permissão de ser "isso que sente". Não se identifica mais com esse julgamento do outro. Mais ainda: ela sabe que somos sempre uma coisa e o seu contrário. Que ela é gentil, mas também potencialmente malvada, e que essa malvadez não lhe dá medo; que ela nada mais é que a sombra da luz.

Toda fonte poderosa de acusação e de culpa repousa sobre essa dualidade, sobre o medo da face escura das coisas. Quando começamos a suplantar esse medo, desfazemos os nós do sentimento de culpa.

O que importa aqui não é mudar o outro, mas **se posicionar num bom lugar.** Para isso ela precisa também parar de se ocupar de Jérôme como prioridade e ocupar-se de si mesma. Por exemplo, não vai mais perguntar se ele tem vontade de ver aquele espetáculo com ela ou comer aquele peixe; dirá simplesmente que ela quer fazê-lo. Em vez de lhe fazer críticas interiores e de envenenar a relação pelas coisas que não são ditas, expressará aquilo que ela não quer mais: não quero que você tenha mais ataques de cólera contra mim.

Há todo um trabalho de saneamento da relação a ser feito. A curto prazo, os frutos não serão evidentes; mas a longo prazo certamente aparecerão.

Do amor ao poder ao poder do amor

Como passar do amor ao poder ao poder do amor, do amor ao poder para a potência de amar? Chegamos ao centro da dificuldade de cada um de nós e de toda a consciência coletiva da humanidade. Como passar do medo à confiança, da dominação autoritária e escravizante à cooperação?

Hoje nove décimos da humanidade estão mergulhados no processo de busca da sobrevivência, no medo, e as relações são permeadas de competição, de dominação, de luta. O planeta Terra vive em guerra aberta e encoberta, em guerra armada, em guerra econômica, psicológica e mesmo amorosa. Alguns vencedores desfilam diante de um exército de vencidos, de escravos, de vítimas. E esses vencedores são eles mesmos as vítimas da solidão do poder.

A consciência coletiva denuncia hoje majoritariamente o absurdo da guerra e dos conflitos. As consciências individuais recusam cada vez mais o absurdo dos conflitos familiares. Os casais se separam mais do que permanecem juntos, num confronto permanente. Mas ninguém até agora parece saber como entrar na era da paz interior e exterior.

Atualmente, a humanidade se vê diuturnamente no nível do ventre e busca uma passagem para o nível do coração. Essa passagem é, por sua vez, de ordem coletiva e individual. Estamos todos preocupados, estamos todos em dificuldade para efetuar essa passagem, e nós temos necessidade de nos fortalecer para os momentos difíceis.

A sombra do poder nos guia e nos dirige para a luz do poder. Sabemos bem que cada coisa pode ser boa em si mesma desde que seja utilizada no lugar certo, na sua justa medida. Não podemos nos condenar eternamente à impotência sob o pretexto de que o poder tem aspectos perigosos. Temos necessidade de colocar o poder a serviço do amor, para que se cumpra a mutação, a transmutação. A ação iluminada pelo amor multiplica as possibilidades, abre um caminho de realização mais mágica. A ação é inspirada.

A resolução está bastante clara: como passar de uma vida dominada pelo medo a uma vida guiada pelo amor. Que pelo menos cinqüenta por cento das pessoas, sejam lúcidas a respeito de suas forças e de suas fraquezas.

A aceitação dos outros e de si mesmo nos leva a um novo modo de pensar, a uma lógica do paradoxo, que constitui uma das chaves dessa passagem de uma vida defensiva, amedrontada e agressiva, a uma vida radiante e feliz. A culpa e o julgamento são os instrumentos da opressão por excelência na relação dominador/dominado, e estão bem interiorizados por todos aqueles que se tornaram os atores da divisão interior, da guerra que travamos com nós mesmos pela crítica interior interposta. Vários personagens estão em luta no nosso íntimo. O alinhamento, a centralização, a confiança na semente da sabedoria pessoal, todos esses elementos vão contribuir para desenvolver o poder do amor.

Hoje eu estou persuadida de que é possível agir em vários níveis; por um lado, sobre os nossos comportamentos modificando-os; por outro lado, sobre as causas que nos manipulam; e enfim acordar, especialmente pela prática da respiração, para liberar novas fontes, desenvolver a alegria de viver e mudar o nível de percepção. Levar em conta o consciente, o inconsciente e a energia no processo de libertação interior.

QUARTO ESTÁGIO

O Casal Esclarecido

Não me desespero mais,
mas ainda não ouso acreditar
na minha própria esperança.

Entre o saber e o fazer

O estágio esclarecido corresponde à tentativa de sair da relação conflitante para a compreensão e a inteligência. Estamos sempre na presença de uma mulher lunar e de um homem solar, mas com diferenças. Essa mulher lunar se inclina ao modelo ativo, ao passo que o homem solar se inclina ao modelo passivo. Todos os dois são confrontados muitas vezes de maneira inconsciente com uma certa forma de contradição interior. Esse casal esclarecido é aquele que consulta os terapeutas, que se informa, que lê, que se engaja num caminho de evolução consciente, que aceita o risco de ser posto em questão.

É a esse estágio esclarecido que pertence a grande revolução do movimento feminista, com as importantes conquistas que resultaram em mudanças nos planos político, econômico, social e sexual. Os homens aderiram a essa causa sem, contudo, se sentirem à vontade, porque estão atados ao seu complexo de superioridade. As mulheres se lançam e se jogam em vários registros, entre a submissão e a dominação.

O estágio esclarecido é um estágio de passagem, de pesquisa, no qual a inteligência vem em socorro dos instintos e das convenções para definir novos caminhos. É também um momento aberto para o risco da mudança, com três passos para frente e dois para trás. Abandonamos os velhos comportamentos, sabemos aquilo que não queremos e não sabemos ainda muito bem o que queremos. Certos aspectos do ser estão desenvolvidos, outros em absoluto arcaísmo e essas diferenças dão por vezes um resultado explosivo.

Rico de promessas, esse estágio às vezes também pode ficar cheio de decepções, de medos, de perda fé na possibilidade de ultrapassar essas zonas turbulentas do conflito. A reavaliação do assunto abre caminho para novas separações. Os avanços e as regressões se encontram. A supermulher, os novos homens, os novos pais, as novas mães, a derrota dos sexos, todas essas tentativas de descrições jornalísticas e sociológicas sobre o estágio da sociedade atual testemunham as tentativas e erros, os primórdios da redefinição das identidades masculina e feminina.

É essa a saída do patriarcado: uma zona indeterminada onde as formas usadas do passado são abandonadas sem que ainda se saiba muito bem o que será colocado em seu lugar.

Tudo acontece como se a humanidade já tivesse tentado uma civilização da mãe e, depois, uma civilização do pai, e buscasse agora dar um salto qualitativo: uma civilização onde o pai e a mãe cooperem, **uma civilização do homem E da mulher.**

O feminino foi representado nos tempos pré-históricos pelas fartas ancas da mãe. Bem mais tarde é que a mulher aparece com as suas formas delicadas, e essa mulher sedutora jamais pôde se desenvolver como um ser inteiro. Ela era uma metade do homem. Por conseqüência, o homem também não era um ser inteiro. Na sociedade, conhecemos somente um casamento dominador/dominado; resta-nos ainda inventar uma união que seja cooperação/co-criação.

Estamos em vias de descobrir que falar disso não é suficiente. Esse estágio das luzes é muito importante no plano coletivo, assim como no plano individual. A razão, a lógica, a ciência, e uma certa forma de arte são as características de um pensamento masculino, mas a intuição, o paradoxo, a poesia, o amor e a sabedoria esperam também ser compreendidos como elementos de uma forma mais feminina da existência.

Compreender que o intelecto tem seus limites, que precisa se irrigar pelo caminho do coração, é também perceber que não basta que eu saiba intelectualmente o que é bom para mim para que eu o faça: é se encontrar diante da distorção entre o saber e o fazer.

Há os que falam e há os que encarnam o que dizem. Hoje os elementos de um novo paradigma começam a se desenhar claramente.

A síntese dos novos comportamentos, próprios de uma era de cooperação entre o homem e a mulher já está dada. Cerca de dez por cento da população atual da França já tem acesso a essa síntese, na forma de informação, mas muito poucos a põem em prática na vida. Eles têm a chave, mas no entanto ainda não estão decididos a girá-la. É sem dúvida nesse estágio que se produz, tanto para os indivíduos como para a sociedade, uma mudança decisiva. Todo o trabalho da psicanálise, da psicoterapia, se funda sobre a possibilidade dessa passagem.

Cada um começa a ver que o seu conflito exterior com o outro tem suas raízes num conflito interior consigo mesmo. É o começo de uma transformação profunda. Substituímos "você me impede de fazer aquilo que eu quero" e compreendemos que usamos essa desculpa para nos impedir de mover. Cada um vai reconhecer o nível de sua projeção sobre o outro. **Cada um aprende a transformar o negativo de sua história em positivo.**

O casal esclarecido diz que começou com um desejo de simbiose, que descobriu a diferença e o medo da diferença com seus jogos de poder, que está atolado nesse conflito. Agora o casal pode aprender a se enriquecer com essa diferença e encontrar uma outra forma de simbiose. O casal conflituoso foi deixado para trás, mas a harmonia a dois só está a ponto de ser percebida, concebida, esperada. Todos os velhos hábitos de comportamento estão ainda ali, prestes a ressurgir diante do primeiro medo, diante das primeiras feridas. Situação essa bastante instável e muito comum na sociedade atual. As revistas femininas dão muitos conselhos, os livros de psicologia também, e o público os compra, o que significa que homens e mulheres se interrogam sobre a sua crise relacional. Uma grande parte da consciência coletiva entrou hoje no modelo do estágio esclarecido, no sentido de uma vontade de ultrapassar o modelo patriarcal.

"Não viver como nossos pais"

Esse é um pano de fundo, um objetivo a ser conseguido. Gérard partiu muito cedo de casa com uma certa idéia na cabeça: "Quero me casar e quero vencer exatamente naquilo em que meus pais falharam. Eles estão sempre juntos, mas que inferno! Eu sei o que não devo fazer." Casamento, filhos, problemas. Gerard gostava do lado artístico, boêmio de sua mulher, mas não suportava mais a sua desordem, os seus atrasos, a sua falta de organização. O estágio de fusão do casal explodiu logo após o nascimento do primeiro filho. Gérard foi ficando tão opressor e exigente como o seu pai. Eles se separam pela mesma razão que os atraiu um ao outro. Ele tão rigoroso, tão certinho, havia sonhado com a fantasia dessa mulher, e ela gostava de se apoiar na sua estabilidade tranqüilizadora. Fizeram um projeto consciente/inconsciente de casar suas respectivas qualidades, de se enriquecer cada um com as qualidades do outro. O programa de mudança não funcionou. Eles endureceram em suas respectivas posturas e chegou um momento em que ele percebeu que era impossível alguém conviver com ela e ela percebeu como ele era intolerante. As identidades ficavam bloqueadas. Ao contrário de seus pais, não permaneceram juntos nessa fase conflituosa.

Passados alguns anos ele vive com Françoise, uma médica que possui um perfil de mulher aparentemente muito diferente. Françoise também está saindo de um divórcio e ambos estão muito atentos ao casal que estão formando. Dirigem-se um para o outro a passos contados, se comprometem com prudência. Durante um bom tempo, mantiveram dois apartamentos e só partilham o mesmo espaço há pouco tempo. Eles proporcionavam a si mesmos os meios de compreender as possibilidades de sair do conflito. Praticam a não-acusação do outro, sabem se concentrar em suas necessidades e se respeitar mutuamente, mas encontram dificuldade em outro nível. Sob a aparência bastante sólida reforçada ainda mais pela profissão, Françoise esconde uma menina muito "insegura" no plano afetivo. Quando está com Gérard, ela se comporta cada vez mais como uma Eva. Deseja muito o casamento e, por ora, Gérard resiste. Recentemente, ele lhe confessou que descobrira quanto ela era diferente daquilo que havia imaginado. Em suma, ele lhe confessou uma certa decepção. Seu primeiro casamento não resistira a essa revelação. Mas ele mudou bastante. Tornou-se mais aberto, mais suave, mais feminino, e aprecia a independência de uma mulher, esse lado Lilith que tanto prazer lhe dava no temperamento artístico de sua primeira mulher. Françoise é uma mulher muito sedutora. Hoje ele sabe muito bem que, se ela desempenha o papel de Eva, não será menos Lilith e não renegará esse lado de si mesma. Ele então a encoraja a desenvolver esse aspecto, sabendo muito bem que ele não pode querer mudá-la.

O que vai acontecer com esse casal? Com a intensidade de seus sentimentos por Gérard, Françoise deseja encarnar um casal patriarcal. Mas Gérard, em plena descoberta de sua feminilidade interior, tem a necessidade de criar espaço e sonhar a perspectiva de um casal do sexto estágio, de um casal evoluído. No estado atual, nenhum dos dois pode abandonar seu sonho sem "se pendurar" no outro, o que fará surgir um conflito mais ou menos a longo prazo. Resta a possibilidade de que Françoise tome consciência de que sua exigência tem um lado regressivo, que compense seu desequilíbrio afetivo e que reencontre seu gosto fundamental por uma certa liberdade. Juntos eles poderão criar um relacionamento do sexto estágio, um casamento evoluído, e não mais patriarcal.

Dependência-independência

Sylvain e Karen se amam, se afastam e se reencontram em intervalos regulares há vários anos. Eles não conseguem compreender seus jogos passionais. Sylvain já foi casado e se separou de sua mulher no momento do nascimento de sua filha. Disse que fugiu para sobreviver porque o contexto familiar o sufocava por causa da relação estreita entre a mulher e a sogra. Sylvain deixou o arquétipo de Eva e reencontrou em Karen, alegre, sensual e independente, o arquétipo de Lilith, mas vai rapidamente fechar de novo a prisão para Karen, propondo-lhe que deixe de trabalhar fora. Ao final de alguns meses, Karen se torna frígida com Sylvain e, para sair dessa situação, procura outra pessoa. Sofrimento e ciúmes para Sylvain e separação. Alguns meses mais tarde se reencontram e tudo recomeça. Dessa vez Karen mantém sua independência financeira, mas a pressão de Sylvain sobre ela é de novo tão forte que ela volta a recusar os contatos íntimos. Ela se inclina algumas vezes na direção de um casamento ou da partida dos dois rumo a novos horizontes; mas, no momento de concretizar, ela se assusta e renuncia.

Karen está presa entre o seu desejo de dependência e o seu desejo de independência, entre seus aspectos Eva e Lilith. Ela adora quando Sylvain lhe permite ter acesso ao seu lado Eva, mas confusamente ela sente sem dúvida que agrada a Sylvain como Lilith, e que é em Lilith que está o seu poder sobre ele.

Para nenhum dos dois está clara essa questão de dependência e independência. Cada um renega um dos dois lados. O mais freqüente nesse casal é quando Karen faz a independente e Sylvain o dependente, mas eles podem inverter os papéis. Todos os casais funcionam um pouco dentro dessa problemática, simplesmente entre eles ela é exacerbada a ponto de oscilar de um pólo ao outro sem encontrar o caminho do meio. É ao reconhecer a sua dupla necessidade de dependência e de independência que poderão eventualmente caminhar um em direção ao outro, adaptando-se e respeitando-se. O que os joga mais um contra o outro é recusar para eles mesmos o que o outro possui: liberdade para Sylvain, e espírito possessivo para Karen. Nós já vimos que nada nos incomoda mais do que ver representada à nossa frente uma história censurada por nós.

A mulher esclarecida ou a mulher dependente

A mulher esclarecida não é mais a mulher submissa do patriarcado, ela exerce uma profissão, tem independência financeira, busca encontrar equilíbrio com o homem, mas recai freqüentemente em velhos esquemas. Sua principal armadilha é de ordem afetiva.

Por que Véronique se apaixonou pela segunda vez por um homem que não a ama? Por que Mariana só vai ao cinema para ver os filmes de que Charlie gosta? Por que Andrée é tão servil? Por que Virginie se esforça tanto para fazer tudo por Hervé? O que essas mulheres têm em comum? Uma fraqueza afetiva, um desejo de amor que substituem por um devotamento excessivo, uma negação de si mesmas, por uma surdez às próprias necessidades, por uma mudança do próprio centro. Essas mulheres tomam o partido desse homem em detrimento de sua auto-estima. Por outro lado, elas podem se mostrar brilhantes, responsáveis e mesmo autoritárias no trabalho. Mas no nível afetivo tornam-se terrivelmente submissas e vítimas do amor, mártires. Não se interessam por homens estáveis e confiáveis que poderiam amá-las. Esses, elas não vêem. São só os casos extremos que as interessam, os que estão presos a uma grande paixão: o álcool, o jogo, a ambição, etc., e que terão somente um fragmento dessa energia para lhes dedicar. Elas podem assim reproduzir uma situação freqüente na infância, situação na qual suas necessidades afetivas não eram verdadeiramente satisfeitas. Como escolheram um homem pouco disponível, estão prontas a fazer qualquer sacrifício para conquistá-lo e mantê-lo. Consideram-se como responsáveis pela relação e sempre se sentem culpadas pelos problemas. Elas disfarçam em devotamento e em amor uma necessidade de controlar o outro. Elas existem quando podem investir em alguém a sua capacidade de apoiar o outro e, às vezes, de salvá-lo. Essas voluntárias submissas buscam controlar, dominar à sua maneira. Na realidade, não se trata de amor; poderíamos dizer que é mais uma atração irresistível, **uma necessidade de encontrar no outro a resposta a uma ferida inicial que estruturou um certo tipo de psiquismo.**

Para certas mulheres, trata-se de uma verdadeira psicose, mas geralmente todas as mulheres impregnadas da mentalidade patriarcal possuem essa tendência à submissão e à culpa do arquétipo de Eva. Eu não sou digna de ser amada, tenho grande necessidade de amar, sinto-me vazia. Meu pai, a despeito de todos os meus esforços, jamais me notou; é preciso que eu me torne indispensável, que compre de qualquer modo esse amor pela minha infinita complacência, pelo meu devotamento. A mulher que fica em casa e que é sustentada materialmente pode até ter a impressão de que nunca faz o bastante, que ela é obrigada a trabalhar sem esperar recompensa. As pequenas tarefas materiais não cessam de solicitá-la de maneira repetitiva. Essa escravidão exterior se duplica numa escravidão interior.

Freqüentemente a mulher também se sente responsável pelo amor. Será por culpa sua que o homem não a ama mais, se ele se cansa, se volta tarde para casa, se tem uma amante? Como seduzi-lo de novo? Seios firmes, um corpo escultural, pele de seda, é o imperativo da aparência e é sempre carregado de tensão. Objeto de desejo, sujeito de prazer, eficaz e capaz, prostituta e cozinheira, rainha e serva, mais do que nunca a mulher busca um modelo inatingível, esgotante e cheio de culpa. Lembremo-nos da Virgem Maria. É também um modelo inatingível: como dar à luz uma criança permanecendo virgem.

Hoje em dia, as meninas não sonham mais em ser a Virgem Maria, mas se vêem impecáveis dentro de uma roupa bem cortada, com cabelos brilhantes, sorrindo para um bebê, falando ao telefone, passando do avião ao microondas, do escritório para os lençóis macios. **A mulher de hoje está presa à sua imagem ideal, tende a uma perfeição idealizada, a um narcisismo coletivo alimentado pelos imperativos do consumo.** Todas as tentações infindáveis da publicidade concorrem para a descentralização feminina tanto quanto a masculina. Mas a mulher tem duas boas razões para permanecer presa: sua concepção piedosa do amor e o narcisismo de sua imagem. Em certos casos, o narcisismo vem suplantar o desejo de amor, mas isso é apenas aparente. Algumas mulheres não têm tempo nem energia para o amor, porque a ambição por um lado, a obsessão com a forma e a aparência por outro as consomem. Para outras menos privilegiadas, é o cansaço do trabalho, os cuidados com os filhos e os deveres de casa que queimam seus recursos eróticos. Se os meios fazem esquecer o fim, o despertar é sempre brutal porque essas mulheres, aparentemente obscurecidas pelos seus desafios, só querem ser amadas. Se o marido vai embora, elas têm a impressão de que estragaram tudo.

"Você me ama?" A necessidade do amor não é em si mesma problemática. Mas a intensidade dessa necessidade leva a pessoa a se comportar de tal maneira que ela não consegue encontrar o que busca. A mulher "que está a fim" de alguém suscita inconscientemente a fuga ou o desinteresse por parte desse alguém. "Você me ama?" significa também "Se você me ama, eu existo". Essa frase assinala uma dependência. Para reequilibrar as coisas, tenho que ir ao extremo oposto. "Eu amo você, logo eu existo" e consagrarei a você muito da minha energia. Posso até mesmo chegar a me esquecer do outro extremo, ou seja, a minha necessidade de amor. Eu lhe dou, eu lhe dou... me apego e caio.

O homem esclarecido

Diz o que faz e não faz o que diz. Alardeia seu amor pelas mulheres, está pronto até mesmo para carregar cartazes, acusar o seu próprio sexo, declarar bem alto que um homem não merece uma mulher. **Mas essa supervalorização do feminino esconde uma misoginia profunda, o medo da mulher.** Ao mesmo tempo seguro de seu poder e orgulhoso de seu *status*, ele pode se dar ao luxo de estender a mão para essas pobres oprimidas. Tem um espírito aberto, quer que as coisas mudem, mas também é o último a se levantar da mesa ou a ajudar a lavar a louça — exceto se há visita em casa. Fala muito, fala mais alto que todo mundo e, sobretudo, mais alto que a sua mulher. Diz que jamais poderia considerar a mulher como um objeto de prazer, que ela é, antes de mais nada, uma pessoa, que a inteligência, o charme... quando o provocamos um pouco, ele confessa que não cessa de olhar para todas as lindas mulheres que passam à sua frente. O homem esclarecido está cheio de boa vontade, mas quer sempre ter razão; é muito suscetível; quer, sobretudo, que suas lindas idéias sobre a mulher atraiam para ele os favores femininos tanto na amizade como no amor. Sobretudo que ninguém duvide do que ele diz, que ele é o único senhor de um monte de mulheres, pois ele é o único que pode compreendê-las tão bem. Acha que a liberdade sexual é boa coisa, mas não para a sua mulher. Está de acordo que as mulheres se libertem, mas com a condição de que essa história não venha mudar nenhuma das suas prerrogativas.

O casal dependente

Num casal é freqüentemente a mulher que se sente responsável por Eros, pela forte tensão passional das emoções que impregna toda a concepção de amor na nossa cultura. Muita gente ignora o aspecto "Ágape" do amor, a relação estável que se manifesta na confiança.

O amor passional é um desejo ardente que se alimenta da ausência, o amor-ternura se estabelece na duração, na confiança, na intimidade. Esses dois tipos de amor não se excluem necessariamente; cada um deles tem a sua beleza, o seu valor, mas tudo acontece como se nós não imaginássemos que esses dois aspectos possam coabitar num mesmo casal. É sempre a famosa lógica da exclusão, a dualidade em ação nas nossas concepções, nas nossas crenças. Alimentamos a idéia de que uma relação se acende na paixão e segue adiante na ternura, que um leva ao outro. Notemos a princípio que freqüentemente a paixão faz explodir a relação. Notemos também que muitas vezes a ternura não é suficiente para manter um casal junto e que o aparecimento de uma outra paixão, num dos dois parceiros, vai perturbar a relação e às vezes interrompê-la. Teríamos então a necessidade de preservar e de fazer coabitar esses dois aspectos e, primeiro que tudo, acreditar que isso também é possível.

O casal dependente é desequilibrado em relação a esses dois aspectos. No período de fusão, o casal que vive uma paixão física ardente conhece as tensões e o sofrimento da ausência, a ansiedade, a dúvida. Nesse clima emocional erótico, faz-lhe falta a segurança afetiva, que é também uma necessidade da pessoa. O casal preocupado com o aspecto da duração do relacionamento, se acomoda com as sensações de serenidade, de segurança, de apoio recíproco, de bem-estar, mas ao chegar a esse ponto passa a se perguntar quando acabou a paixão, a admiração.

O casal esclarecido é freqüentemente esse. O "nós" existe, é constituído, mas tem as pernas tortas. Os dois parceiros respeitam um ao outro, mas isso não é suficiente. Em nome do "nós" do casal, como em nome da família e dos filhos, as pessoas podem se fechar numa alienação. A partir do momento em que um dos dois depende do outro, por medo, por amor, por sacrifício, por controle, Eros desaparece.

Vimos que a mulher é suscetível de amar demais, em resposta freqüente a uma situação infantil desfavorável no plano afetivo. Mas o homem dependente também existe; coloque-se ele como dominador ou dominado, como louco de amor ou como campeão da fuga. Num contexto patriarcal, as mulheres estão majoritariamente com carência afetiva no mesmo ponto em que os homens estão com excesso. Isso quer dizer que os homens formaram com a mãe um casal freqüentemente muito próximo do qual saíram com dificuldade e chegam à relação de casal com esta exigência: sobretudo, não me aprisione como minha mãe, não feche os braços sobre mim e não me separe dos outros homens como minha mãe me separou do meu pai. Ao contrário, a menina, que teve pouco acesso ao pai, que estabeleceu com a mãe uma relação insatisfatória porque era do mesmo sexo, se apresenta na relação conjugal com uma exigência muito grande. Ela está faminta de um amor impossível. Estamos diante, portanto, de duas pessoas que não têm a mesma necessidade: "Abra os seus braços", diz o homem; "Feche os seus braços ao redor de mim", diz a mulher.

Dependência/independência. Eles têm fundamentalmente a mesma necessidade de se deslocar de um extremo ao outro e de encontrar um caminho do meio;

mas ao sair da infância correm o risco de se fixar em identidades bloqueadas. Entre uma mulher que ama muito e um homem que se recusa a se entregar, o encontro só poderá ser passional e intenso no princípio; depois, explosivo e sofrido.

Hoje esse esquema tem a possibilidade de ser invertido com um homem que ame demais e uma mulher em fuga, como veremos no capítulo seguinte. Se esse casal consegue chegar, apesar de tudo, ao estágio esclarecido, ele continuará a claudicar, com muito Eros de um lado e muito Ágape do outro, uma tendência romântica e uma tendência associativa razoável. Ao contrário, se mudam muito de pólos, o casal começará a descobrir inesgotáveis recursos explorando o outro sob aparências contraditórias.

O casal esclarecido oriundo do patriarcado é dependente porque existe um desequilíbrio afetivo profundo nos dois parceiros pelo fato de que o masculino e o feminino não foram percebidos da mesma maneira na infância. É nesse estágio, de fato, que encontramos as doenças da civilização que mantêm as pessoas presas em suas redes.

O masculino e o feminino

A sociedade atual está sempre em desequilíbrio. Está doente por excesso de energia masculina e pelo desequilíbrio entre as polaridades masculina e feminina. Muito racional, muita luta, muita guerra, muito dinheiro, fluidez insuficiente, intuição, suavidade, doçura, delicadeza, falta de Eros, excesso de Thanatos, de cumplicidade com a destruição e a morte. Os homens falam, as mulheres se calam; algumas ouvem e repetem, outras fecham os ouvidos. **Nossa civilização está doente por ter desfigurado o amor entre o homem e a mulher, por ter medo do amor e da mulher, e esse medo é masculino, patriarcal.** Quando somos crianças, registramos o desequilíbrio na relação entre nosso pai e nossa mãe, poderíamos mesmo dizer que todo o nosso psiquismo se constitui a partir desse primeiro modelo, mas nós não estamos conscientes dele.

Marta tem uma mãe dominada e um pai dominador. No seu íntimo, o masculino vai ser um valor mais positivo que o feminino. Ela vai idealizar os valores masculinos e denegrir os valores femininos como muitas outras crianças. Essa polarização dos sexos vai dividi-la interiormente durante muito tempo, e dividi-la em relação ao outro. Marta escolheu voluntariamente o pai como modelo. Ela terá sucesso no plano profissional, mas terá dificuldades para viver sua feminilidade.

Gérard, com uma mãe dominada e um pai dominador não terá uma boa opinião do feminino e não deixará viver sua mulher interior. Tanto num caso como no outro, a harmonia do masculino e do feminino está comprometida desde o início.

É muito importante tomar consciência de que nossas dificuldades de relacionamento com nós mesmos e com os outros têm origem nesse *handicap* social: o masculino é superior ao feminino. É importante reparar que a dominação masculina ainda está se formando no nosso ideal cultural, e que ela sobrevive ao declínio da autoridade paterna e à aparição de novas estruturas sociais.

Para nós, o indivíduo se define pela sua auto-suficiência, pela sua independência. Quanto mais independente é um indivíduo, mais valor ele tem. A dependência e a fraqueza são malvistas, como sinônimos de ajuda materna e de infantilidade. Mas o repúdio à fraqueza significa também o repúdio de nossa fraqueza diante da morte. **Essa concepção de individualidade favorece um aumento permanente de angústia na sociedade.**

O que é difícil de agüentar no sentimento de fraqueza é a sensação de que não temos em nós mesmos a fonte da bondade, de que não podemos tranqüilizar-nos, nem encontrar ajuda. Essa confiança em si é criada a partir de um equilíbrio afetivo com uma mãe poderosa, e se reforça por uma vida cultural em que a proximidade física, a sensibilidade fazem circular uma onda de calor. Quem conhece esses valores os recria onde quer que esteja.

A confiança está comprometida porque esses aspectos são desvalorizados e abandonados em nome da autonomia. Quanto mais o indivíduo perde contato com as formas interiores e exteriores de sua mãe nutridora, mais a independência falha, mais a fraqueza agoniza e o ideal de dominação se reforça.

Insistimos, com razão, na psicologia moderna, na idéia dos "pais ausentes", pais tão ausentes que prejudicam afetivamente seus filhos e filhas. As mães, aliás, contribuíram grandemente com essa ausência paterna na medida em que a educação dos filhos constituía um reino que compensava seu *status* de inferioridade.

Podemos insistir, por outro lado, no conceito de "presença desvalorizada" das mães. Porque as crianças não poderão tirar proveito da presença do pai, a não ser na medida em que a mãe transmitiu também uma consciência de sua positividade.

Hoje ainda se coloca uma questão de fundo: o acesso à independência passa pela desvalorização da mãe. Para ser uma pessoa que se preze, não é necessário que eu abandone o meu lado feminino. Esta é a definição de masculino: meninos não choram porque a falta de coragem é feminina. Mas as meninas também aprenderam essa lição, e quanto mais elas crescem, mais fazem calar a mulher dentro de si.

A diferença entre os sexos é regida pela dominação em detrimento da interdependência de tudo o que vive. Por que a afirmação individualista de si mesmo deveria sempre ser feita em detrimento do reconhecimento do outro? O atual declínio da autoridade do pai não fez desaparecer essa crença num ideal de individualidade autônoma, mas uma contradição se revela cada vez mais: como se confrontar com a realidade independente do outro? Como amar, no meio dessa luta que os indivíduos travam para existir em detrimento do outro?

O conceito de indivíduo continua a ser representado implicitamente por uma pessoa masculina. O princípio de racionalidade é de uma racionalidade masculina. A vontade de poder é uma vontade de poder masculina. Como fazer cessar essa ruptura entre o pai e a mãe, entre a autonomia e a dependência? Como entrar no sentimento de interdependência ligado ao sentimento de unidade constitutiva do sagrado?

O reequilíbrio afetivo de um ser se situa nesse ponto. Os dois parceiros de um casal esclarecido são levados a perguntar a si mesmos sobre seu casal interior respectivo. Eles são levados a reconhecer que são compostos de duas polaridades masculina e feminina, e que não chegarão a uma certa qualidade de intimidade sem começar a se reequilibrar interiormente. Qual é a minha idéia acerca do masculino? Acerca do feminino? Como o meu masculino se relaciona com o meu lado feminino? Em que medida o meu lado masculino está a serviço do meu lado feminino e vice-versa?

Hoje, para a maioria das pessoas, o feminino está a serviço do masculino, e não o inverso. **E, no entanto, uma pessoa não pode ser feliz a não ser na medida em que o seu masculino está a serviço do seu feminino.**

Abaixo as máscaras

Diga-me quem você é e quem está nessa relação.

O casal esclarecido se compõe de duas pessoas que começam a se interrogar e a se apaixonar pelo "Quem sou eu?" e pelo "Quem é você?". Temos a intuição de que o indivíduo é um e, ao mesmo tempo, múltiplo, que abrigamos em nosso interior, contendo diferentes personagens que nós não sabemos sempre quem são e que surgem algumas vezes de maneira inesperada.

Numa relação não há somente duas pessoas presentes; há toda uma multidão de personagens complexos que gostariam de tomar a frente da cena o mais freqüentemente possível. Alguns personagens se sentem reprimidos e atuam com o rosto coberto. Esses são, para nós, os mais problemáticos, porque não os conhecemos, embora se apresentem no nosso nome.

As relações têm a particularidade de criar entre as pessoas reações automáticas com o aparecimento dessas caras. Tudo acontece como se estivéssemos num teatro de marionetes e o aparecimento de um personagem no palco do teatro ocasionasse de maneira bastante previsível o aparecimento de um personagem correspondente no palco do teatro em frente. Algumas pessoas vivem em muito boas relações porque criam umas para as outras bons papéis, fazem aparecer reciprocamente seus aspectos positivos e luminosos. Outras, ao contrário, vão se opor e entrar em conflito porque vão se restringir reciprocamente a seus aspectos sombrios e negativos. Cada um olhará no outro alguma coisa que lhe é insuportável, porque ele o encarna e não o aceita, ou porque não se autoriza mais a encarnar.

"Eu o visto de uma certa forma", se diz comumente, significando com isso que estamos a ponto de vestir alguém com um certo número de defeitos que reprovamos muito particularmente. Essa roupa, é claro, não serve para mim. Dentro do meu guarda-roupa possuo roupas embaraçosas e procuro sempre usar aquelas que me parecem dignas das pessoas à minha volta que vão me servir de cabide. É assim que construímos um universo de má vontade com as identidades que negamos, tomando o cuidado de dar-lhes vida dentro do nosso ambiente. Subterfúgio do reino da consciência. Nada desaparece no inconsciente; tudo pode submergir, mas tudo pode ressurgir e tudo permanece disponível.

Ao longo de uma vida, posso muito bem reduzir ao máximo o meu guarda-roupa e não usar mais aquelas roupas que me deram trabalho. Por exemplo, o egoísta, o sensual, o criador, podem estar calados em mim porque penso que eles comprometeriam a minha relação principal ou a idéia que faço de mim mesma. Mas o encontro com uma outra pessoa fará ressurgir esse aspecto recalcado e terei novamente de reconhecê-lo e às vezes integrá-lo dolorosamente. A evolução de um ser, sua pacificação interior, exige que as identidades sejam reconhecidas em grande número.

Quando reconhecemos em nós todas as identidades, nos encontramos num grande espaço de liberdade interior, com um grande riso porque o ego se rompe numa multiplicidade de facetas.

Mas não nos antecipemos. Nós temos vontade de ser alguém ou alguma coisa; temos vontade de explorar o poder que existe por trás da identidade adotada. Para ser um bom pai, vou negar em mim o pai malvado, não vou autorizá-lo a existir a princípio, o que vai me colocar em contradição e me induzir a erros. Pois, naturalmente, por momentos serei também um pai malvado e, se não quero reconhecer esse fato, sofrerei apuros e conflitos.

Encontrarei também ao meu lado pessoas que encarnem esse pai malvado que eu não quero ser e que me irritarão de modo especial. Posso fazer tudo para controlar o meu ambiente nesse aspecto, mas inevitavelmente esse rótulo voltará a me incomodar, se apresentará cada vez mais nas minhas relações até que eu o aceite. **Toda identidade aceita esconde uma identidade negada e freqüentemente projetada nos outros. É tudo uma armadilha do ego e de suas relações.**

As projeções positivas nos outros são acompanhadas também de projeções negativas em si mesmo. A admiração, o amor, o apego que temos por uma pessoa se enraíza no fato de lembrar no outro alguma coisa que não lembramos de nós mesmos. No entanto, se posso ver alguma coisa em você, é porque já o conheço, e não percebo que pelo o eco o mundo é o reflexo de mim mesmo.

Martine descreve seu cônjuge Hérvé como um homem notável e atípico. Sua carreira não é convencional; ele é um autodidata, domina vários ramos do conhecimento humano, é muito criativo e tem muita ordem e método em suas realizações. Ela o acha muito honesto e tem grande confiança em tudo o que ele faz. É fácil compreender que essas qualidades projetadas no outro também têm suas correspondências. Martine reconhece em si uma fragilidade no que diz respeito à ordem e ao método, e uma dificuldade em empreendimentos que exigiam criatividade. Ela se considera mais hesitante, menos obstinada e menos constante. Espontaneamente, não pensou nos defeitos do parceiro, o que indica que a relação entre eles funciona de modo positivo. Quando a provocamos, admite que ele não tem suficiente confiança em si mesmo e que nem sempre mostra muito interesse para ganhar dinheiro.

De sua parte, Hérvé descreve Martine como uma mulher notável. Essa simetria é muito interessante, pois mostra que ambos nutrem uma forma de humildade, de exigência ou de negação que não os autoriza a considerar a si mesmos do mesmo modo que consideram o cônjuge. A ancoragem positiva é bastante notável: o outro é o espelho daquilo que eles querem ser. Não nos esqueçamos que estar amando é, em grande parte, projetar as identidades inconscientes, desejadas. Para Hérvé, Martine é muito inteligente, muito criativa; ela consegue tudo o que quer; ela tem sabedoria, espiritualidade e sua profissão de terapeuta lhe parece a mais bela profissão do mundo. Então, ao projetar essas qualidades em Martine, Hérvé revela que adota para ele mesmo meios de facilitar o sucesso, e meios para dominar o plano espiritual.

Essas projeções recíprocas representam uma inclinação natural para a crença. O outro é o espelho daquilo que eu quero me tornar, e minha intimidade com ele contém todo um programa de mudança. É assim que um homem que teve um pai autoritário e uma mãe submissa terá a tendência para negar em si a doçura da feminilidade, mas não cessará de procurar mulheres dóceis. Seu programa de complementação é o de voltar a entrar em contato com a sua mulher interior por meio de uma mulher exterior que lhe dará uma imagem positiva do feminino.

Uma menina criada num espírito de submissão ao homem e que negou suas ambições profissionais será muito atraída por esse tipo de homem; sua programação, por sua vez, será a de vir a desenvolver seu masculino interior, seu espírito de conquista por meio de um homem exterior que encarne uma vitória profissional. Um homem criado por uma mãe autoritária renegará em si o masculino dominador, mas procurará uma mulher dominadora com o programa inconsciente de fazer emergir seu lado masculino. Uma menina que tomou o pai como modelo ou qualquer outra figura dominadora procurará um homem dominado para entrar em contato com seu aspecto feminino.

Assim os sentimentos positivos que nutrimos em relação aos outros são alimentados por essas identidades renegadas ou em estado de espera. Da mesma forma, os sentimentos negativos testemunham nossas identidades renegadas ou em estado de espera. Cada vez que alguém suscite em nós a rejeição, podemos olhá-lo como alguém que faz surgir uma parte de nós que não nos autorizamos a viver.

Jeanne sempre reprimiu em si a sensualidade, especialmente pela grande censura materna. Quando ela encontra uma jovem um tanto provocante, *sexy*, sente subir em si uma cólera, um traço de reprovação e julgamentos exagerados. Ela não se sente à vontade com o seu comportamento, mas tem a impressão de não poder se controlar. O que surge dessa forma é o seu próprio recalque, a voz interiorizada de sua mãe, que ela continua abrigando em si mesma. Somente tomando consciência é que ela poderá se libertar dessa parte dela mantida prisioneira e que poderia enriquecer a sua vida.

Se perguntarmos para Anne o que a desagrada nela mesma, ela falará de sua falta de coragem, de sua forte emotividade, de sua tendência à mentira e à fuga para não encarar diretamente o julgamento dos outros. Podemos ver que, por meio dessas identidades adotadas, há também identidades projetadas: um mundo hostil, provocador, estressante, opressivo, que tem a cara dos seus pais, dos patrões e às vezes do cônjuge. Do mesmo modo, se lhe perguntarmos o que a agrada nela mesma, ela responderá: "Meu humor, meu físico, minhas capacidades esportivas", ela cria um mundo cúmplice, admirador e valorizador. Quando ela diz que se esforça para curar sua falta de audácia, projeta um mundo que exige audácia. Quando perguntamos a ela por quem ela gostaria de ser aprovada e ela aponta o pai, ela projeta nele um critério de retidão. Quando se queixa de ser sempre empurrada pelos outros, ela adota e projeta essa personagem fraca e mal aceita. Por sua vez, ela nega a sua vivacidade; ela adotou essa lentidão como uma proteção e encontra sempre alguém para fazê-la sofrer, para confrontá-la com esse comportamento dividido. É assim que atraímos sem cessar para o nosso lado as pessoas que encarnam os comportamentos que não autorizamos para nós mesmos positivamente ou negativamente.

Sejamos vulneráveis

Em meio aos numerosos aspectos, identidades ou personalidades que abrigamos em nós há a **criança interior** que é como o nosso núcleo central. Tornar-se adulto é sair da infância, da dependência dos comportamentos, não ter que dar satisfações e, sobretudo, poder passar pela aprovação dos pais e de todos os substitutos exteriores dos pais.

Muitas pessoas jamais se tornam adultas, pois no fundo de si mesmas procuram dar prazer, obedecer, ser aprovadas. As atitudes exteriores podem ser redundantes, mas a "obediência a" ou a "revolta contra" são os sinais de que a pessoa permanece fundamentalmente um filho ou uma filha. Há, portanto, dentro dela um pai ou uma mãe, particularmente sob o aspecto repressivo, crítico, em relação a si e aos outros, mas não há uma mãe ou um pai suficientemente nutridor, protetor. A pessoa se sente "insegura" e se inclina na direção de qualquer um, patrão, amigo, cônjuge, que é para ele um substituto do pai. Ela se sente vulnerável e recalca essa vulnerabilidade; a identidade adotada será: "Sou forte, invulnerável, independente"; o que aliás corresponde ao ideal masculino. A identidade recalcada e projetada nos outros será: "Sou falível, vulnerável, dependente"; e o macho acrescentaria: "Isso é bom para as mulheres".

No entanto, existe em cada um de nós uma criança maravilhosa que tem todo tipo de aspectos: lúdico, malicioso, sorridente, divertido, glutão, amante, que sente prazer em tudo. Quanto mais a pessoa é verdadeiramente adulta, mais pode deixar surgir essa criança, protegendo-a por seus pais interiores. Quanto mais uma pessoa é incompletamente adulta ou verdadeiramente infantil no seu interior, menos ousará deixar viver externamente essa criança.

Quando, nos sonhos de alguém aparece uma criança, quando essa criança é um bebê e a pessoa a deixa, por exemplo, esquecendo de alimentá-la, é freqüentemente sinal de que a criança interior está sofrendo. O aspecto mais recalcado da criança é a sua vulnerabilidade. Todas as regras sociais nos impulsionam a mostrar nossos aspectos brilhantes, mas temos também necessidade de nos confessar e de confessar aos outros que estamos cansados, ou ansiosos, ou infelizes ou indecisos... A relação de intimidade amorosa tem também esse papel de permitir à criança delicada, jogadora, mas também vulnerável, mostrar-se e mudar.

Duas pessoas que se amam são dois seres que põem em contato suas crianças interiores, que despertam sua confiança.

As relações com os animais são também uma oportunidade de fazer viver esse aspecto. Os gatos muito próximos de seus donos oferecem o ventre para ser acariciado, ou seja, a parte mais vulnerável do corpo. No encontro sexual, os dois corpos estão nus, e essa nudez física às vezes é acompanhada de uma nudez das almas. As tensões e as armaduras caem, dando lugar a coisas frescas, deliciosas. O encontro espiritual também é assim; a elevação da energia permite o contato com uma dimensão fina e cristalina, de grande pureza. Camada após camada, estamos ali diante da revelação do nosso núcleo.

Quando a pessoa não leva em conta a necessidade de repouso, de prazer, de brincar, de tranqüilidade, de alegria dessa criança interior; quando se identifica com os deveres profissionais ou sociais; quando é rígida, ela acumula frustração e corre o risco de agredir o outro. Na relação amorosa e conjugal, isso é particularmente evidente.

Quando Paul não leva suficientemente em conta a sua vulnerabilidade, volta exaurido para casa e, em vez de dar ouvidos a essa fadiga, de confessá-la e de começar a se descontrair, ele adota uma posição de pai crítico em relação a Fabienne. Irrita-se por coisas que não são feitas em casa e começa uma violenta discussão.

Ouvir suas necessidades, ser capaz de responder a elas, esse é o fundamento de um relacionamento sadio consigo mesmo e com os outros. Mas existem necessidades que entram em conflito com a idéia que fazemos de nós mesmos. Eu sou incapaz de... Nós nos propomos desafios cada vez maiores para obedecer a nossa ambição, para apaziguar a crítica interior que nos passa sempre pelo crivo desses julgamentos. Temos necessidade de fazer outras coisas, de alimentar em nós o aventureiro intrépido e a criança vulnerável. Se estivéssemos totalmente identificados com a nossa vulnerabilidade, poderíamos nos tornar inconsistentes, lamurientos, chorões, vítimas constantes.

Como sempre, as duas atitudes extremas devem ser evitadas: renegar a criança vulnerável ou não ouvir senão sua criança vulnerável. Num e noutro caso, procuramos nos tornar reféns de alguém.

De todo modo, essa criança vulnerável não pode desaparecer e, se nós não a escutamos, vamos ser atraídos de maneira inconsciente por pessoas com as quais criaremos uma relação de dependência. Freqüentemente, um homem extremamente rígido no escritório dá uma imagem de si muito diferente em casa, porque confia à mulher sua "criança vulnerável". Ela se torna para ele a mãe responsável, e ele, o filho dependente. Essa relação bastante comum explica talvez o fato de que certas mulheres consideram os homens como crianças. No seu desejo de serem grandes e poderosas, elas perderam o contato com a própria criança interior.

Cada um de nós tem a necessidade primordial de ter consciência da existência dessa criança interior e de suas diferentes faces, especialmente a da vulnerabilidade. É particularmente tocante ver aparecer no rosto um tanto petrificado, um tanto endurecido de um homem, um sorriso cheio de frescor. No espaço de alguns segundos, ele permite que se vislumbre sua alma de criança e que se entre em contato com ela. Ao avistar um bebê, um animal, certas pessoas se metamorfoseiam totalmente. Num estágio de tomada de consciência também, a autenticidade das mudanças faz aflorar essas almas infantis no rosto, criando uma fonte de alegria e de energia. Cada um pode responder à sua criança interior com outro personagem interior, um pai bondoso, um adulto que se sinta capaz de velar por ele e de responder aos seus temores. Poderíamos dizer que a criança é o nosso cérebro direito — intuição, imaginação, entusiasmo — que vive no presente, que sente as coisas, enquanto o adulto é o nosso cérebro esquerdo, que aprendeu a raciocinar logicamente, a acumular saber, que pensa e age. Esse adulto aprende a amar a criança que está em nós, de modo a ouvir suas necessidades e a equilibrar a sua ação. Vimos que, na civilização atual de influência patriarcal, o feminino está a serviço do masculino, e não o inverso. A mesma coisa se reproduz entre o cérebro esquerdo e o cérebro direito, entre a criança e o adulto dentro de nós. O masculino lógico e adulto tende a tomar a frente, ainda que as polaridades necessitem de equilíbrio e a felicidade talvez consista em que esse adulto se coloque a serviço da nossa criança interior, na medida em que essa criança nos conduz ao Ser de Jung, à consciência superior, à totalidade cósmica.

Existe amor entre essas duas partes de você, entre o adulto e a criança interior? Você está perpetuamente em guerra nesse diálogo interior ou consegue uma paz interior? **Todo o amor do si mesmo está suspenso nesse ponto de equilíbrio, nessa livre circulação de energia, nessa comunicação entre essas duas polaridades, masculino/feminino, adulto/criança, lógica/intuição.**

Criar é decidir, mudar é decidir, esse poder de escolha está dentro do adulto, mas o adulto é muito mais forte quando sente que a sua ação é sustentada pelo desejo e pelo prazer da criança.

Como se explica que tenhamos em nós uma distorção, por exemplo, entre o saber e o fazer? Como se explica que eu saiba que é bom para mim, por exemplo, não comer muito açúcar nem muita gordura e que, no entanto, eu coma do mesmo jeito? Como se explica que eu saiba, nesse estágio esclarecido, que o conflito é estúpido e que eu continuo a criá-lo no meu relacionamento de casal e no meu trabalho?

A resposta é luminosa. **A resistência à mudança vem do fato de o adulto tentar agir como se estivesse sozinho dentro de nós, sem levar em conta a criança interior, sem informá-la, sem educá-la.**

A maioria de nós recebeu uma educação de adulto dominador diante de uma criança dominada. Interiorizamos essa relação e repetimos esse enredo no nosso teatro íntimo. Enquanto as relações de dominação prevalecem sobre as relações de proteção, estamos numa situação de dureza, de força. Não temos confiança em nós. O adulto em nós está numa situação aparentemente paradoxal, pois, por um lado, ele preserva a criança e, por outro lado, ele precisa aprender a não se manter no sentido de fechamento, mas, ao contrário, a se abrir sempre cada vez mais a sensações da criança, inclusive a vulnerabilidade. Sua tentação é sempre camuflar esse aspecto por se julgar invulnerável.

Os terapeutas às vezes são tentados por esse esquema; eles se comportam como salvadores com os outros e deixam sua própria criança interior perdida e necessitada de atenção.

O prazer do adulto pode ser trabalhar sem limites; o da criança é reservar os espaços lúdicos de recuperação e de relaxamento. A criança dentro de nós envia sinais por intermédio do corpo — desejos, sofrimentos — e até certo ponto o adulto poderá ignorar essas mensagens, até que o sofrimento se torne intolerável; e os desvios se instalem — álcool, tabaco, comida — instaurando um sistema de compensação. Quando o adulto acolhe com carinho as necessidades da criança, ele é levado também a lhe solicitar que encontre a solução no seu aspecto superior.

Pois a criança dentro de nós também tem a pergunta e a resposta, mas não sabe encontrar sozinha essa resposta, ela precisa da mediação do adulto e de sua ajuda, para que ela seja efetiva. Nosso diálogo interior, e o modo como nós o fazemos, é de primordial importância. Deveríamos aprender todos na escola a gestão da vida interior, pois ela obedece a regras simples para produzir atitudes construtivas e amorosas consigo mesmo e com os outros.

Entre as figuras da criança, existe a da **criança ferida**. Todos possuímos essas feridas de amor produzidas pelos nossos pais, e o adulto apaixonado é capaz de socorrer a criança ferida e ajudá-la a curar a sua dor. Ele permite que um fio se teça, que um elo se restabeleça, que dê sentido ao sofrimento e mostre a **pérola** nascida dessa ferida. Um artista talentoso freqüentemente constrói sua obra em resposta a essas feridas; essa é a sua pérola. Do mesmo modo, cada um de nós age como o artista de sua própria vida. Mas durante muito tempo a pérola é invisível e a atenção permanece centrada na ferida. É papel do adulto mostrar a pérola. É importante pesquisar todas as feridas da vida começando pelo presente, e remontarmos progressivamente até nossa primeira infância, e até mesmo à vida intrauterina para descobrir essas feridas. Elas dão acesso às crenças forjadas por nós e que continuam ainda hoje a nos manipular e a nos fazer sofrer. Com uma mãe pouco amorosa ou dependente de álcool, por exemplo, registraremos a mensagem: eu não sou digno de ser amado. O papel do adulto dentro de nós é desfazer essa crença e mudá-la, compreender e fazer compreender a essa criança como eles formam juntos um ser único, nos dois sentidos do termo: único porque é unitário e único porque esse ser não se parece com nenhum outro, que ele é o depositário potencial de toda a sabedoria e de todo o amor, e que ele é o único a saber o que é bom para ele.

Alimentado pelas sensações da criança, informado de seus sofrimentos, o adulto pode realizar dessa forma uma síntese ativa, descobrir pouco a pouco o valor do ser, o sentido mítico de sua história. Pois cada um de nós é como um herói que enfrenta um certo número de provações antes de voltar como Ulisses a Ítaca, voltar para o seu ser, para sua pátria de origem, para esse lugar de unidade que responde a uma nostalgia íntima.

O adulto é também como o guerreiro da criança; ele se coloca à frente toda vez que se trata de enfrentar alguém ameaçador, dominador, que intimide a criança. Freqüentemente trememos de medo diante de certas situações, porque permanecemos no nível da criança sem pedir ajuda ao adulto. Todo conflito exige uma gestão desse tipo. O adulto apaixonado se posiciona diante da criança interior para se dirigir a seu atacante, e nessa posição ele está a ponto de sair do conflito. Se ele deixar a criança sem defesa sob os golpes do outro, ou se ele ataca com a intenção de prejudicar o outro, perpetuará o conflito.

Podemos perceber que nossas relações com os outros são o reflexo da nossa relação com nós mesmos. E se o adulto não coloca limites para proteger sua criança interior, os outros reagem com a sua tendência dominadora e invadem o território mal protegido. Somos então responsáveis pelo que nos ocorre e freqüentemente certas experiências vão se apresentar e se reapresentar até que compreendamos: um parceiro, um parente, um amigo que abusa da nossa confiança leva-nos a uma parte de nós mesmos que suscita esse comportamento.

A dupla criança-adulto dentro do casal

A dupla criança-adulto que formamos em nosso íntimo reproduz freqüentemente a relação que tivemos com um de nossos pais ou com ambos e reproduz também a sua maneira de representar para si mesmos essa relação interior. No amor e na relação conjugal somos confrontados com um forte desejo de abdicação da parte adulta dentro de nós, um desejo de encontrar alguém fora de nós que proteja a criança, reproduzindo assim o esquema dos pais. Peço ao seu adulto que proteja a minha criança interior; você pede ao meu adulto que proteja a sua criança interior. Assim, esse casal é composto de duas pessoas duplamente descentralizadas, fazendo o papel de explorador e de salvador. Eu posso também pedir a você proteção para a minha criança e recusar proteger a sua; você também pode fazer o mesmo, mas a intimidade entre dois exploradores certamente será frustrante e conflituosa. Posso também fazer calar a minha criança e agir como salvador, enquanto você se contenta em ser o explorador.

Duas pessoas centradas no amor serão duas pessoas capazes de tomar conta de si mesmas e de delegar apoios recíprocos sem dependência.

Pierre e Catherine estão numa situação nada tranqüila. Casados há quinze anos, têm três filhos. Eles terminaram há pouco a construção de sua casa e encaram a possibilidade de se separar. Pierre descobriu que Catherine mantém uma ligação e ficou completamente abalado. Contudo, ele mesmo não se priva de ter relações extraconjugais há vários anos, às escondidas da mulher. Pierre é muito arrogante sem se dar conta disso; ele acha que sua mulher não tem nenhuma cultura e não pára de humilhá-la por esse motivo, embora ela seja uma bela mulher, elegante, que mostra que tem muito bom gosto e sensibilidade. Nesse casal, o masculino esmaga o feminino, e essa situação repercute interiormente em cada um dos parceiros. A mulher interior de Pierre está submersa assim como sua criança interior. O homem interior de Catherine acaba de sair da obscuridade em que ele se encontrava graças a essa nova relação. Sua criança interior está terrivelmente ferida e nutre um forte complexo de inferioridade, um sentimento de desvalorização. Há muito tempo Catherine se prende a Pierre e faz o papel de salvadora de sua criança interior, especialmente fazendo amor sem ter vontade, sem nada sentir porque ela se tornou frígida com ele. Sua criança interior está recolhida em si mesma, mas está um pouco melhor desde que ela encontrou essa nova relação na qual se sente valorizada. Todavia, poderíamos dizer que ela só encontrou um salvador externo, e que o seu adulto não desempenha mais esse papel para ela.

Até o momento, Catherine tem sido uma boa mãe e uma boa esposa, e o sentimento de seu valor advém do desempenho desses papéis. Ela se preocupava, portanto, muito pouco com ela mesma. Seus próprios pais só existiam para os filhos e a sexualidade tinha uma cor confusa dentro da família. Catherine não teve nenhum modelo que lhe permitisse compreender a gestão interior entre o seu masculino e o seu feminino, a sua criança e o seu adulto. Ela só tem como referência um feminino submisso e um adulto sacrificado. Ao encontrar Pierre viu nele o prolongamento de seus pais, ou seja, um protetor e um salvador. Essa dominação inconscientemente cruel destruiu seu sentido de "eu", até que ela pudesse viver um surto de revolta na ocasião da tomada de consciência dentro de um estágio. Catherine não deseja verdadeiramente deixar Pierre, mas ela não quer abandonar a sua nova relação e não quer mais fazer amor com Pierre, o que a humilha e frustra profundamente.

Pierre bruscamente ficou a descoberto, diante dessa criança ferida que Catherine não quer mais proteger. Ele não quer perder Catherine, mas não suporta a situação que ela lhe impõe. De algoz torna-se vítima, chora e se lamenta sem ter de todo consciência de que pode fazer alguma coisa por si mesmo. Ele não está acostumado a dar atenção à sua criança interior, está completamente entregue ao seu sofrimento e à sua violência. Suas aventuras amorosas lhe parecem inconseqüentes, se bem que não tenha muita vontade de renunciar a elas. Ele é muito dependente em relação à própria sexualidade e começou a pesquisar o que na sua infância motivou essa dependência.

Pierre sofreu muito com um pai brutal, dominador e admirado, e diante dessa violência paterna ele aprendeu a esconder sua criança interior. Com Catherine reproduziu esse modelo. Ele perdeu o contato com sua criança interior e sofre, por trás de seus comportamentos arrogantes, de uma forte desvalorização de si mesmo que projeta em sua mulher. Sua mãe foi submissa, eles eram muito apegados; ele teve que dividi-la com numerosos irmãos e irmãs, e guardou disso um sentimento de rejeição e de falta que o impulsiona compulsivamente para as relações sexuais a fim de tornar a encontrar uma exclusividade materna, ao mesmo tempo que uma sensação de virilidade.

Pouco a pouco, Pierre vai retomando os laços com a sua criança interior, com sua dimensão espiritual, ajudado por um terapeuta. Mas cada vez que Catherine o recusa, entra em surtos coléricos violentos, e suas feridas infantis são reativadas.

É só religando progressivamente o adulto à criança que Pierre começa a aceitar o seu sofrimento. Por seu lado, Catherine, que tem medo de ser abandonada, põe em prática novos comportamentos de submissão, exceto na sexualidade. É só religando sua criança e seu adulto interior que ela conseguirá aceitar colocar limites que lhe permitam se respeitar, ouvir que deseja e não só dar prazer a Pierre. Hoje Pierre e Catherine continuam a viver juntos porque aprenderam a redirecionar suas energias, a se ocupar de si mesmos, a se aceitar como independentes e dependentes; eles ultrapassaram a relação dominador/dominado e exploram uma saída do túnel do conflito.

O crítico interior

O terrível crítico interior é uma figura do adulto que cada um de nós precisa aprender a conhecer, pois é ele que alimenta a maioria dos conflitos com a criança. Ele é a tradução da voz paterna que tanto negou nossas sensações ou reprovou nossos atos: Você fez isso, você não fez aquilo... Não está bom, não é justo, não está correto... Você não tem razão... Não toque nisto... Não faça barulho... Não, não, não... A sua roupa está suja... Você não quer nada... Ninguém vai poder amar você... O que é que eu fiz para ter um filho como você?... Filha perversa... Você ainda me mata.

O crítico interior tem por função avaliar sem cessar as ações e não deixar passar nada que não esteja num certo nível de sucesso. Conforme a pessoa, ele será mais ou menos lúcido, mais ou menos intransigente, mais ou menos bom conselheiro. De certo modo, ele exerce uma função útil. Permite que se leve em conta os erros cometidos e se tire disso uma lição. Permite que as pessoas melhorem e busquem sempre mais a perfeição. Mas ele pode também se tornar terrivelmente exigente e se comportar como um tirano. Então, nada jamais terá graça a seus olhos. Ele sempre vê o copo meio vazio e coloca um punho de ferro sobre a pessoa que age como um escravo para satisfazê-lo. Pura perda. A exigência leva sempre cada vez mais longe os seus limites: pobre menina! Que incapaz que você é! É sempre a mesma coisa, você não vai mudar nunca. Você não é digna de ser amada.

Para certas pessoas, o crítico interior não deixa nenhum espaço e eles estão envolvidos numa escalada. É ele que se interpõe para que as necessidades da criança não sejam nem ouvidas nem satisfeitas. Ele as considera muito fúteis. O crítico interior representa um aspecto moral na superfície; ele está amarrado ao "você tem de", mas no fundo o que ele quer é a onipotência; está pronto para exigir os mais duros trabalhos em nome da glória e do dinheiro; ele se ri do amor e dos outros; cultiva o amor pelo poder e pela conquista e nada é grande demais ou belo demais para ele. Ele pode ser verdadeiramente demoníaco.

Quando pedimos para alguém que entre em contato com seu crítico interior, podemos ficar surpresos pela força que este ser libera, pela voz que pode tornar-se muito diferente, baixa, poderosa, cínica, odiosa. O crítico interior detesta a fraqueza. Ele simplesmente não a suporta e não perdoa a sua manifestação. Se não colocarmos logo um freio em sua ação, ele pode assediar alguém até deixá-lo doente e sufocar completamente a voz da criança interior. Ele é ativista, fala freqüentemente em nome de valores, algumas vezes usa a máscara da gentileza, da polidez, da delicadeza. Na capacidade de amar a si mesmo, o maior obstáculo continua sendo o crítico interior. Com ele convém aplicar a fórmula tântrica: "Cavalgar o tigre." Se fizermos isso com o crítico interior, ele pode trazer uma grande energia e discernimento para a ação. Mas se nos deixarmos levar por ele, nos encontraremos em grande desequilíbrio interior. A ruptura entre a criança e o adulto leva sempre ao mesmo resultado. A pessoa procura uma proteção substituta no exterior e torna-se dependente.

QUINTO ESTÁGIO

O Casal Lunar

Eu sou feminina-masculina,
você é masculino-feminino
e nós lutamos sempre pelo poder

Um feminino masculinizado e um masculino feminilizado

O aparecimento do feminino sob a forma de um masculino dominador e a evolução do masculino para a feminilidade dá início a uma nova etapa e criam um novo risco no desenvolvimento do casal.

O casal lunar é composto de uma mulher lunar dominadora e de um homem solar dominado ou de um homem lunar dominador. Imaginemos um casal que já tenha ultrapassado a primeira etapa da fusão amorosa, a segunda etapa da dissociação em desequilíbrio; masculino dominador/feminino dominado; depois, a terceira etapa do conflito, explosiva e às vezes dramática. Na quarta etapa esclarecida, eles procuraram a ajuda junto dos amigos, com terapeutas, conselheiros familiares, nos livros, e tentarão tomar um pouco de distância. Agora eles entram na fase lunar.

É a mulher que surge no casal, que começa a trabalhar fora, se antes tinha tido uma vida doméstica; ela também pode encontrar alguém, abrir-se para um novo relacionamento. O homem faz uma profunda revisão de si mesmo e de seu comportamento patriarcal dominador, mas está desestabilizado entre as suas atitudes de antigamente e a busca de novos comportamentos em relação a uma mulher que ele não reconhece mais. Ele que ainda ontem vivia como chefe todo-poderoso de sua família, que tinha atitudes desenvoltas e mesmo humilhantes para com a mulher, se apresenta agora como o perdedor de uma batalha.

Um certo número de velhos casais está nessa situação confessada ou obscuramente. O marido dominou a mulher durante dez ou quinze anos, e um dia a situação se inverteu em benefício da mulher. Esses homens "perdedores" são reconhecidos facilmente à primeira vista, por seus ombros, seu olhar, uma certa ausência, paciência e resignação, quando estão pertos da mulher.

A relação de força dominador/dominado ligou-os numa espécie de círculo vicioso que toma o lugar do amor e que se chama ódio. Eu o odeio, então eu existo; você me odeia, logo eu existo. Essa história é terrivelmente alienante para os dois parceiros, mas também já vimos que ela é igualmente "viciosa" como uma droga, e é bastante comum. No plano da consciência e da felicidade, esses dois seres são igualmente perdedores, seja qual for as aparências da relação de força.

Hoje, na nossa sociedade, o casal lunar não espera mais pela derrocada do casal patriarcal. As mulheres jovens dominadora já constituem uma legião. São as filhas do pai que desenvolveram a sua parte masculina antes mesmo de encarnar o seu feminino, são ativas e dominadoras. Elas se interessam por seus estudos, por seu trabalho, são construtivas e decididas, e geralmente encontram um filho da mãe, mais lunar que solar, mais feminino que masculino, mais poeta que guerreiro. Alguns anos mais tarde, essa jovem mulher será uma batalhadora em plena ascensão profissional e o homem estará desempregado, procurando de novo sua identidade pai ou de homem do lar.

Esse desequilíbrio mulher dominadora/homem dominado é também igualmente fatal para a harmonia do casal e para o amor, assim como se dá com o desequilíbrio patriarcal. Tudo resulta inevitavelmente numa revolta do dominado e num conflito. A evolução da consciência em nós obedece a uma lógica experimental. Quando passo por uma situação, tendo a programar uma outra, freqüentemente o inverso da primeira.

Chantal, que conheceu aos 17 anos um homem que era dez anos mais velho que ela, deixou-se modelar por François, seu Pigmalião; mas alguns anos mais tarde, quando tomou consciência de si mesma, desejou sair da influência dessa autoridade asfixiante. Deixou François e encontrou Stéphane, que está em estado de adoração diante dela, e em relação a quem ela está em situação de dominadora.

Pelas mesmas razões, um homem dominado deixará uma mulher dominadora para viver com uma mulher doce e submissa para a qual se entregará eventualmente, desde que ela não se transforme em dominadora, etc. É assim que os casais se desfazem e se fazem sempre contra o mesmo pano de fundo, procurando e encontrando as mesmas polaridades ou seus contrários, o que acaba por levá-los ao mesmo lugar, de onde jamais sairão do conflito.

Nossa época, com a plena recomposição das identidades masculinas e femininas, está em vias de gerar bombas potenciais para o casal, com todo um cortejo de sofrimentos passionais e de sofrimentos do amor-próprio. No entanto, ainda existe uma esperança.

Hoje as mulheres se interessam pela psicologia, se informam, seguem os estágios de transformação e, entre elas, se encontram muitas mulheres dominadoras. Há mais de quatro mil anos os homens parecem estar muito bem acomodados com a dominação das mulheres; as mulheres sofrem rapidamente com isso.

Em alguns anos as mulheres fizeram a mudança do prazer que busca o amor do poder e se colocam na conquista do amor. Elas não se resignam mais a esse sentimento de desprezo que nasce dentro delas diante de um homem muito "mole". Não se resignam mais a ver os homens se desviarem delas por serem muito fortes, muito exigentes, muito independentes, mas não suficientemente tranqüilas. Elas querem desenvolver sua feminilidade e controlar o lado castrador de sua natureza de amazona. Para os homens muito femininos e para as mulheres muito masculinas, há um trabalho muito proveitoso a fazer e que pode trazer rapidamente seus frutos.

A mulher dominadora

A mulher lunar sai lentamente dessas águas inconscientes onde esteve submersa e, tomando o modelo masculino encarnado pelo pai, pelo irmão e por muitos outros homens, integra um masculino dominador. Ao mesmo tempo, ela recupera alguns de seus grandes poderes femininos com os quais não estava mais em contato. A complexidade da mulher lunar consiste no fato de que ela tira sua dominação de duas fontes de poder diferentes. A grande deusa-mãe era, ao mesmo tempo, solar e lunar, ativa e passiva, criadora e destruidora, consciente e inconsciente de toda a sua completude onipotente.

No plano da consciência, a identidade feminina está plena como uma semente, mas ela não conhece a sua flor. Um longo percurso vai começar com o patriarcado e, a princípio, a identidade feminina vai submergir na submissão ao homem, perderá o seu brilho, entrando numa espécie de clandestinidade, o aspecto solar ativo notadamente e intimamente amordaçado. Só resta o aspecto lunar, passivo, dominado, que se enfraquece na revolta e depois se esclarece, reencontrando assim uma forma ativa, uma aliança com o princípio masculino interior. Mas esse lunar é, em si mesmo, incompleto, amputado de seu poder inicial.

A mulher submissa do patriarcado foi duplamente castrada: por um lado, no seu ser solar criador, na sua influência radiante e, e por outro lado, na sua feminilidade, no seu aspecto lunar profundo, sexual.

É fundamental que não esqueçamos que o primeiro objetivo do homem foi o de limitar a liberdade sexual da mulher, para assegurar a sua paternidade. Lilith, que é o símbolo da mulher rebelde, não estava enganada. Recusou a servidão a Adão e, de modo especial, a servidão sexual. Ela não quer mais ser aquela que está sempre por baixo. Ela partiu para sempre quando Adão recusou a sua proposta de alternar a posição embaixo-em cima. Em resumo, Lilith já propusera uma limpeza do poder e da dominação e uma arte do prazer. O que importa ser dominador ou dominado se os papéis podem mudar? Todas as experiências têm o seu interesse, exceto quando aprisionam, quando interrompem o movimento da vida.

Há quatro mil anos, o feminino não é mais o feminino, mas uma caricatura de si mesmo.

Vimos que toda mulher, ainda hoje, nasce nessa situação de alienação: o homem é superior à mulher. É pelo menos a mensagem que continua a ser veiculada no inconsciente coletivo. Cada mulher é, portanto, confrontada, na sua realização como mulher e como indivíduo, com um certo número de dificuldades e de provas. Ultrapassar sua inclinação para a submissão, um processo jamais concluído ao longo de toda uma vida. Religar-se com o seu masculino interior apesar de um contexto de desequilíbrio entre as polaridades masculina/feminina que impedem esse encontro. Ou o masculino é idealizado, supervalorizado, ou ele é desvalorizado, negado. Em todos os casos a dificuldade existe. Na sua fase de revolta, a mulher submissa começa a descobrir o poder do seu masculino sob uma forma incisiva de guerreira, que é a reprodução do modelo do homem patriarcal. Na sua fase esclarecida, ela tenta civilizar esse guerreiro interior. Mas é somente na sua fase lunar que ela começa a reencontrar a sua liberdade interior e exterior, e o elo metafísico poderoso que une a sexualidade ao despertar, nela, da espiritualidade.

A alienação de sua liberdade sexual, a proibição e a culpa que foram colocadas sobre as palavras *sexo* e *mulher* pela cristandade cravaram uma ruptura entre sexo e espiritualidade. A mulher submissa do patriarcado não é mais essa emanação de Deus, capaz de religar o presente e a eternidade, o sexo e o divino pelo amor.

Ao longo de sua evolução, toda mulher vive um tipo de descida ao seu poder feminino para reatar aquilo que ele possui de íntegro. **A mulher lunar se reconcilia dessa forma com o poder da deusa-mãe.** Seu sexo é vivo, ela se religa às forças instintivas da terra, da natureza; ela é magnética, detentora do "poder da lua". Essa poderosa sedução que é exercida sobre o homem é mágica, vem menos dos atrativos externos do que de uma *emanação,* de uma energia interior de captação.

Essa onda subterrânea que percorre a mulher pode despertar em qualquer idade; ela é uma fonte de vida intensa; mas, como toda força, tem duas faces. Ela pode provocar naufrágios ou levar-nos à redenção.

Produz-se uma inversão fundamental. Do fundo desse poder feminino liberado, a mulher conhece o seu homem interior com mais intensidade. Ela resolve expressar-se como dominadora, mas se coloca a serviço de sua magia feminina. **Pela primeira vez, nesse percurso evolutivo, o masculino é colocado a serviço do feminino que existe dentro do ser.**

Essa inversão é feita sub-repticiamente, de modo muitas vezes incompleto e perigoso e, no entanto, contém uma esperança sem precedentes. Pois a mulher solar do sexto estágio será uma mulher que coloca o seu masculino a serviço do seu feminino, e seu masculino como o seu feminino serão conquistados para a causa do amor. A mulher lunar está ainda dentro da manipulação, dentro da revanche; ela não ligou o sexo ao coração e o coração ao espírito. O que ela conhece é às vezes uma fulguração entre o sexo e o espírito; ela não está mais interceptada, mas isso não é o suficiente para torná-la humana. Existe nela qualquer coisa de inumano. Ela não tem muita consciência do que acontece, ela está sujeita à sua influência. Ela joga para se fazer amada, desejada, mas alguma coisa nela continua fria e pálida como a lua. Ela ama o seu reflexo, cultiva o seu narcisismo; às vezes ela pode ser frívola, charmosa e calculista. Na sua sedução há uma perversidade em parte inconsciente. Ela usa tantos artifícios que às vezes fica insensível ao amor. Essa mulher lunar dominadora é bem conhecida sob o arquétipo da mulher fatal. Ela se comporta como castradora. Ela também é perigosa para si mesma. Tem medo do amor, tem medo do homem, prefere fazer uma presa a ser a sua presa. A guerra dos sexos e das identidades está deflagrada. A vida interior é um campo de ruínas e um sentimento de vazio e de falta não é compensado por nenhuma conquista exterior, nenhuma prova de amor. A longo prazo, a exaltação da crueldade dá lugar a uma solidão desértica. Essa mulher torna-se uma tirana e o medo de falhar a impede de apostar no seu sucesso.

Sem levar o arquétipo assim tão longe, muitas mulheres hoje entram nessa fase de dominadora. Mas é preciso distinguir entre as **dominadoras rebeldes** e as **lunares dominadoras.** As dominadoras rebeldes reconquistaram sua dimensão fálica. Agem, mas continuam escravas, manipuladas pelas suas profundas frustrações. O masculino dominador se impõe na sua personalidade em detrimento do feminino, que ousa viver mesmo que às vezes cuidem de sua aparência feminina. As lunares dominadoras dispõem do poder feminino, mas ainda se servem dele por um espírito de revanche inconsciente ou por um gosto do poder.

A filha do pai

Toda mulher é também uma **menina ferida.** Essa ferida é dupla: cultural e pessoal. **A ferida cultural** vem desse pai simbólico esmagador que reina na sociedade sob a forma de leis e cuja onipotência se baseia numa desvalorização do feminino. **A ferida pessoal** vem da relação com o pai. A relação que o pai mantém com a própria feminilidade tem uma importância decisiva sobre a maneira como a menina vai se transformar em mulher. Sua atitude em relação ao sucesso e ao trabalho vai ser influenciada por esse traço infantil. Se ele é seguro de si, vitorioso, ela integrará uma parte dessa confiança. Se ele é ansioso, se falha, se tem uma atitude medrosa diante da sociedade, ela terá essa mesma deficiência. O pai é um modelo de autoridade, de ordem e de disciplina, e a relação que ele tem com seus ideais afeta também os ideais da sua filha.

Como esse pai se equilibra entre o prazer e o poder? De acordo com as mensagens recebidas consciente e inconscientemente do pai, a filha vai adotar um modelo submisso e dependente, ou ao contrário um modelo de força e de independência. Num caso e no outro, o modelo adotado sustentará um modelo negado e uma oscilação entre os dois, gerando desequilíbrio e desconforto. Eterna adolescente ou amazona, submissa ou dominadora, a mulher sofre de incompletude e a menina ferida dominadora sofre de um complexo secreto de inferioridade.

O pai era ausente, ou ausente/presente, ou seja, ausente no plano emocional, irresponsável, e nesse caso a filha o rejeitou. Para mascarar essa falta, ela se identificou com o princípio masculino, com a sua força e com o seu poder. Do mesmo modo, se as representações culturais do princípio paterno negam o feminino, gera-se uma reação. O desejo de poder ocupa todo o lugar no psiquismo, impedindo a capacidade feminina de ter relações amorosas, aprisionando o ser numa espécie de armadura, de carapaça masculina. Essa dominadora rebelde está alienada de seus sentimentos, de sua receptividade; ela não existe a não ser no controle. Nessa afirmação, há uma rejeição do homem. A mulher entrega-se ao trabalho, se estafa, vence às vezes melhor que ninguém, melhor que seus colegas homens, mas ainda assim se sente só. Ela acha que os homens têm medo dela por ela ser competente. Ela é uma espécie de filha do pai por procuração; ela o prolonga, vence eventualmente naquele campo em que ele fracassou.

A menina que admira o pai, que teve com ele uma relação privilegiada em toda a sua infância, se encontra também às vezes no mesmo caso. É herdeira de seus valores, sua continuadora, quer se mostrar digna dele. Sua vitória social lhe permite responder às suas expectativas. Dessa forma, Cathy foi sempre a campeã de seu pai. Uma vez casada, não podia deixar de fazer a comparação entre o marido e o pai, sempre em prejuízo do marido. Estava consciente de que as dificuldades de seu casamento vinham daí. Essa influência do pai para que a filha encarne os valores masculinos provém de uma recusa mais ou menos consciente de ver a filha desvalorizada na sua expressão feminina, como todas as outras mulheres. Subterraneamente, desajeitadamente, essa é uma tentativa de sabotagem do feminino. E se não houvesse desequilíbrio, a sabotagem ocorreria efetivamente, mas o feminino dessa menina permanece submerso porque freqüentemente sua mãe foi submissa e a identificação com o feminino não foi positiva.

A conquistadora, a dominadora rebelde, está ainda dentro de um estado de reação. Ela encarna um aspecto negado ou idealizado do pai; ela procura tornar-se invulnerável e recusa a sua vulnerabilidade, o que, contrariamente àquilo em que ela acredita, a fragiliza. Muitas mulheres "lutadoras" irão fracassar em torno dos 40 ou 50 anos, e essa crise será um grande benefício, pois a mulher terá a oportunidade de integrar o seu feminino.

Gina conta: "Eu queria ser como o meu pai, que venceu em seu trabalho, que gostava daquilo que fazia e que manifestava uma grande abertura de espírito. Minha mãe, ao contrário, não me parecia feliz. Procurei fazer amigos entre os homens, ser aceita por eles. Adotei uma atitude superior para com as outras mulheres; eu queria pensar como um homem. Na adolescência, rejeitei o meu lado feminino, queria me identificar com os homens." Isso não a impediu, contudo, de manter uma aparência feminina, pois muitas mulheres se apercebem rapidamente de que a feminilidade é mais um ponto positivo que desperta o interesse dos homens. A menininha do papai é, ao mesmo tempo, bela e inteligente.

Para se tornar uma mulher de poder, ela busca freqüentemente aliados masculinos. Existem duas vias de acesso para as mulheres que buscam o poder: tornarem-se parecidas com eles ou/e serem amadas por eles. Helena tinha relações muito positivas com o pai e ela era uma aluna brilhante, do que ele se orgulhava. Na adolescência, ela conheceu vários rapazes, e começou a fumar maconha. Seu pai a julgou severamente e se afastou dela. A partir desse momento, Helena erra, busca um pai substituto e encontra um guru extremamente patriarcal, opressivo e misógino. Torna-se cada vez mais marginal, cada vez menos capaz de encontrar o sucesso pessoal. E é só no momento em que encontra um novo companheiro que lhe devolve a sua autoconfiança, e que se torna para ela um pai substituto, que ela retoma uma carreira brilhante.

A menina lunar dominadora é, ao contrário, herdeira de um forte princípio feminino, de uma grande deusa-mãe que lhe transmitiu sua força, mãe ou avó. Por trás de uma fada se dissimula uma feiticeira poderosa, uma criatura calculista da qual não se obtém nada. O pai dessa mulher freqüentemente foi um homem muito feminino, mas um tanto enfraquecido diante da figura materna. O homem interior dessa mulher lunar dominadora é à imagem desse pai em situação de desvalorização em relação ao princípio feminino.

É como se houvesse um retorno para a situação arcaica do primeiro estágio, mas a polaridade feminina é consciente de si mesma, e a princesa lunar tomou o lugar da rainha mãe solar-lunar. A mulher fatal é uma sedutora, que responde como tal ao desejo do homem. Ela é o inverso da mulher submissa, não mais masoquista, mas sádica. Ela encarna o desejo negado do patriarcado, que pode ser considerado como a sua conquista. Fechou-se o círculo.

Não nos espantemos, portanto, quando virmos florescer aqui e ali muitas dessas estranhas flores carnívoras, meninas cheias de vida, provocantes, tomando iniciativas e tratando às vezes os homens como objetos de prazer. De maneira caricatural, a cantora Madonna encarna esse arquétipo de uma mulher que fortalece o seu corpo, que o desnuda, que o oferece, que multiplica suas aventuras amorosas com os homens mas também com as mulheres.

Assim, nesse nível, o verdadeiro poder feminino será o poder de sedução, o poder da aranha que tece habilmente a rede na qual sua vítima cairá. Acima de todo julgamento moral, esse poder enraíza o ser no seu centro, enquanto os poderes masculinos levam a mulher para a sua periferia. Apesar do abismo desértico de suas relações amorosas, a mulher lunar ativa é uma mulher evoluída que já está empenhada, sem o saber, no caminho do reencontro de sua solaridade e de sua integridade.

O homem dominado

O homem dominado desse quinto estágio é também uma pessoa evoluída, paradoxalmente, mesmo que freqüentemente falhe na integração de seu aspecto feminino. Ao longo de uma vida, o homem se transforma de uma criatura patriarcal e masculina, quase tirânica, numa criatura mais feminina. A espiritualização do ser tem esse preço. De todo modo, ao envelhecer, a pessoa — homem ou mulher — se reaproxima inexoravelmente do seu inconsciente, feminino para o homem, masculino para a mulher.

A evolução individual empreendida de maneira consciente acelera esse processo e permite que se conquiste mais cedo a integridade. Passamos toda uma vida procurando o equilíbrio das polaridades em todos os domínios — um caminho de sabedoria, um caminho milenar. **O sim à vida começa pela feminização da existência.**

Para o homem, trata-se de encontrar a sua mulher interior. Por que, num primeiro momento, essa integração, esse encontro se traduz por um enfraquecimento? Há uma mudança importante de valores. Os homens que tomam consciência de que se comportaram dentro de sua própria casa, com suas mulheres, como tiranos e por vezes como violentadores, geralmente sádicos, choram dolorosamente e se sentem culpados. A armadura quebra. O sofrimento, a vulnerabilidade e a ternura se alternam. Há uma centelha espiritual que jamais cessará de brilhar mais ou menos vigorosamente, dependendo do momento.

Durante anos o processo de consciência vai recompor uma outra paisagem interior, mas já não é mais o espírito de conquista que predomina; não é mais o *ter*, é mais o *ser*. Os homens vão ser confrontados com dificuldades externas. Os negócios não andam tão bem, os períodos de desemprego se prolongam. Podemos pôr a culpa no exterior, na crise, mas é sobretudo, a prioridade interior que mudou. O guerreiro se transformou em poeta.

Michel era um agente imobiliário de muito sucesso, possuía uma Mercedes, tinha numerosas aventuras femininas e uma mulher em casa com três filhos. Quando a mulher lhe revelou que tinha um amante e que não queria mais ter relações sexuais com ele, Michel passou por uma terrível crise: muitos sofrimentos, muita violência, uma grande ferida reaberta, a do abandono por parte da mãe. Um despertar espiritual também. Michel começou uma terapia. Eles não puderam resolver sua situação de casal, mas ainda assim permaneciam juntos. No plano profissional, pelo contrário, sua situação era verdadeiramente sinistra e pela primeira vez o salário de sua mulher tornou-se importante para a manutenção da família. Essa inversão de polaridades no nível financeiro o inquietou, o humilhou sem dúvida, mas contribuiu para a tomada de consciência de alguns aspectos. É notável, mas ele não desvaloriza mais a própria mulher. É importante notar que o tempo da consciência não tem nada a ver com o tempo das nossas histórias pessoais. O que aos olhos do mundo é um mal às vezes pode ser um bem na história do desenvolvimento do ser.

O filho da mamãe

Yves teve um pai dominador e uma mãe que permanecia em casa para criar muitos filhos. Yves sente uma adoração pela mãe e sempre manteve com o pai relações conflituosas e de rivalidade. Yves é um filho da mamãe porque tomou o partido da mãe contra o pai. O conflito entre os pais não era particularmente explícito, mas o menino, muito sensível, sempre sentiu uma forma de injustiça na situação familiar tradicional que fazia de sua mãe uma criada. Sendo assim, Yves integrou em sua estrutura psíquica um feminino valorizado/desvalorizado, valorizado por ele, desvalorizado pelo pai e pelos valores sociais. Como Yves é um poeta, sente-se portador de novos valores e sua rivalidade com o pai se dá não somente na relação edipiana, mas também no plano dos valores. Ele se considera um novo arquétipo de homem, daqueles que vão permitir que os valores femininos reencontrem um lugar no mundo. Mas esse feminino ainda está submerso nas águas patriarcais e Yves, o poeta não está em posição de força na sociedade. Ele próprio sofre uma desvalorização latente mediante esse princípio do qual se fez defensor. Procura refúgio ao lado das mulheres, não importando quais sejam elas. Serão sempre mulheres dominadoras, terão todas um masculino afirmativo, uma posição de criadoras. Ele será escritor com uma mulher que escreve, homem de teatro com uma mulher que dirige peças, homem de rádio com uma mulher que faz rádio, um especialista em computação ao lado de uma especialista em computação, um drogado ao lado de uma drogada. De uma maneira caricatural e feminina, ele se interessa por todas as suas companheiras e se identifica com elas, fielmente, como se pudesse ser uma mulher submissa.

Yves vai chegar mais longe nessa identificação com o feminino. Ele cria suas duas filhas pequenas durante os primeiros anos. Permanece em casa e substitui a mãe, que trabalha fora e traz o dinheiro. Sua identificação com sua própria mãe é realizada então mais de perto. Claro, Yves não está plenamente feliz nessa situação. Ele sente o desequilíbrio, luta, mas não sabe como agir de outro modo; todos os seus projetos de trabalhar fora não vão adiante e ele começa um processo de autodestruição, de autodesvalorização. Porém, ele se cerca de compreensão. Essa situação é conveniente para todos, em primeiro lugar para a sua mulher. Ele encarna em tempo integral o papel do novo pai, mas ao mesmo tempo é o eterno marginal, o eterno adolescente; há alguma coisa nele de impotente, de desesperado até. Tentou várias vezes voltar ao trabalho, ter um lugar de empregado atrás de um computador, mas cada vez se vê às voltas com o sentimento de desilusão e de falta de coragem; os objetivos patriarcais não funcionam mais para ele; não tem mais tanto medo da morte, não é mais um escravo social, mesmo que ainda seja um escravo interior. Mas ele também não está de posse do aspecto criativo dele mesmo porque o desequilíbrio interior entre o masculino e o feminino é muito forte. Só o homem sábio dentro dele poderá fazê-lo dar o salto para fazê-lo retomar sua trajetória. Ele precisa encontrar o outro, uma espécie de pai substituto, um amigo ou uma amiga que lhe forneça o modo de usar, o modelo masculino com o qual poderia se identificar para desenvolver suas qualidades femininas. Ele procurou até hoje nas mulheres, porque com os homens sempre encontrou uma rivalidade inicial.

Os filhos da mamãe são cada vez mais numerosos na nossa época, seja desde o início, como Yves, seja no desenvolvimento de uma vida, como Michel. Eles estão a caminho de sua integração lunar, mas estão em desequilíbrio em relação ao masculino. Não é só a identificação com a mãe que está em questão. A relação com o pai é insuficiente. "Pai ausente, filho ausente", disse Guy Corneau. Pai muito ausente da casa, pai presente/ausente, com o qual não existe uma troca de afeto, nem intimidade. O filho sente medo pelo que o pai representa de poder não partilhado e desprezo pela fraqueza que ele deixa entrever sob sua couraça. A trajetória de reconciliação de um filho da mamãe com ele mesmo passa pelo seu reencontro, ao menos interior, com o princípio masculino e paternal.

Yves é pai de duas crianças e não é essa paternidade que ele busca. O modelo do masculino oferecido pelo seu próprio pai não lhe convém. Para que ele possa reintegrar um papel social, ele precisa encontrar um modelo de homem com quem se identifique e que lhe sirva de tutor concreta e simbolicamente. Quando Olivier foi procurá-lo, Yves imediatamente se apaixonou pelo seu projeto e não notou, por sua vez, que Olivier era um homem ao mesmo tempo em busca de poder e de sabedoria. Num primeiro momento, Yves será um excelente colaborador; mas com o tempo Olivier deverá ter a sabedoria de perceber a sua necessidade mais urgente: a travessia do pai. Será a maneira de negociar essa passagem, que definirá se Yves e Olivier continuarão juntos ou separados. Mas Yves será talvez colocado em órbita.

Para Jean-François o problema será totalmente outro. Filho único, teve uma relação de fusão intensa com a mãe, que o separou do pai. Ele não sofreu conscientemente essa ruptura, mas se comporta em relação às mulheres como uma criança mimada e até mesmo como um bebê. Todos os seios femininos lhe parecem igualmente atraentes e ele vive em plena compulsão sexual. Essa ausência de laço afetivo, essa bulimia sexual o desestruturam e o fazem sentir-se culpado. Ele se vê como um ser sem coluna vertebral. Ao contrário, no plano profissional, é estável e competente. Sua aparência física, embora bastante viril, possui alguma coisa de frágil, de indeterminado. Nesse problema de infantilização afetiva o encontro com uma mulher possuidora de características solares pode ser decisivo. Jean-François é um filho fascinado pela mãe, condicionado à sua fusão com ela, confortado também pelo sentimento de onipotência que ela lhe dá: "Eu tenho a impressão que eu tenho direito a todas as mulheres, que eu só tenho de me servir." Seu desequilíbrio é representado pela ausência do pai que permitiu essa fusão com a mãe e por essa fusão em si mesma, que precisa ser corrigida. Seu princípio feminino busca sua sabedoria para aceitar que a realidade vem limitar o prazer. Jean-François é como Osíris; como Osíris ele está desmembrado, espalhado numa confusão, e procura a sua Ísis, uma alma na qual possa confiar para juntar os seus pedaços, tornando possível uma ressurreição.

O mito de Ísis e de Osíris

Na religião egípcia, o faraó era a encarnação do deus solar Rá, Ísis e Osíris eram ligados à lua, ao princípio feminino e à matéria. O princípio solar era representado pela religião oficial, enquanto o culto de Ísis e de Osíris era circunscrito ao aspecto iniciático e secreto.

A história de Osíris conta que ele foi um grande rei de caráter amável, brilhante músico e artista. Ele encantava o seu povo pela força de sua palavra e de seus cânticos, ensinando-lhes conjuntamente a razão e a arte. Ele era um homem-musa, o homem lunar. Estava associado ao crescimento do trigo, na primavera, depois das enchentes do Nilo. Mais profundamente, ele era o símbolo de uma vida vegetal que morre e ressuscita. Osíris é essa vida sempre verde na psique humana que morre e ressuscita, que transcende a morte. Seth, seu irmão, é ao mesmo tempo seu inimigo e o inimigo de Rá. A cada noite Rá tem de enfrentar Seth, a noite, a escuridão. Seth representa o pólo oposto à luz. Como ele inveja Osíris, prepara-lhe uma armadilha. Manda fazer uma caixa com as dimensões exatas do corpo de Osíris e, por ocasião de um banquete, propõe dá-la de presente ao convidado que tivesse exatamente o tamanho da caixa. Osíris é o único que pode entrar nela e, assim que ele entra os servos de Seth correm para fechá-la. A caixa transformada em um caixão é levada ao Nilo e abandonada à sua corrente. Estamos nesse momento no vigésimo oitavo ano do reino de Osíris de acordo com o ciclo lunar. Quando Ísis sabe da notícia, põe-se imediatamente a buscar o corpo de Osíris. Ísis é a deusa lua, ela reina ao lado de Osíris, ela é a nutriz, a sabedoria antiga, a sabedoria do instinto, o bem e o mal, as forças construtivas e as forças destrutivas. Uma de suas estátuas trazia essa inscrição famosa: "Eu sou tudo aquilo que fui, que é e que será, e nenhum mortal jamais levantará o meu véu." Ísis, a maga, encarna o poder do amor.

Depois de muitas peripécias, ela encontra a caixa, mas Seth consegue interceptá-la e esquarteja o corpo de Osíris em catorze pedaços e os espalha. Os catorze pedaços correspondem aos catorze dias da lua minguante. Ísis parte então em busca de todos esses pedaços. Ela consegue reunir treze dos catorze pedaços e os recolhe pela magia; mas falta um pedaço importante. O pênis de Osíris foi comido pelos peixes do Nilo. Pelo poder do seu amor ela faz reviver esse falo e até concebe um filho chamado Hórus o jovem. Essa cerimônia tornou-se a ocasião de uma grande comemoração em todo o Egito.

Osíris morto, depois desmembrado, depois castrado, ressuscita graças a Ísis e ao falo que ela lhe restitui. Osíris confrontou seu duplo monstruoso, os infernos do seu inconsciente, foi vencido, mas o amor da mulher o salvou. Osíris, *renascido* pelo amor de Ísis, representa a passagem da natureza animal à natureza espiritual. É pelo poder de Ísis que Osíris se eleva para a vida espiritual. **É pelo poder da mulher que o homem se eleva para a vida espiritual.** Osíris é imortal; ele simboliza a odisséia humana na sua busca de imortalidade, a morte e a ressurreição com a ajuda do princípio feminino. Não há nenhuma luta aqui entre o homem e a mulher. Cada um desempenha o seu papel complementar para fugir da condição de simples mortal e para aceder ao segundo nascimento espiritual. O Egito é o único país que teve assim desvelado o papel primordial da mulher na paixão do homem. Seth, a escuridão, não foi anulado e precisamos recomeçar a luta na sucessão dos ciclos de morte/renascimento. O processo de evolução individual e coletiva se desenrola assim com suas derrotas e vitórias, e cabe a cada um de nós a tarefa de eliminar o medo, o ódio e a violência que habitam em nós. **O homem tolo em nós precisa ter um nome e ser reconhecido, para que se torne o homem sábio.**

Ísis, a primeira grande deusa do amor e da bondade, é a pré-figuração da Virgem Maria. Ísis concebeu o seu filho pelo simulacro do falo de Osíris que ela mesma criou. Ela é "essa santa e incorruptível natureza segundo a qual o divino se cria a si mesmo". A virgindade e a imaculada concepção já estão aqui presentes. Mas a virgindade antiga designa a unidade interior, o divino em si mesmo, a completude dessas bodas interiores. Com o cristianismo, essa noção tornar-se-á física e não mais espiritual.

Osíris não é um salvador; ele não vai remir os pecados, a falta coletiva. Ele indica o caminho pelo exemplo. **Lá onde Osíris ressuscita pelo amor da mulher, o Cristo ressuscita pelo amor do pai.** O homem dominador, solar do patriarcado, privado da sua Ísis, da sua irmã, da sua mãe, amante, esposa com poderes de deusa, não pode mais confrontar a sua sombra, descer aos infernos do seu inconsciente e morrer em total impunidade. Enquanto a mulher submissa não superar esse estágio, enquanto ela não reencontrar sua consciência livre, sua dimensão espiritual, enquanto ela não voltar ao centro de sua realeza interior, ela não poderá ajudar o homem a subir dos infernos da guerra, porque ela mesma não pode se ligar ao seu princípio masculino.

Os problemas de nossa civilização são claros. **O caminho da iniciação para o homem e para a mulher é barrado pelo desaparecimento da deusa sob a mão imperiosa do guerreiro dominador.**

O poeta, o santo, o sábio tornaram-se figuras marginais; não aparecem mais a não ser em filigranas e bem limitados na sua totalidade psíquica. Onde eles encontraram sua Ísis? Na natureza, na consciência coletiva, na lembrança, no ideal e na fé. Pois somente uma Ísis, uma mulher com o poder de amar, pode permitir ao homem atravessar os perigos da sua lua, da sua feminilidade, do seu inconsciente, para emergir como homem-lua sem perder o seu sol. O trajeto de iniciação masculina passa do lunar do primeiro estágio ao solar dos quatro outros estágios para retornar ao lunar consciente do sexto e sétimo estágios. Por sua feminização, o homem coincide com o seu centro. O percurso iniciático da mulher não é o mesmo; embora ele implique a existência de uma simetria, pois a mulher começa num solar inconsciente, entra em sua lua durante quatro estágios e alcança sua dimensão solar nos sexto e sétimo estágios.

O não reconhecimento dessa diferença e o fato de que freqüentemente o homem desejou ser o sacerdote, o iniciador da mulher, explicam a perda de sentido e de espiritualidade vividos pela nossa civilização.

O casal iniciático

Quando o homem entra no seu percurso de feminização, quando a mulher entra no seu percurso de masculinização, quando o homem encontra o seu guerreiro solar além do desejo de dominação, quando a mulher encontra o seu poder lunar sem escorregar na submissão, o casal se torna — de um modo muitas vezes inconsciente — um casal tocado pelos impulsos da transformação e por uma dimensão iniciática.

No quinto estágio, tem-se a impressão de voltar ao ponto de partida, pois a oposição dominador/dominado é representada mais do que nunca, com uma inversão de papéis. Os perigos e as provações existem, mas esse é o caminho do herói e da heroína. Cada vez mais os casais de hoje parecem estar nesse quinto estágio porque são compostos de um homem dominado e de uma mulher dominadora.

Podemos encarar esse fato sociológico como um indício da **crescente espiritualização da nossa cultura.** Muitas mentes lúcidas estão hoje de acordo quanto a esse ponto. Estamos num mundo de valores masculinos e buscamos equilibrá-lo pelos valores femininos. As mulheres chegam ao poder em setores outrora proibidos. Problema: essas mulheres de poder são masculinizadas, virilizadas, não chegaram aonde estão a não ser pelo fato de terem adotado comportamentos e armas masculinas. No entusiasmo da liberação, as mulheres achavam que deviam provar que podiam fazer tudo o que é feito pelos homens, tão bem quanto eles e até melhor que eles. Muitas mulheres hoje em dia ainda estão nesse estado de espírito; elas se submeteram a provas para serem aceitas e ganhar a estima dos homens. Mas não seria preciso mudar de nível? O valor da deusa-mãe dependia de sua dimensão espiritual. Fora de toda a religião revelada, fora de toda a influência masculina, qual é esse valor espiritual da mulher? Quanto tempo será necessário para que a alienação muito sutil do pensamento masculino, da espiritualidade masculina deixe de exercer seu poder sobre as mulheres? A divisão é tão profunda que mal ousamos arriscar um palpite. A espiritualidade não se direciona somente ao ser? Persiste aí um problema muito sutil. Por que fazer essa diferença entre os sexos? Nesse aspecto não seríamos todos nós anjos? Por que os padres são homens? Onde estão as sacerdotisas de antanho?

A história de Ísis e de Osíris nos convida a compreender que há um momento, em sua odisséia, em que o homem necessita de uma mulher de sabedoria. Onde está ela?

A saída da "dominação"

A mulher dominadora vai partir à procura da sabedoria do seu homem interior e o homem dominado à procura da onipotência de sua mulher interior. Notemos que o homem dominado não é, contudo, um homem submisso; ele é, antes de tudo, um homem fascinado.

O destino a que está condenada a mulher dominadora é a sua angústia interior. "Na cabeça de uma mulher forte, uma voz repete: eu lhe disse, vilã, malvada, prostituta, velha, rabugenta, feiticeira, feitora de escravos, ninguém amará você, por que você não é feminina, por que você não é doce, por que você não é calada, por que você não morreu?" Há um momento em que as mulheres de sucesso tiveram a impressão de serem traídas ou de traírem a si mesmas. Elas têm uma sensação de vazio, de lassidão. Depois o corpo começa a falar: uma gripe que não se cura, uma dor de estômago, um nódulo no seio. Seu interesse excessivo pelo trabalho em funções masculinas torna insensíveis as mulheres até o âmago do seu ser. O embate acontece entre o *ser* e o *fazer*; todas as mulheres podem senti-lo. Elas são tão bem dotadas para sentir alegria em todas as coisas da vida que não podem mentir para si mesmas durante muito tempo.

O paradoxo

"Ó céu que está sobre a minha cabeça; céu claro, céu profundo abismo de luz! Ao contemplá-lo, estremeço com o desejo divino de me lançar à sua altura, Essa é a minha profundidade!" (Nietzsche.)

É possível vislumbrar uma civilização na qual o homem e a mulher entrem num relacionamento de cooperação? A diferença biológica e física pode ser vivida e cumprida de outra forma que não sob o signo do medo, da ameaça, da hostilidade, da exploração? Somos confrontados com uma nova criação ardente de nossas relações e de nós mesmos.

Existirá um terceiro termo, além do masculino e do feminino, além do bem e do mal?

Estamos presos numa lógica de exclusão. Se eu sou masculino, não posso ser feminino; pior ainda, eu só posso me colocar na oposição, me colocar contra o feminino que me ameaça. É possível viver numa bipolaridade, ser uma coisa e o seu contrário, circular de um pólo a outro, viver na tensão dos dois pólos, na riqueza da ambivalência?

O único pecado não seria justamente o de se identificar com um só pólo em detrimento do outro, o de se limitar a um só tipo de realidade? Na moral, o pensamento dualista tem o cuidado de nos fazer distinguir entre o bem e o mal, de nos culpar pelo mal e de nos valorizar pelo bem. Teremos tendência a endossar facilmente as vestes do bem e a recusar as do mal. O que eu sou será o bem; o mal eu reservarei para o outro. Costurarei para ele eventualmente uma veste sob medida para endossar tudo aquilo que não estou pronto a aceitar por minha própria conta. Em outras palavras, se eu estou na mesma situação de alguém que não reconhece em si mesmo a gula, a inveja, a desonestidade, etc., vou procurar alguém perto de mim que possa assumir tudo isso. Vimos que em geral o companheiro é o suporte ideal dessas projeções/dejeções. Eu sou o bem, o outro é o mal. O masculino (ou o feminino) é o bem, o feminino (ou o masculino) é o mal. É isso o que aconteceu durante quatro mil anos de patriarcado e de justificação teológica das grandes religiões monoteístas. A extraordinária simplicidade do processo não permite, porém, a lucidez. Os homens e as mulheres estão encerrados nessas crenças dualistas que respondiam ao primeiro reflexo de medo e de sobrevivência, de afirmação e de conquista.

Poderemos passar para além do bem e do mal de acordo com a fórmula de Nietzsche, para além dessa oposição? O que há de novo para inventar?

O que faz morrer o amor, o que torna a intimidade insuportável para alguns, é essa pressão moralizante que um exerce sobre o outro, esse controle e essa alienação de consciência. Poderíamos imaginar uma outra maneira de viver como casal que não implicasse a ingerência sobre o outro? Respeitar o outro verdadeiramente como uma pessoa ao mesmo tempo igual e diferente, sobre a qual eu não tenho fundamentalmente direitos. O que será do relacionamento de um casal nessa perspectiva?

Podemos ser ao mesmo tempo solidários e solitários, amantes e amigos, noivos e casados, alienados e livres, dependentes e independentes? Estamos aparentemente sujeitos a exigências contraditórias, mas nossa humanidade parece estar passando a fazer a reconciliação dos contrários, indo além das oposições, instaurando a paz no seio da aceitação da tensão.

Em que medida a aceitação da tensão ambivalente entre dois pólos, sem se identificar com nenhum deles, corresponderá, para cada um de nós, ao fim da intolerância e do conflito? **Justapor** duas coisas, como diz Jacques Salomé, colocar uma coisa ao lado da outra em lugar de colocá-las em oposição.

O que está acontecendo é uma verdadeira revolução do espírito, uma reviravolta da consciência, uma libertação da armadilha do pecado e da culpa.

Por que os casais se separam cada vez mais e cada vez mais rapidamente? **A individualidade torna-se um valor integral.** Ninguém suporta mais se ver limitado e cerceado em nome da família e do casamento. A alienação de uma pessoa em relação a outra se tornou intolerável, irrespirável. "Você me rouba o ar." Essa expressão corriqueira mostra bem a necessidade de espaço em todo tipo de associação. O ar do tempo veicula essa exigência e a populariza, ainda que ela tenha sido a princípio reservada somente aos artistas: **Ir até o extremo de si mesmo, seja qual for o preço.** Essa exigência é de ordem espiritual, mesmo que não seja compreendida como tal. De fato, trata-se, mais ou menos subterraneamente, de não abandonar no caminho o desejo sexual e de não interromper a possibilidade de encontrar a exaltação e talvez a elevação do amor. Pois o sexo é a porta do amor e o amor é a porta da realização interior.

Sexo, amor, luz. Mesmo que jamais tenhamos refletido nesse aspecto do desenvolvimento, nós o perseguimos teimosamente, colocando em marcha encontros, fusões, separações.

Será possível formar um casal e não perder o fogo do desejo? Alguns colocam a data de quatro anos como fatídica à atração sensual física; outros dão sete anos; seja qual for, a morte do desejo sancionaria todas as relações envolvidas no tempo e no espaço de uma coabitação. Não haverá casais que possam testemunhar o contrário? Nesse caso, qual é a receita? O jardim do casal precisa ser fertilizado para produzir flores em todas as estações?

Saint-Exupéry já nos deu um elemento de resposta que continua célebre: não olhemos um para o outro, mas olhemos juntos na mesma direção. A realização de uma obra em comum dá um sentido a esse "nós" do casal. Podemos conceber que as forças implicadas numa realização exterior não retornarão ao seu interior num sentido destrutivo. Mas para trabalhar no nível desse "nós", precisamos de um bom entendimento prévio. Por outro lado, uma obra realizada em comum não garante a vida do desejo. A cooperação amigável e a ambição da realização podem bloquear a libido do casal e deixá-lo exangue em suas relações.

A verdadeira questão continuava: o desejo se acomoda com o tempo, com a repetição? A resposta passa por uma outra questão. De que desejo se trata? Não devemos distinguir entre um desejo de pele e um desejo de coração; entre um desejo de partilha e um desejo de comunhão; entre o desejo de ser desejado desejando e o desejo de desejar? Você tem necessidade de ser excitado ou você é o criador do seu próprio desejo?

O que há por trás dessa necessidade às vezes cega do desejo? Que revelação o desejo propõe? Cada ser não buscaria encontrar uma parte mais obscura de si mesmo, mais absoluta ou mais viva; uma parte ainda não alcançada, não realizada e às vezes reprimida? Cada pessoa não estaria engajada na busca inconsciente desse núcleo mais delicado e imortal de sua própria essência?

O outro é o pretexto, o catalisador desse encontro às vezes fulminante de nós mesmos.

O outro é freqüentemente aquilo que se revela, aquilo que permite a ressonância, o sonho, todo esse espaço de fé que torna radiante a vida no seu centro. "Estou amando", estou excitado por um grande desejo de possuí-lo que, por sua vez, é também o grande desejo de me possuir. Por alguns instantes de reconciliação interior e de presença total, nesse instante estou próximo de muitas coisas. Assim, o desejo é, na sua essência, uma extraordinária ilusão e uma total realidade.

Nesse sonho acordado é possível a gente abandonar-se por inteiro. É possível também manter uma visão lúcida sobre a ilusão, e mesmo assim reservar os meus olhos para ver e viver o meu sonho. Aqui, ainda, um pólo e o seu contrário se oferecem à consciência. Quando abandonamos passivamente a manipulação do desejo, o despertar pode ser duro. É nesse sentido que a sabedoria popular diz que o amor é cego. Muitas vezes estamos mais diante do desejo que do amor, desejo de alguma coisa em nós mesmos com o qual "estamos em contato" por meio do outro. Quanto mais esse alguém permanece inatingível, misterioso, insaciável, tanto mais o meu desejo permanecerá intenso e vibrante. Mas se o outro se torna decodificável, previsível, transparente, alienado e prisioneiro, o meu desejo se desvanece.

Eu preciso que o outro continue sendo um mistério vivo para continuar a encontrar nele o espelho da busca da minha própria alma e faço de tudo para que ele se aliene, para que ele me prometa alienar-se, para que ele me conforte no meu desejo de segurança afetiva. Esse é o paradoxo do casal.

Na construção deliberada de um lar, de uma família, de um projeto, precisa ser mantida uma margem de liberdade e de incerteza. Do mesmo modo, o amor precisa de confiança e de incerteza, de um terreno firme sobre o qual possa florescer e ao mesmo tempo correr os riscos de uma exploração. Uma tensão entre esses dois pólos permite que cheguemos a um estado que participa dos dois e que é inteiramente novo. **Assim, o andrógino não é nem o masculino nem o feminino, mas um terceiro sexo no plano psíquico.**

O andrógino é uma criação da nossa imaginação comum, um traço de um passado longínquo ou um vir-a-ser no porvir? O andrógino é por excelência o ser da reconciliação, a perfeição de um mundo perdido, de um mundo antes da ruptura. Estamos encarnados precisamente num mundo de ruptura com dois sexos separados. Nossas furtivas tentativas não remediarão verdadeiramente essa ausência fundamental. Esse é o ponto de vista de Platão, e é também o das religiões reveladas, que vão até mesmo exacerbar essa ruptura, marcar o sexo a ferro quente como um mal definitivo.

O conceito de sexo em ruptura não deveria participar da busca religiosa que é fundamentalmente a de religar o ser, de unificá-lo. Paradoxal. Como unificar deixando de lado uma parte humana que não é das menores? A ruptura, por sua vez, não aumentaria essa distância? É esse o sentido da herança judeu-cristã, do dualismo entre o bem e o mal. A ruptura ontológica tornou-se uma falha profunda. Tudo acontece como se, de século em século, nós não tivéssemos parado de levar sempre cada vez mais seriamente, ou tragicamente, o reflexo do medo da diferença. O outro tornou-se verdadeiramente o OUTRO. De um lado os homens, do outro as mulheres. Todos os homens são assim... todas as mulheres são assim... Essas generalizações estão por trás da nossa compreensão das relações humanas. As mulheres não compreenderão jamais os homens e vice-versa. Nessa reconciliação-provocação a ruptura se afirma ostensivamente. Mas o fosso não é a guerra se cada um permanece em si mesmo. Mas ninguém pode permanecer em si mesmo, pois todo o sal da vida está na exploração daquilo que se ignora. Em qual estado de espírito os dois protagonistas vão embrenhar-se no terreno do outro? Espírito de conquista devastador, espírito de exploração, de colonização, de cooperação, de contemplação. Há muitas maneiras de correr os riscos dessa busca.

Nós buscamos a reconstituição da nossa androginia psíquica, a recuperação dessa parte da humanidade que não encarnamos no nosso corpo, a nossa transformação em seres ao mesmo tempo masculinos e femininos.

A tomada de consciência do sentido desse destino humano começou a se introduzir na consciência coletiva, especialmente depois que Jung criou os conceitos de *anima* e de *animus,* que poderíamos traduzir por **mulher interior e homem interior.** O homem procura entrar em contato com a sua mulher interior por meio de uma mulher exterior ou de várias delas. A mulher procura entrar em contato com o seu homem interior por meio de um homem exterior ou de vários. Nesse ponto, seríamos exatamente simétricos em nossas necessidades.

Assumir essas **bodas interiores,** esse casamento do masculino e do feminino no meu interior, é dar a mim mesmo os recursos imprescindíveis para efetuar esse reencontro. Imaginemos que cada vez mais os homens e as mulheres tenham consciência dessa busca fundamental no plano pessoal quando sentem surgir neles a atração do desejo e o sentimento de amor. Imaginemos que sejamos educados a trazer à luz da consciência nossos sentimentos e nossas emoções, a nos sentir responsáveis. Não "cairíamos" mais no amor, não seríamos jamais seduzidos de novo, no sentido de um rapto, de uma armadilha externa; ouviríamos esses chamados misteriosos das partes mais profundas de nós mesmos. Teríamos respeito pelo insondável desejo de ouvir e respeitar nossos sentimentos, de ouvir e respeitar o outro.

Na medida em que estamos impedidos de enfrentar uma espécie de inimigo interior, na medida em que desconfiamos de uma parte de nós mesmos que seria má, destruidora ou diabólica, não poderemos sentir confiança em nós mesmos, não poderemos ter confiança em alguém. Dualidade sempre, dualidade a ser ultrapassada, pois ela é uma herança do passado, um parapeito social, um empreendimento gigantesco a serviço da consciência livre individual e em proveito da coesão social de alguns espíritos mestres e dominadores.

É possível experimentar uma outra lógica interior que leve em conta a coexistência de dois pólos no interior de si mesmo, o masculino e o feminino, o bem e o mal, com o nascimento de um terceiro termo sobre o qual sabemos muito pouco.

A sabedoria e a felicidade estão do lado do paradoxo. A reconciliação entre homens e mulheres passa pelo fato de assumir esse paradoxo. Sair da identificação de um só pólo, sair da identificação de um só sexo. Sem dúvida, preciso aprofundar a minha encarnação, explorar esse sexo vivo que continua sendo o meu centro. Se sou uma mulher, meu sexo é uma presença calorosa que me leva para dentro, um fogo que se torna luz. Se sou um homem, meu sexo empurra para fora, para a exploração e a conquista. **Mas eu, mulher, também sou fálica; eu, homem, também sou vaginal.**

Dar e receber, amar e ser amado. O homem é um enamorado amado, a mulher uma enamorada amada; seus cantos se conjugam. O Cântico dos Cânticos já nos dizia que **o amor é um encantamento; não uma comunicação, mas uma esperança de comunhão.**

O SEXTO ESTÁGIO

O Casal de Andróginos

"Sim", solitários e solidários.

> "O essencial da vida de um casal é a respeitosa aliança sempre atualizada de duas liberdades. [...] O amor é um solo fértil, para o bem-estar e para ser melhor, um fermento para a alegria, para a amplificação das possibilidades, para o prazer [...] o meu amor e o seu poderiam apoiar-se na interdependência, no confronto e na partilha criativa [...] numa relação próxima?"
>
> Jacques Salomé

Autonomia e co-criação

O casal do sexto estágio é composto de duas pessoas que conquistaram suficientemente a autonomia para poderem viver a dois sem cair de novo nas armadilhas dos jogos de poder e de alienação. Pela primeira vez desde o primeiro casal, nós vamos poder falar novamente de amor. As cinco primeiras etapas de evolução do casal foram ultrapassadas e a Grande Passagem já se realizou.

Um homem e uma mulher se olham de frente com alegria, ternura, amizade, riso, cumplicidade e um perfume misterioso, volátil, que chamamos de amor. Eles se comunicam no nível do sexo, do coração e às vezes do espírito. Têm a consciência de que esse bom resultado na sua relação é obra deles em pelo menos cinqüenta por cento e deixam o resto por conta da magia das circunstâncias que os reuniu e os mantêm juntos.

Essas duas pessoas se olham dentro dos olhos e esse outro particular representa também o Grande Outro, a face de uma humanidade irredutivelmente diferente e, no entanto, igual. A intensidade da fusão não abole a tensão da diferença, o mistério do ser no desafio da sua completude permanece presente nesse casal e alimenta uma busca incessante.

Essas duas pessoas olham também para a mesma direção, o que significa que partilham um ideal, uma visão, uma concepção da existência e de seu sentido, e cada um representa para o outro um pouco desse ideal. Eles não têm necessariamente a mesma paixão, a mesma atividade, mas eles se interessam pelo que o outro faz, se apóiam e se enriquecem mutuamente com aquilo que são, com o que fazem. Eles se apóiam reciprocamente sem medo de que esse apoio e essa independência os afastem um do outro.

Eles vivem a **co-criação,** a cooperação. No plano biológico, um casal é, em princípio, uma célula de procriação, mas somente na medida em que passe ao estágio de co-criação é que ele poderá verdadeiramente existir como um casal no plano psíquico. A vida a dois na organização material como na educação dos filhos supõe, para ser bem-sucedida e harmoniosa, essa dimensão de convergência que se apóia tanto na intuição como na razão. Existe flexibilidade telepática e uma antecipação constante na música de um dia bem-sucedido.

A felicidade sobre a Terra não é uma utopia; ela está sempre ali ao alcance das mãos como um fruto que pede para ser colhido, como um fruto que os humanos não se autorizam a colher, porque representa a liberdade, a autonomia, e essa liberdade dá medo. A maçã da árvore jamais foi colhida, o paraíso terrestre jamais foi deixado porque ele jamais foi saboreado em outro lugar que não no ventre da mãe de maneira difusa. O paraíso terrestre se nos apresenta como uma porta na qual precisamos bater, uma porta interior, um percurso iniciático do qual ninguém pode se furtar. Como vencer o meu medo de não sobreviver, o meu medo de que o outro me mate de um modo ou de outro? Como deixar de viver a vida como um combate? Como amar?

O amor é a chave da porta da felicidade, e o casal pode ser a oportunidade de amar, a possibilidade de uma revelação, de uma entrega confiante.

Os erros e as dificuldades do casal nas cinco primeiras etapas poderiam fazer-nos crer que essa instituição social está falida, que esse modo de vida está ultrapassado. O aumento do individualismo e do narcisismo poderia dar a impressão de que o modo de vida futuro seria o celibato. No entanto, o casal não está ultrapassado porque podemos reinventar essa mesma fórmula com uma nova consciência. Até o presente ele foi enganado, remendado, mascarado, caricaturado, afastado do seu sentido verdadeiro, capturado em benefício da procriação e da estabilidade familiar. O casal foi, a princípio, uma unidade social muito acessoriamente colocada a serviço do desenvolvimento da pessoa. Havia acasalamento e associação.

Ainda nos resta descobrir como o casal é uma **célula privilegiada de evolução.** Ele é a ocasião de uma evolução decisiva, porque ele nos coloca frente a frente com os aspectos mais vulneráveis, mais sensíveis de nós mesmos.

Um casal feliz é composto de dois seres que estão mutuamente se dando a oportunidade de uma expansão da consciência e da confiança. Essa é uma forma moderna da aventura espiritual que mobiliza ao mesmo tempo o corpo e o espírito. Nossa época precisa tomar consciência da força dessa possibilidade e criar essa oportunidade de passagem. Nunca antes, nas civilizações que já se desenvolveram neste planeta, houve tantas condições reunidas para que o fruto do casal possa ser colhido e permita a passagem coletiva a um outro nível de consciência. Nem as civilizações dos tempos primitivos da mãe, nem o patriarcado — pelos desequilíbrios que eles introduziam entre o masculino e o feminino — permitiam a criação psíquica de um casal harmonioso.

Hoje, o homem e a mulher se redefinem em suas respectivas identidades, procurando uma integração do feminino e do masculino e permitindo que se visualize o casal como um **laboratório de evolução individual e coletiva.** Quando a feminilidade foi desvalorizada, especialmente no âmbito das três grandes religiões monoteístas, o celibato e a vida monástica podiam aparecer como os únicos estados que levavam à completude. De certa maneira, o padre e o monge, ao se subtraírem das obrigações materiais e guerreiras de chefes de família, favoreciam o desenvolvimento do aspecto feminino do ser. Hoje em dia, no próprio seio de uma vida profana, a divisão dos papéis entre o homem e a mulher permite que ambos encarnem tão bem o masculino quanto o feminino.

Dois andróginos

O casal do sexto estágio é composto de duas pessoas que têm em si mesmas características andróginas de maneira invertida. Somos **quatro** no casal andrógino, um homem exterior acompanhado de sua mulher interior, e uma mulher exterior acompanhada de seu homem interior. Esses *dois,* que se tornam *quatro,* constituem a unidade do casal passando pelo *três* da criança, do trabalho a dois, do "nós". O axioma alquímico afirma: "Um se torna dois, dois se tornam três e do três sai um como o quarto."

A androginia é um sonho muito antigo da humanidade. Platão fala disso explicitamente em *O Banquete* como de um paraíso perdido. Inicialmente, o ser humano teria sido uma criatura com duas cabeças, quatro braços e quatro pernas, que giravam como uma bola. Mas seu poder era tão grande que os deuses se ofenderam e pediram a Zeus que o cortasse em dois, o que foi feito. Desde então, os dois sexos estão separados e choram incansavelmente a unidade perdida, não sendo a sexualidade mais que uma breve, muito breve e muito ilusória sensação de retorno a essa unidade. Esse mito traduz bem o sentimento de nostalgia, pois cada um pode ouvir o seu eco no fundo de si mesmo, mas essa nostalgia pode ser também a antecipação de uma unidade que virá, de uma saga. Por que buscaríamos se já não soubéssemos o que buscamos?

A androginia é sem dúvida muito menos um paraíso perdido do que **um paraíso a conquistar,** alguma coisa que já está ali, por trás dessa porta que nós nunca soubemos abrir. Todas as tradições trazem o germe desse conhecimento. Deus é andrógino. A realização de um ser, seu despertar, sua iluminação se definem no plano energético como o casamento das energias feminina e masculina. No plano psicológico, encontramos a mesma afirmação: um ser será tão mais completo quando der a si mesmo possibilidade de encarnar os comportamentos masculino e feminino, e adotará tanto os valores femininos de apoio e interdependência, de passividade, de contemplação, quanto os valores masculinos de penetração na matéria, de ação e de realização. O "conhece-te a ti mesmo" de Sócrates não teria sentido sem essa lucidez sobre o lado masculino e o lado feminino do ser.

No patrimônio ancestral comum a toda a humanidade, encontramos uma fábula erótico-sagrada sobre as origens, construída sobre o motivo da androginia e que remete a um tempo não-histórico. Trata-se sempre do momento em que a unidade encarnada pelo andrógino dá lugar à dualidade com o surgimento da sexualidade. No entanto, no mito iraniano representando o combate entre a luz e a sombra, a androginia aparece como um fator de reconciliação e a humanidade é conclamada a restabelecer o andrógino unindo-o ao seu duplo celeste, seu anjo, seu guia, ou seja, para o homem, a sua essência feminina que ele encontra na beleza de mulheres reais. O sufismo é, portanto, uma religião de amor que implica uma transparência do divino no humano, uma mística amorosa que aparece também entre os místicos cristãos.

Os trovadores dos séculos XI e XIII transportaram para o amor cortês essa atitude diante da divisão dos sexos. Eles despertavam o duplo feminino que estava adormecido neles e projetavam conscientemente essa imagem da alma para uma mulher real que elegiam para honrar e idealizar. "O casal era assim constituído: formava um ser único. Tudo o que era experimentado por um também era experimentado pelo outro. A influência mágica feminina estava instalada no coração do homem e vice-versa." (R. Nelli).

É somente no século XIX que nasce a idéia de que a verdadeira função da sexualidade é a de ajudar o homem e a mulher a integrar interiormente uma imagem humana completa, andrógina, e de que o casal tem um valor místico. O *Séraphîta* de Balzac foi escrito nesse sentido. A partir das idéias do Berlinois Fliess, que pensava ter descoberto que toda célula viva era bissexual, Freud integra a idéia de androginia e escreve: "Eu me habituo a considerar todo ato sexual como um evento implicando quatro pessoas." Jung vai continuar nessa mesma direção e fazer um grande estudo do mito da androginia, que vai definir como sendo um arquétipo fundamental da psique. Jung exuma a androginia, das grandes cosmogonias, do Gênesis, das religiões, e a identifica no psiquismo humano. Ele constata que o homem transporta uma figura feminina, a sua *anima*, e a mulher uma figura masculina, o seu *animus*. Cada pessoa é assim levada a assumir a totalidade do seu psiquismo, sua **bissexualidade interior.**

Nesse breve sobrevôo histórico podemos ver que passamos de uma explicação das origens a uma nostalgia da psique e, depois, a uma descrição de uma realidade psíquica.

O andrógino se aproxima cada vez mais do humano até se tornar o seu componente interior fundamental e mesmo o seu projeto de realização. De certo modo, poderíamos dizer que **o tempo da androginia chegou.** Quanto mais a consciência coletiva absorver essa idéia, mais ela se tornará viva, mais tenderá ao equilíbrio entre os contrários, mais será a idéia que facilitará a superação da guerra dos sexos e de qualquer guerra.

Na medida em que a pessoa esteja consciente dessa androginia latente em si, poderá ajudar sua realização em lugar de combatê-la inconscientemente. Quando sabemos que, quanto mais avançamos na idade, mais o nosso inconsciente nos solicita, quando sabemos também que **o inconsciente tem a cor do outro sexo,** compreenderemos que essa tendência natural à integração, à sabedoria, pode ser um projeto consciente. Foi René Nelli que escreveu: "Todas as mensagens divinas que levaram a humanidade ao verdadeiro progresso moral foram a emanação dos sábios e dos santos nos quais os homens julgaram ver deuses, mas nos quais vimos sobretudo aqueles seres que foram ao mesmo tempo supremamente homens e supremamente mulheres."

Valéry Larbaud escreveu: "Uma virilidade nobre na mulher e uma feminilidade elevada no homem são o contrapeso das falhas inerentes a cada sexo. Elas assinalam a vitória sobre a besta humana e se reintegram na santidade."

Teilhard de Chardin escreveu: "Só começamos a sentir a importância do amor, a síntese necessária dos princípios masculino e feminino na personalidade humana."

Jacobi, escreveu: "Na primeira metade da vida, o amor tem freqüentemente como objetivo físico a união física e a procriação, mas na segunda metade ocorre sobretudo a necessidade de uma conjunção psíquica com o parceiro do outro sexo, a fim de que nasça o fruto, **o filho espiritual**, conferindo a duração ao ser espiritual dos cônjuges."

Citamos ainda: "O reino da morte durará até que o masculino e o feminino se tornem um." (Evangelho dos Egípcios, texto gnóstico do II século).

Todos esses autores nos confirmam essa intuição fundamental que define a santidade (no sentido de "realização espiritual") como uma androginia ao mesmo tempo energética e psicológica. Esse filho espiritual do casal deve ser colocado ao lado da **criança-sol** que também designa a glândula pineal, a glândula da iluminação, o lugar do casamento das duas energias do macho e da fêmea subindo ao longo da coluna vertebral.

Nós nascemos dentro de um corpo sexuado, mas temos que descobrir que nosso psiquismo é bissexual, e quanto mais aceitamos essa bissexualidade, tanto mais evoluiremos. Aqui é onde as coisas se complicam, pois a educação, a pressão da consciência coletiva tende ao contrário a nos circunscrever dentro de comportamentos estereotipados que pertencem ao nosso sexo biológico. "Como um menino", "como uma menina". Até onde esses condicionamentos vão nos perseguir?

É a androginia que inspira esse sentimento tão caro aos poetas: "Antes de conhecê-lo, essas palavras não tinham sentido. Você sabe bem que quando a vi pela primeira vez, sem a menor hesitação eu te reconheci", disse Breton, enquanto Nerval pergunta: "Em que mundo nós nos reencontramos? Por um instante, eu achei que retomava, através da eras e das trevas, o aspecto da nossa filiação secreta." Existe, portanto, um amor "desde toda a eternidade", entre os seres, ou um ser que para cada um de nós corresponde mais particularmente a uma imagem interior?

"Eu acho, minha filha, que quando alguém ama como eu amo você, esse amor sempre existiu. Como nos reconheceremos, se a alma continha em si apenas uma imagem, embora velada? Estamos divididos em duas metades: uma exposta ao dia e outra mergulhada na noite, inconsciente. Elas vivem e andam juntas e se comunicam: sentimos isso às vezes sem nos dar conta verdadeiramente dessa mudança. Para onde nos leva essa corrente, de onde vem a onda que nos submerge, nossa débil visão não distingue. Até que a outra metade pouco a pouco também se esclareça e se revele. Então, diante de nós, não só descobriremos a plenitude de toda uma vida, mas também encontraremos levantada atrás de nós a barreira sombria que esconde a outra metade do nosso ser. E veremos como o que parecia diferente e cortado por caminhos separados já estava em comunicação com o resto." Essa maravilhosa carta é de um homem de Estado, autor da constituição holandesa, Thorbecke (cartas à sua noiva e à sua mulher, 1936). O encontro do amor fez dele um poeta, colocando-o em contato com uma parte de si mesmo mais vasta, mais mística. A barreira que se levantou é a do inconsciente que o põe em contato com a sua parte feminina, com a sua anima, e lhe dá um sentimento de completude jamais conhecido.

Assim, o encontro amoroso pode deflagrar uma verdadeira evolução na pessoa, um despertar decisivo, uma integração de si mesmo.

A biologia nos dá também indicações preciosas sobre a androginia. No reino animal, há numerosos seres hermafroditas que têm uma dupla sexualidade, dos infusórios aos gasterópodes. No nível fetal, o ser humano a princípio é sexualmente indiferenciado, todos os embriões são **XX**, só posteriormente é que se transformam em **XY** para os machos e **XX** para as fêmeas, o que leva certos autores a concluir que o primeiro sexo é feminino, que a **feminilidade tem a primazia na natureza humana,** que a existência do macho é um luxo e que a natureza que conhece bem a reprodução por partenogênese poderia ter se contentado só com uma fêmea. Aristóteles dizia que a mulher é um macho castrado e mutilado; hoje a biologia está mais inclinada a dizer que o macho é uma fêmea modificada, mas todos esses argumentos não cessam de alimentar uma espécie de guerra dos sexos subjacente. É mais interessante constatar que os aparelhos genitais do homem e da mulher têm mais analogias que diferenças. Cada um dos dois sexos parece ter conservado um esboço do outro.

Sob o controle dos hormônios produzidos pelas gônadas, o mesmo órgão vai se metamorfosear, desenvolvendo certos condutos genitais e, depois, certos órgãos, deixando traços do sexo que não foi adotado. Isso nos leva a compreender que todo ser humano carrega biologicamente em si os traços de uma outra possibilidade sexual.

Mas é no nível hormonal que as coisas se dão de forma ainda mais extraordinária. Com efeito, basta uma injeção de hormônios para desenvolver as glândulas mamárias e para induzir certos comportamentos mais femininos ou mais maternais. Cada ser humano está sob a influencia de um certo equilíbrio natural entre os hormônios masculinos e femininos, entre andrógenos e estrógenos. Poderíamos dizer que esses hormônios mantêm uma impregnação bissexual constante, uma espécie de flutuação entre os dois sexos. O equilíbrio hormonal supõe um jogo bissexual de hormônios.

Assim, por esse jogo de hormônios, a androginia em nós é biológica. Essa é a grande contradição que a natureza humana teve de superar: ser ao mesmo tempo andrógino, por um lado, completo, e por outro lado sexuado, incompleto. O que é o amor e qual é o seu papel nesse percurso complexo que nos leva a ler o sentido de uma vida humana como a realização psíquica de uma androginia já sugerida biologicamente?

A conjunção sexual, a força que atrai dois sexos um para o outro, torna possível a reprodução, mas também é uma resposta à separação dos sexos, uma forma de compensação para a dualidade. Estamos diante de um movimento universal rumo à fusão que parece animar todos os seres vivos e ultrapassar de todos os lados o projeto único de reprodução. **O desejo de acasalamento corresponde a esse impulso para a fusão, a unidade;** o desejo não faz caso do resultado final que é a reprodução; o desejo obedece ao seu próprio movimento, que poderíamos qualificar de metafísico. O amor nasce nesse impulso de unidade e, nesse sentido, podemos encontrar amor em tudo o que tem vida, dos infusórios à bactéria, à molécula. Todas as partículas estão bem ligadas entre elas por esse desejo de união. É importante para nós sentirmos essa continuidade para penetrar mais profundamente na essência do encontro amoroso.

Há uma concordância entre a atração celular e aquilo que acontece com o ser humano no nível psíquico. De um lado, a vida tende à expansão, à multiplicação; de outro lado, ela tende à fusão, a se reagrupar, a voltar para trás, a reintegrar um estado original, a retornar à unidade primordial e, especialmente, a esse equilíbrio fundamental do inanimado, da morte. Podemos pensar nos freqüentes paralelos que são estabelecidos entre o amor e a morte, dois modos complementares e convergentes de voltar à unidade. Para Shiva e Shakti, que representam na Índia a união do princípio masculino e do princípio feminino, a existência separada nada mais é que ficção. "A união dos sexos é a única realidade." O casal eterno está simbolizado pela união do *linga* e do *yoni*, representação perfeita do divino, vitória sobre o antagonismo dos sexos, expressão da não-dualidade. O ato de amor realiza a androginia, e essa materialização efêmera serve de guia a uma realização unitária mais interior.

Os comportamentos do óvulo e do espermatozóide mostram uma continuidade entre o celular e o psíquico para caracterizar o masculino e o feminino. É o espermatozóide que se desloca, que vai encontrar o óvulo, que penetra no óvulo por efração, que lhe transfere o seu material genético e que o fecunda. O óvulo começa agora um longo trabalho de nidificação, de transformação, de multiplicação. Desse modo o masculino se caracteriza pela conquista, pela agressão, pela penetração, ao passo que o feminino se define pela passividade, pela submissão, pela construção no que está fixo. É apoiando-nos nesse esquema biológico que podemos definir o homem como dominador, poligâmico, nômade, e a mulher, como monogâmica, fiel, submissa e sedentária. Mas essa interpretação que responde ao modelo de organização patriarcal não leva precisamente em conta a androginia do ser, nem mesmo a sua impregnação hormonal bissexuada. **Uma coisa e o seu contrário coabitam em cada pessoa.**

É notável como podemos fazer leituras muito diferenciadas do humano conforme se coloque no nível animal ou no nível cultural ou ainda no nível espiritual. Assim, para algumas pessoas a guerra dos sexos é irredutível, o desejo se alimenta da agressividade, o encontro sexual é um combate. Podemos verificar que entre os animais os ritos da sexualidade às vezes são fascinantes e às vezes terríveis. Há os ritos de sedução, desfiles, jogos, emissão de odores, cantos, cores, mas também mordidas, ferimentos, eventração, mutilação, devoração. Esses comportamentos violentos teriam por objetivo aumentar o frenesi do ato sexual ou, em outras palavras, o amor animal seria vivido na combatividade mais ardente. Freqüentemente, é o macho que procurará submeter, imobilizar e penetrar mais profundamente a fêmea — o beijo mortal das lampreias ou o golpe de estilete de certos moluscos. Na fêmea, a exacerbação do lado receptivo se manifestará por devorar ou por fazer absorção bucal do sêmen, como nos gafanhotos. Com muitas variantes, esses comportamentos são encontrados entre os humanos nas atitudes eróticas qualificadas por vezes de aberrantes, de anormais ou de perversões. Nós não nos preocuparmos aqui com julgamentos morais, mas gostaríamos de sublinhar que tudo o que depende do combate nos leva ao jogo de nossos instintos de sobrevivência e ao nosso medo do outro, mesmo que ele seja enriquecido culturalmente pelas fábulas, pela imaginação, como nos jogos sadomasoquistas.

No plano filosófico, se nos fixarmos na separação dos sexos não veremos como sair de uma relação dominador/dominado, de uma luta entre duas liberdades que tendem a se alienar reciprocamente. Eu tenho um desejo de mim por mim por meio do outro. Essa necessidade do outro limita imediatamente a minha liberdade, ameaça a minha independência. No momento em que desejo, estou em desequilíbrio, e esse desequilíbrio não pode desaparecer a não ser pela absorção do outro, pela morte do outro. Esse é o aspecto trágico e mortal do desejo na sua essência. Essa é a transposição da famosa análise hegeliana do mestre e do escravo. Considerados sob esse ângulo, os sexos se confrontam de maneira crônica, e quanto mais alguém é desejado, tanto mais é temido. A sexualidade faz do ser humano um guerreiro sem guerra aparente, e todas as relações amorosas são ameaçadas por essa base. Freud também sublinhou a ambivalência do sentimento amoroso, o ódio e a agressividade que jogam em contraponto. Essa angústia constitutiva se transforma facilmente em acusação do outro, esse outro que é designado como agente perturbador e que nada mais é do que um bode expiatório. Essa **angústia de amar** é acompanhada, em cada um dos dois sexos, pela a inveja entre eles: a mulher inveja o homem e o homem inveja a mulher. O processo de destruição de um pelo outro, e às vezes de si mesmos, se desencadeia. Toda a desconfiança em relação à sexualidade foi construída a partir desse risco incontornável.

"O amor, seus meios são a guerra, e ele esconde no fundo o ódio mortal entre os sexos" (Nietzsche, *Ecce Homo*). Essa constatação é repetida por Denis de Rougemont: "Nossa noção de amar, envolvendo a noção que fazemos da mulher, se encontra, portanto, ligada a uma noção de sofrimento fecundo, que lisonjeia ou legitima obscuramente, no mais secreto da consciência ocidental, o gosto pela guerra." A diferença entre os sexos é vivida inevitavelmente tendo como pano de fundo a violência? A resposta é sim, na medida em que a pessoa se identifica com o seu sexo biológico reforçado pelas carapaças sociais. Como masculino ou feminino exclusivo, eu estou ameaçado pelo outro.

Na medida em que a minha tomada de consciência me permita enriquecer o meu encontro exterior com um encontro interior da minha *anima* ou do meu *animus*, eu me encontro numa situação radicalmente diferente. Eu já sou aquilo que eu desejo ser mesmo não sendo. Já estou dentro de um processo de evolução e de metamorfose. Eu sou eu, e cada vez mais por seu intermédio. Eu não o procuro para me tornar você, não estou fascinado por você, não sou devorado por você, eu não devoro você, eu me torno um pouco mais *dois* a cada dia, e o meu *dois* se enriquece com o seu *dois*. **A única maneira de poder permanecer centrado no amor, é ter um contato interior com o seu princípio complementar.** Talvez mesmo poderíamos, ao menos nos primeiros tempos, dar-lhe uma figura exterior, uma representação, um desenho, uma estátua pela qual a sensação de duplicidade se faria cada vez mais presente. Os dois sexos viveram como inimigos ao longo dos séculos, porque o aspecto biológico foi levado a sério. As sociedades se ritualizaram tendo um cuidado infinito de separar os dois sexos, de codificar com clareza os caminhos imprecisos da adolescência. A reação de sobrevida da diferença é sempre o medo. Há milhares de anos vivemos em situação arcaica de medo em relação ao sexo que não encarnamos. Cada um de nós se acha inclinado a refazer essa passagem e, enquanto a educação não propuser às crianças uma linguagem clara para compreender e aceitar a sua dupla natureza de força penetrante e de doçura receptiva, seremos mergulhados em reações de antagonismo e as dificuldades do casal se multiplicarão.

Todavia, e isso é fácil de compreender, o casal pode ser visto como o caminho real da androginia interior, mas há uma certa fronteira que precisa ser atingida, conquistada por cada um dos parceiros, para que o casal funcione além da relação de força. Em outras palavras, a educação deveria permitir a cada um de nós se equilibrar sobre o nosso masculino e o nosso feminino de tal modo que uma certa estabilidade, uma certa harmonia tornem possível um casamento interior entre essas duas energias. A partir daí, o adolescente chegaria ao encontro amoroso com possibilidades muito diferentes. As cinco primeiras etapas seriam transpostas com relativa facilidade e o casal se estabilizaria na exploração do sexto casal, com incursões naquilo que chamaríamos de sétimo casal, ou casal desperto. Esse sexto casal, composto de duas pessoas equilibradas em seus componentes feminino e masculino, vai permitir que cada um dos dois parceiros se enriqueça e progrida individualmente no caminho da androginia. É nesse ponto que os olhos podem começar a se abrir diante do Grande Dia do amor.

Um casal de andróginos se manifesta como tal no exterior? Sim e não. O essencial não precisa ser demonstrado; ele se instala no coração das coisas. A liberdade não está circunscrita na multiplicidade dos papéis. Dois criadores que aceitam a própria solidão concordam também em caminhar juntos no caminho vida. Estamos diante da compreensão ou da aproximação dessa idéia paradoxal que nos faz tanta falta. Talvez seja mais fácil dizer o que o casal paradoxal não é do que dizer o que ele é.

Que chance de encontro aprofundado no ventre prenhe da felicidade pode haver entre um homem e uma mulher que encarnam um o dia e o outro a noite, um a palavra e o outro o silêncio, um o branco e o outro o negro, um a luz e o outro as trevas?...

É aí, porém, que está o cerne desse amor hoje proposto pela consciência coletiva e que a mulher muitas vezes se sente depositária. Por ser a mulher, por ser a sua mulher, eu me alieno e sirvo ao amor. O criador e a sua musa, o patriarca e a sua mulher em casa, todos esses casais de antemão estão condenados à destruição, pelo antagonismo dos pólos adotados. Nenhum ser pode se contentar de não ser nada além de... A liberdade se abre para todas as identidades.

O casal de andróginos está bem longe do casal andrógino que será constituído por dois seres instalados no limite de seus papéis complementares. O casal andrógino se condena à insatisfação mútua e ao conflito, o que já vimos na distribuição de papéis do patriarcado. O casal andrógino é a ilusão perniciosa por muito tempo veiculada na literatura, na poesia: existiria no mundo uma pessoa que me seria particularmente destinada, a solução da minha completude estaria assim fora de mim, num objeto-sujeito de conquista que o meu destino me levaria ou não a encontrar. Segundo essas crenças, poderíamos até acrescentar que essa pessoa já foi encontrada por mim em outra encarnação e que desta vez eu tenho de caminhar um pouco mais com ela, etc.

O casal andrógino se condena à fusão: sem você eu não posso viver, sem você eu não estou completo, sem você eu faço bobagens. Encontramos aí as bases de um percurso de alienação, de dependência, em detrimento da independência. Toda dependência tem o seu lado de perversão, e toda relação na qual se separar é morrer um pouco é como uma droga para a pessoa. Essa relação pode durar anos, mas um dia suas falhas serão reveladas e exigirão ou uma mudança ou uma separação. O erro está profundamente enraizado na consciência coletiva. Todos os casais são tentados a se insinuar como numa luva nesse falso molde da harmonia sem que o percebam. Eu me mutilo em nome do amor para ser mais dependente de você e me alieno assim no mais secreto de mim, no mais secreto de você; alguma coisa apodrece no interior, a luz se apaga; eu o devoro e você me devora. Eu me fecho dentro de uma falsa segurança, não sendo senão a metade de alguma coisa, a metade de uma união de fusão à qual eu me agarro porque ela me distrai da minha terrível, bem-amada e exigente solidão. Eu preciso de um verdadeiro espaço para prosseguir nesse desvelamento interior que dá todo o sabor a uma vida, e sou terrivelmente cúmplice por não me dar esse espaço. **O romantismo do casal na fase de fusão esconde um desejo de unidade mortal para a pessoa. Essa unidade deve ser procurada no íntimo de cada ser.** Duas pessoas que preservaram a exigência da busca podem se encontrar para acender juntos as listras incandescentes do seu fogo interior. O casal de andróginos é um casal da busca.

O sentido da busca

O casal da busca é carnal até no espírito, espiritual até na carne. O casal muitas vezes foi considerado sob o aspecto de sua sedentariedade, de sua estabilidade. Eles se casaram e tiveram muitos filhos. A história geralmente pára por aí, e temos a impressão de que o que acontece depois não tem nada de palpitante, que tudo já está traçado, que não há mais nada a descobrir e, sobretudo, nada mais a conquistar. A vida do casal não interessa a ninguém, ou então gente feliz não tem história, pois só poderiam ser felizes uma vez realizada a união dos dois sexos. Esse é o casal que a sociedade imobiliza, instituído para servir à família e à ordem coletiva.

No entanto, a realidade individual dos dois parceiros é inteiramente outra. É todo um **percurso iniciático** que começa, e o casal não tem chances de chegar ao sexto nível a não ser na medida em que a Grande Passagem começa a ser feita por ambos os parceiros, na medida em que a angústia do amor e as projeções de culpa sobre o outro começam a dar lugar a uma confiança, a uma aceitação incondicional do outro.

Nesse estágio, a aventura do casal torna-se conscientemente uma **busca espiritual**, um avanço nos territórios do amor. É nesse sentido que Rainer Maria Rilke escreveu: "Para o ser humano, amar um outro é a mais difícil de todas as tarefas, o critério essencial, a última prova, o trabalho para o qual todos os outros não foram mais que preparação." O outro, e não importa quem seja, aquele que vive com você na maior intimidade. Muitas vezes somos tentados a projetar o amor sobre um ser longínquo facilmente sublimável. Os terapeutas, os mestres sabem muito bem que o amor deles é mais facilmente incondicional com seus pacientes ou clientes do que com os seus próximos. Quantos seres admiramos no desempenho de sua profissão e que se revelam decepcionantes em sua família?

No casal, precisamente, cada um é confrontado com as suas maiores zonas de vulnerabilidade. Há sem dúvida várias maneiras de encaminhar essa busca, mas me parece que em primeiro lugar o ato de amar muda de plano.

Na palavra casal [*couple*, em francês] está embutida a palavra *cópula*; e um casal que não copula mais pode ainda continuar a ser chamado de *couple*? Cada pessoa tem consciência do processo de reintegração androgínico que leva a cabo e que nele é levado a cabo; cada pessoa assume esse projeto de completude e reconhece no outro o interlocutor privilegiado desse processo de realização pessoal. A escolha do outro não se faz, ou não se faz mais por uma atração irresistível, mas por um reconhecimento ao mesmo tempo instintivo e voluntário. Cada pessoa que honra seu ser superior se encontra no nível de honrar o ser superior do outro, e o ato de amor, por mais relativamente fugaz que seja, é feito sob os auspícios da eternidade. É todo o ser na sua sutileza que se transforma numa dimensão ilimitada. A busca que se faz no casal não é nada menos que a busca do amor, mesmo que pareça raramente atingida na nossa civilização atual.

Queixa-se que é precisamente o casamento e a vida em comum que matam o amor e o desejo; são feitas diferentes previsões como períodos fatídicos: três anos, sete anos. Em relação à atração sexual, esse número pode ser reduzido até mesmo a algumas horas ou a alguns meses, mas é próprio do amor justamente enriquecer o desejo pela sublimação. E a sublimação não é a mentira do ideal, mas a revelação dele.

O amor que temos por uma pessoa nos permite vê-la naquilo que ela tem de único e de unificado; nos permite ter acesso à generosidade do olhar, mas também à transparência que deixa perceber a centelha do divino dentro do ser. Existem também pessoas que nos tornam melhores porque creditam na nossa conta esse melhor, dando-nos espaço para encarná-lo. De certo modo, toda pessoa precisa ser conhecida, amada, venerada no que ela tem de divino. O companheiro ou a companheira pode ser esse mediador, esse catalisador.

Na sua brevidade, por vezes na sua violência, o desejo não permite esse olhar tranqüilo, purificado, profundamente regenerador para a pessoa. Entre o desejo e o amor se estabelece uma continuidade, mas também uma mutação de ordem espiritual. A beleza física alimenta o nascimento do desejo, mas ela por si só não é suficiente para garantir o aparecimento do elo, a sensação vibratória do coração. Pelo contrário, pode acontecer que a pessoa em plena decadência física, um doente sem esperança de cura possa estabelecer uma relação de incomparável beleza, com um acompanhante ou com uma pessoa que cuide dela. **Quanto mais uma alma se desnuda ao longo de sua vida, mais ela é capaz de amar.**

O paradoxo permanece, pois os nossos sentidos procuram o corpo, embora aspirem completa e unicamente à alma.

Não podemos pôr de lado o corpo, mas também não podemos nos limitar a ele. Num certo momento da nossa evolução, tudo acontece como se fôssemos convidados a exercer sempre mais conscientemente a nossa capacidade de abertura ao outro, para dar sempre mais espaço para a sua revelação. Orientamos o nosso olhar na direção daquilo que o outro tem de melhor. Essa atividade de sublimação continua lúcida diante das eventuais insuficiências (sempre relativas) do outro, mas nos recusamos a nos paralisar ou reforçá-las com a nossa atitude de acusação, de desprezo ou de provocação. Assim, o casal da busca poderia ter por ética o exercício de sua capacidade de sublimação.

De certo modo, isso é o que já foi praticado de alguma maneira pelo amor cortês. A distância e o manuseio da distância estavam aí também codificadas. Freqüentemente, o casal sofre por excesso de proximidade, e o desejo se gasta. Para continuar sendo esposos-amantes, esposos ardentes, os dois parceiros podem encontrar instintivamente zonas de isolamento, de intimidade, períodos de castidade, comportamentos mais retraídos. A inteligência também pode vir a substituir o instinto e propor regras para uma situação em que a prática sexual pareça ser consentida de uma vez por todas. O relacionamento sexual necessita guardar um sentido sagrado e não pode se acomodar a uma rotina, a uma repetição sem alma.

A castidade conjugal pode ser preciosa se é vivida como uma acumulação da energia e não como uma diminuição do desejo. A retenção praticada pelo homem altera também consideravelmente a situação. De modo geral, é toda uma **ética sexual** que o casal da busca é convidado a reinventar. Podemos sentir como é imensa a necessidade de revalorização do sexo, de sacralização, que se manifesta no mundo contemporâneo.

O amor humano, encarnado no casal, é talvez o único valor que pode propor um sagrado coletivo fora de toda a religião. A pacificação que passa por uma nova relação entre o homem e a mulher é uma fonte de regeneração. Mas como preparar os mais jovens, como educá-los para que essa evolução não se faça mais às cegas, por tentativa e erro?

É porque nós temos dificuldade para fazer a ligação dos contrários, para ligar a carne ao espírito, que privamos o amor de seu mais alto significado.

A degradação do amor e do casal é o prêmio pago pelo desaparecimento da mulher e da intuição, e pela proeminência do homem e da razão. Hoje os casais da busca não são mais legião. Eles são os pioneiros que redescobrem progressivamente um novo erotismo. Toda a vergonha ligada ao sexo vai sendo progressivamente purificada, a noção de segredo se desfaz e a do mistério aparece.

O sexo está ligado ao desenvolvimento da alma, o prazer está ligado ao amor, a paixão se inscreve na duração. O casal da busca faz surgir uma terceira via entre o profano e o sagrado, que já havia sido pressentida por Teilhard de Chardin: **uma terceira via** "não média, mas superior", "entre um casamento sempre polarizado sexualmente na reprodução e uma perfeição religiosa sempre apresentada teologicamente em termos de separação".

A mulher solar

A mulher solar é o elemento central do sexto casal. O que é a mulher solar? Escrevi um livro inteiro para mostrar o que ela não é, ou não é mais, e o que ela tende a ser. Mas não esgotei o assunto. De uma certa maneira, tenho a impressão de apenas ter esboçado seus contornos. Em seminários, encontro mulheres que trazem elementos para esse quebra-cabeça inacabado e acredito que estamos todos juntos, homens e mulheres, contribuindo para a concretização de um nascimento coletivo, um nascimento do arquétipo dessa nova face da mulher.

Sem dúvida, eu não inventei totalmente o termo "mulher solar"; eu o ouvi na consciência coletiva e o reinventei para mim, e devo confessar que não o conhecia culturalmente. Fiquei feliz quando o encontrei em Jean Markale sob a denominação de "mulher-sol", e nada mais; o resto parte da minha experiência e da minha intuição. Fiquei muito impressionada pela forma de evidência que encontrei: para algumas pessoas, essa expressão era como um reencontro feliz, uma música que adotaram instantaneamente, como se ela já estivesse desde sempre no inconsciente.

Acredito que ela também esteja escondida no interior do nosso ser. O primeiro livro que escrevi foi um romance intitulado A criança-sol. Esse nome chegou como uma música e me remeteu ao amor que tenho pela minha filha e ao fato de que meus livros são para mim como filhos que roubam um pouco desse amor. Mais tarde, compreendi também que a criança-sol designava a glândula da iluminação, a glândula pineal na Índia, e que todo esse primeiro livro era transpassado por esse desejo de luz, apesar das confusões e dos erros, e que terminava por uma homenagem a Kalil Gibran, autor do *Profeta*, porque a sabedoria já havia me tocado. A mulher solar sem dúvida é um ser de luz, um ser que vai em direção à luz. O sol é tradicionalmente um atributo masculino e a lua um atributo feminino, se bem que nos tempos pré-históricos a deusa-mãe fosse qualificada de solar. Encontramos ainda esse traço em certas línguas, especialmente "Die Sonne", que em alemão é o sol, uma palavra feminina.

A mulher está biologicamente sintonizada com a lua, por seus ciclos mensais; como a lua, ela também recebe, ela é aparentemente passiva e refletiva. Mas, psiquicamente, a mulher foi chamada a se completar, a contatar interiormente sua parte masculina, a manifestar exteriormente suas possibilidades de realização penetrantes, fálicas, a se apoiar sobre a sua força interior e exterior.

A mulher solar é um ser que tem consciência da sua natureza psíquica bissexuada, da sua força e da sua doçura. A mulher solar encontra o seu *animus* para a realização da sua androginia.

Todo o inconsciente feminino tem a coloração desse outro sexo; todas as mulheres são conclamadas a descobrir essa parte masculina de si mesmas, à medida que avançam na idade. Essa evolução lenta e como que orgânica se dará mais ou menos facilmente, com algum conflito de acordo com os componentes da personalidade, e será abortada ou encontrará os elementos para a sua realização. Mas quanto mais o processo se torna consciente, ele será mais bem vivenciado pelas mulheres, e cada vez mais se manifestará como uma integração feliz, harmoniosa, entre os dois princípios masculino e feminino.

É importante compreender que esse *animus* pode ser uma criança brincalhona ou colérica, ou caprichosa; um adolescente revoltado, ou idealista, ou sonhador; um homem responsável, um tirano, um velho sábio ou um velho senil, etc. Os aspectos de maturidade e de sabedoria não estão assegurados de entrar no jogo de uma vez por todas. O princípio masculino também pode entrar em conflito com o princípio feminino no interior de uma mulher e constituir um casamento doloroso que se refletirá no comportamento da pessoa e nas relações do casal exterior. Não é raro ver uma mulher de 50 anos em pleno conflito com o marido com o qual coabitou pacificamente durante todos os anos consagrados à educação dos filhos; mas agora ela quer existir por si mesma, o seu princípio masculino se manifesta e vem pôr em desordem os antigos hábitos tomados pelo feminino. Há uma luta interna e uma luta externa. No plano do conhecimento do ser e da ação terapêutica, esse discernimento em relação aos dois princípios em cada pessoa, sua idade, sua força de afirmação, sua relação de força, sua posição dominador/dominado é muito esclarecedora. Cada mulher precisa perguntar a si mesma: qual é o rosto de meu *animus*? Tudo é significativo, especialmente a presença ou a ausência de um homem ao lado de uma mulher, o rosto desse homem, o estado da relação.

Uma mulher que está com um homem muito mais jovem ocupa freqüentemente, em relação a ele, uma posição de deusa-mãe em face de seu filho amante. Muitas vezes, seu princípio masculino é jovem, ativo e mantém uma relação de dependência com o princípio feminino maternal, mesmo que ele tenda a aparecer e a se afirmar, vez por outra, como protetor. Pois a barreira entre os papéis e as características nunca é clara.

Quando os pólos vão e vêm, mudam e evoluem, o movimento da vida é respeitado e não há maiores dificuldades. Mas muitas vezes as barreiras se acumulam, a impotência surge levando ao conflito. O homem exterior dessa mulher procura passar do *status* de filho para o *status* de pai que é para ele um grande estágio de autonomia interior e exterior, necessita ultrapassar a mãe nessa mulher. Ela vai talvez resistir e tentar diversas manobras de infantilização que a deixam igualmente prisioneira da mãe onipotente e a impedem de avançar em direção ao masculino criador. O que ela teme no fundo de si mesma talvez seja menos a perda da onipotência da mãe que o lugar de amante, mas, na sua fragilidade, ela confunde as duas posições.

Assim, ao desejar ultrapassar a mãe onipotente que o paralisa, o homem é levado a rejeitar a amante que ele desejaria manter.

A mulher vai sofrer por ser rejeitada como amante, ainda que esse homem só quisesse tirar dela o papel de mãe. O sofrimento do mal-entendido será muito grande para essas duas pessoas com a conseqüência de uma ferida difícil de cicatrizar: o medo de amar. A solução está do lado da consciência. Esse homem e essa mulher têm um projeto comum para abrir seus comportamentos; eles precisam se conscientizar de seu desejo de evolução recíproca. A despeito das aparências, essa mulher tem medo do masculino, nela e fora dela, e a infantilização mantida do seu parceiro responde a esse medo. É por um duplo movimento interior e exterior, domesticando o seu masculino, autorizando-o a se manifestar, relaxando o seu poder feminino, que ela encarnará um novo equilíbrio.

De seu lado, o homem está, ao mesmo tempo, fascinado e aterrorizado pelo feminino, e é permitindo-se tomar contato com a sua *anima* que ele se permitirá uma autonomia diferente e, paradoxalmente, uma masculinidade mais afirmada, mais solar. Superar a mãe não quer dizer abandoná-la. Certos homens abandonam uma mulher poderosa e alimentam depois, em relação a ela, uma grande hostilidade porque não puderam fazer esse percurso. Eles pensam que estão presos por ela, mas de fato estão presos por si mesmos; eles confundiram deslocamento com ultrapassagem, e essa jovem mulher maleável que agora está ao lado deles permite que eles desempenhem um papel masculino dominador, mas sem que o problema de fundo relativo ao feminino seja resolvido. Um homem assim caminha em direção ao endurecimento do masculino, às vezes mesmo a uma tirania que tenta mascarar uma infantilização fundamental. Podemos até dizer que todo o patriarcado se inscreve nesse esquema, o que faz com que muitas mulheres digam com certa indulgência, não isenta de superioridade: "Os homens são crianças grandes."

A mulher solar não é a deusa-mãe; contudo, na espiral da evolução, esses dois arquétipos se dão as mãos. O ciclo está completo. A mulher solar tem o poder da deusa-mãe, mas não tem a sua onipotência. Ela não reina exclusivamente; ela reina entre outras. Ela está em contato com a sua magia feminina, erótica, com poder de cura, mas dispõe desse potencial com consciência e com amor.

A inconsciência unitária das origens dá lugar às dores da dualidade, da submersão, da submissão, da revolta e do ressurgimento progressivo. Seu rosto apareceu na superfície das águas e, progressivamente, seu corpo reaparece. Esse corpo é um corpo de luz, fecundado de consciência. Alguma coisa de vasta e profunda se desenvolveu nela, e ela ultrapassou a tirania e a onipotência masculina; ela não tem mais medo do princípio masculino; começa a poder encontrá-lo interiormente e ele, por sua vez, vai fecundá-la para que nasça a criança-sol.

A mulher solar dá à luz a criança-sol interior. A mulher solar é um ser radiante de amor.

Muitos homens sonharam com a nova Eva, desenharam-na, descreveram-na, imaginaram-na, procuraram-na em cada mulher. As mulheres também se sentiram investidas desse projeto de realização, tentaram mais e mais, e entravam em choque com as limitações sociais e suas próprias limitações interiores. Como ser uma pessoa íntegra, e não uma caricatura do homem, uma caricatura de si mesmo? O complexo de inferioridade alimentado pelas mulheres e reforçado pelos homens foi terrivelmente mutilador. "Onde estão as mulheres?" diz a canção. "Onde estão as mulheres com seus gestos cheios de encanto?" Quanto mais as mulheres emergem, assumem responsabilidades sociais, mais elas perdem, segundo os homens, sua doçura e delicadeza interiores. Elas guardam o arsenal exterior da feminilidade; usam seu poder de atração, de captação; cuidam deliciosamente do próprio corpo, mas têm a alma masculina do caçador e o homem se torna a sua presa.

"A mulher é estranha", dizia Giraudoux. Segundo Louis Pauwels, a raça das mulheres teria sido perseguida, destruída, dispersada, aniquilada pela Igreja cristã: "Chamamos as mulheres de seres que só têm aparência, tomamos nos braços imitações de uma espécie inteiramente ou quase destruída. [...] A maioria dos homens, ao desposar uma medíocre contrafação do masculino, um pouco mais distorcida, um pouco mais flexível, de certo modo casa-se consigo mesmo. [...] É menos frio, apesar de tudo, do que se casar com um espelho." O mesmo autor nos propõe uma descrição da verdadeira mulher: "Ela passa por cima das enchentes, derruba os tronos, pára os anos, sua pele é de mármore. Quando se tem uma, ela é o beco sem saída do mundo. [...] Para onde correm os rios, as nuvens, os pássaros isolados? Eles se lançam na mulher [...] mas ela é difícil. [...] É preciso fugir quando a vemos porque, se ela ama, se ela detesta, ela é implacável. [...] A verdadeira mulher, aquela que nos vem dos primórdios dos tempos, a mulher que nos foi dada, pertence inteiramente a um universo estranho ao do homem. Ela brilha na outra extremidade da Criação. Ela conhece o segredo das águas, das pedras, das plantas e dos animais. Ela fixa os olhos no sol e vê clara a noite. Ela possui as chaves da saúde, do repouso, das harmonias da matéria. É a feiticeira branca entrevista por Michelet, de largos flancos úmidos, com olhos transparentes, que espera o homem para recomeçar o paraíso terrestre. Se ela se dá a ele, é num movimento de pânico sagrado, abrindo-lhe, no calor obscuro do seu ventre, a porta de um outro mundo. Ela é a fonte da virtude. O desejo que ela inspira consome a excitação. Mergulhar nela devolve a castidade. Ela é estéril, pois ela pára a roda do tempo. Ou melhor, é ela quem insemina o homem: ela torna a dá-lo à luz e reintroduz nele a infância do mundo. Ela o restitui à sua tarefa de homem, que é subir o mais alto possível em si mesmo. Fala-se no super-homem, mas não se fala numa super-mulher, porque a mulher, a verdadeira mulher, é a que faz do homem mais do que ele é. No caso da mulher, basta que ela exista para existir com plenitude. É preciso que o homem passe por ela para começar a existir, a menos que escolha outras asceses, nas quais a reencontrará ainda sob formas simbólicas [...] descobrir a verdadeira mulher é uma graça. Não se espantar com isso é outra graça; unir-se a ela está na dependência da complacência de Deus. [...] Que estranho encontro! Ela aparece bruscamente em meio à manada de falsas fêmeas, e o homem felizardo que a vê põe-se a tremer de desejo e de pavor."

O que pensar desse texto quando se é mulher? O modelo é tão glorioso que parece inatingível. Estamos diante da descrição desse eterno feminino que uma vez mais, pela linguagem masculina interposta, mistificaria a mulher, afastando-a um pouco mais de si mesma e da sua realidade? Ou estamos diante da mulher solar que dá as mãos à deusa-mãe das origens? Saudamos nestas linhas uma presciência masculina em relação à sua *anima*. É na medida em que o autor está muito próximo de si mesmo que ele pôde escrever esse hino à feminilidade.

Ao mesmo tempo, podemos encontrar aí o traço de uma misoginia selvagem para com todas aquelas que não encarnam essa verdadeira mulher e que não passam de vítimas de um processo histórico desenvolvido no interesse do macho. Não existe aí sequer a lembrança do processo de evolução. A mulher sempre foi perfeita desde a alvorada dos tempos; ela ressurge às vezes, sempre tão perfeita, escapando como por milagre de seus destruidores. Essa apologia é ambígua e tradicionalista.

A mulher é, o homem torna-se. Sim e não. Por certo existe no feminino uma dimensão interior ligada ao seu sexo, pelo menos biologicamente. Seu sexo é interior, ela vive a cada instante com essa sensação. Seu funcionamento energético é sem dúvida mais plástico e sua capacidade de elevar a energia do sexo para o cérebro é mais imediata, mais constante. Mas sua impregnação psicológica e psíquica mostra as marcas e as feridas da consciência coletiva. Como ser, ela tem todo um percurso de completude a percorrer a fim de reencontrar sua androginia. A mulher de que fala Pauwels é a mulher para o homem, um fantasma da mulher deusa que teria em mãos todas as chaves do mistério do ser. De certo modo, tudo parte da mulher, tudo parte do ventre da mulher, tudo parte da feminilidade e para ela retorna, conforme uma feminilidade do mundo que estaria presente nesse instante. De outro modo, cada um dos dois sexos contém um germe, uma semente que precisa se desenvolver para encontrar sua plena expressão, e dentro desse germe há uma parte masculina, uma parte feminina, uma parte que pertence ao *fazer*, ao *ter*, ao espaço e ao tempo, e uma outra é perfeita nesse instante.

Esse paradoxo e essa dualidade prepararam o caminho para as oposições teóricas, para discursos e justificativas intermináveis. A coabitação do histórico e do eterno é consubstancial ao humano. "Fraqueza dos anjos, força dos cães", disse Christian Bobin. Força dos anjos, fraqueza dos cães, é a mesma coisa. O masculino e o feminino também trocam sua fraqueza e sua força. Cada ser humano é fraqueza e força. A mulher solar é força e doçura no mesmo cadinho; pelo mesmo motivo, que é viver a autenticidade.

A mulher solar tem um sexo vivo, não-alienado. Ela é sexualmente livre. O sexo é para ela uma magia, uma arte de sentir e de moldar as forças invisíveis e sutis. Ele permite o despertar da consciência nos níveis mais profundos além do racional. O ato de amor e de prazer é um ritual interior que se faz dentro de um espaço circular que se torná sagrado onde quer que se encontre. A mulher ativa em si mesma a deusa, um ser vasto que vibra dentro do infinitamente grande e do infinitamente pequeno. A elevação da energia permite a ativação do centro de energia sexual, subindo para o centro do coração, e finalmente para o centro do topo da cabeça. Estamos no caminho do êxtase e dos estados modificados de consciência.

O corpo inteiro está preparado para o amor desde que se consagre a devida atenção, a ele e às suas sensações. As mulheres têm mais freqüentemente esse privilégio, esse poder de uma alegria "celular". Elas estão mais perto do próprio corpo — se não por outro motivo, pelo fato de que lhes dedicam mais cuidados —, mais próximas de seu sexo também porque ele está sempre disponível à alegria. As mulheres cumpridoras do dever, as mulheres do trabalho, as que se deixaram invadir pela ambição, pela respeitabilidade, pela culpa, pelo serviço ao homem e aos filhos vão talhar nelas a deusa, como se interrompessem em si mesmas o circuito do júbilo imediato. Elas saem do presente em proveito da linha passado-presente-futuro. Outras mulheres vão e vêm, aparentemente ocupadas também, mas na realidade atentas a essa plenitude de existir, mais disponíveis para o amor do que homem algum jamais pôde compreender. A essência da feminilidade é feita dessa disposição para a plenitude. Essa graça interior constitui toda a atração consciente/inconsciente exercida sobre o homem. A mulher solar não faz amor só com o outro; ela faz amor também consigo mesma, com a natureza, com a vida. Sua consciência da energia lhe permite se elevar cada vez que as coisas são possíveis. Há no brilho do olho, no calor da voz, na suavidade da pele, um esplendor que não engana e que é também presença em si mesma e prazer de viver.

Uma cabeça de anjo, um coração de cavaleiro, um corpo de mulher.
Os pés sobre a terra, o amor no coração, a cabeça nas estrelas.
Um sexo vivo, um coração fulgurante, uma cabeça atenta.

O homem lunar

Defini o homem lunar como sendo aquele que integrou ao menos cinqüenta por cento um equilíbrio entre a sua energia masculina e a sua energia feminina, entre a sua força e a sua delicadeza interiores e exteriores.

Do mesmo modo que a mulher solar parece gloriosa, o homem lunar por sua vez inspira reticências, o que mostra claramente a que ponto a feminilidade e a passividade lunar receberam conotações pejorativas no nosso consciente e no nosso inconsciente. Lembramos geralmente de observar que uma transformação está em curso, que a identidade masculina está em plena recomposição. Por certo, ela está ameaçada e a tradução lapidar dessa inquietação se exprime por: "A mulher sobe e o homem desce."

O homem que vai ao encontro de sua feminilidade só pode estar enfraquecido. É o "homem fraco" de que fala Elizabeth Badinter. Todos nós conhecemos homens que parecem de fato flutuar entre os dois sexos, que não se sentem à vontade no mundo dos machos, que também não se sentem compreendidos, aceitos e amados no mundo da mulher. Poderíamos dizer que eles encarnam uma mutação ainda não concluída. No plano sociológico, procura-se, esboça-se um novo modelo de homem.

Ao longo dos tempos, a consciência coletiva não parou de evoluir, e somos herdeiros, ao mesmo tempo, de seus arcaísmos, de suas raízes e de suas flores. Cabe a cada um de nós passar de novo pelas etapas e nos situar o mais próximo possível do melhor de nós. Os homens de hoje herdam as cinco etapas já evocadas. Alguns são prisioneiros do primeiro estágio, estão encerrados dentro do círculo da mãe, outros encarnam o pai todo-poderoso, o patriarca; outros ainda transformar-se-ão em tiranos. O homem inteligente será esclarecido pelas idas e vindas entre um comportamento dominador e um comportamento dominado. No estágio seguinte, encontraremos esse homem "fraco" que adora deixar-se dominar por uma mulher. Ao contrário do que se possa pensar, esse estágio não é uma regressão, mas a aceitação de um processo de evolução que se traduz temporariamente por uma fragilização. Uma integração está em curso, é a do feminino no interior do homem, e trata-se justamente de uma reconciliação quando emergimos de uma sociedade ainda desequilibrada pela desvalorização do feminino. Se a mulher dos dois pólos é rara, o homem dos dois pólos também o é.

Entendamo-nos sobre o sentido dos termos. O homem lunar é certamente o homem solar-lunar; ele nada perdeu da sua masculinidade; ele se enriqueceu com a sua feminilidade, e a partir dela ele voltou à sua masculinidade. O homem lunar é forte e doce. Se seguirmos Jung, poderemos nos aperceber que, quanto mais um homem avança na idade, mais ele será confrontado com o seu inconsciente e dessa forma com o seu lado feminino muitas vezes reprimido durante a primeira metade da vida. Os homens que ultrapassaram os 50 anos o confessam voluntariamente; eles são mais sensíveis, e aqueles que se engajam num processo mais consciente e mais acelerado vivem uma verdadeira revolução. No momento atual, tudo acontece como se um certo número de homens não tivesse mais a necessidade de esperar a evolução da idade para entrar nesse processo. Sua estrutura psíquica é mais bissexuada, mais preparada para entrar no jogo, porque o desequilíbrio masculino/feminino foi sem dúvida menos acentuado no casal formado pelos seus pais. Um pai mais terno, uma mãe mais viril permitem que um jovem se forme interiormente de um modo mais flexível.

Mas nem todas as cartas estão na mesa. Pois há um verdadeiro salto qualitativo nesse aparecimento do masculino. A saída das armadilhas do patriarcado, com sua masculinidade dura e dominadora visando originariamente a exclusão do feminino, parece não poder evitar uma fase de desmembramento. Esse solar passivo e dominado que é o homem fraco busca provação e sua crucificação por meio de uma mulher dominadora, fascinante porque é dominadora. O homem fraco tende a reviver o *status* de filho amante das origens com a sua deusa-mãe. Ele quer realizar a sua mutação no ventre da mulher que não será mais uma mãe, mas uma iniciadora. Nesse estágio, ele precisa ter confiança no princípio feminino. Como Osíris, ele é desmembrado, seus pedaços são espalhados e só uma Ísis pode reconstruí-lo, dar-lhe vida de novo, reconstituir até mesmo o seu falo, para que se opere a ressurreição.

Estamos aí no coração de um grande mistério que até agora não foi esclarecido. Pela segunda vez, o homem nascerá de uma mulher que não era a sua mãe, mas a sua irmã-amante-esposa. Em outras palavras, é a mulher solar que será suscetível de permitir o nascimento do homem lunar. **A mulher é aquela que gera fisicamente; ela é também a que gera psiquicamente pelo amor-paixão, e espiritualmente pelo amor incondicional.**

Há milhares de anos a mulher iniciadora é rara, rarefeita. O modelo de uma Eva culpada pela queda e proibida de exercer o sacerdócio sufocou essa aptidão fundamental da mulher para espiritualizar a existência. O verdadeiro genocídio em relação às mulheres e à humanidade situa-se nesse nível. Enquanto as mulheres não reencontrarem sua capacidade de iniciação, os homens não poderão mais aceder ao seu aspecto lunar.

Vejo chegar a mim um certo número de homens em dificuldade, que buscam uma mulher solar para poder integrar sua feminilidade sem correr o risco de uma autodestruição. Esses homens muitas vezes só encontraram em seu caminho mulheres dominadoras que os castraram cada vez mais. A mulher terapeuta tem o papel de mediadora, da que passa de uma margem a outra, de parteira, e pode permitir esse nascimento do outro para ele mesmo. Ela é solar nessa função, mesmo que além do consultório, na sua vida privada, ela não encarne só essa faceta.

O homem precisa da intercessão da feminilidade para chegar a Deus, ou o que talvez não passe de um outro modo de dizer a mesma coisa, **o homem precisa da integração da sua feminilidade para realizar sua androginia.** Essa integração o leva aos infernos do seu inconsciente e precisa de uma mão feminina segura para fazê-lo voltar ao seu aspecto solar fecundo.

Devemos concluir disso tudo que, desde a instauração do patriarcado, nenhum homem pôde se realizar por falta de uma mulher solar? Não, pois todas as épocas tiveram suas mulheres solares como criaturas excepcionais, e é nesse sentido que a sabedoria popular costuma dizer que por trás de todo grande homem há uma mulher. As mulheres foram musas, inspiradoras e, às vezes, eminências pardas; elas são os duplos invisíveis que se comunicam com a inspiração. Seu papel muitas vezes foi minimizado, apagado, porque não fazia parte da lógica do patriarcado homenageá-lo. Assim, o papel das mulheres ao lado de Jesus, especialmente o de Maria Madalena, não nos é conhecido, como não é conhecido o de Clara ao lado de são Francisco. Decodificamos a realidade mediante uma rede de crenças. A partir do momento em que a mulher foi considerada um entrave para a vida espiritual do homem, sua presença ao lado dos homens notáveis só poderia ser interpretada como acessória.

É necessário notar também que os homens fundaram muitas religiões, acumularam muitas palavras elucidativas sobre a vida espiritual, e esse saber teórico muitas vezes acabou por ultrapassar a vivência real de uma realização pessoal. A cultura tomou o lugar da experiência direta, o símbolo substituiu o sentimento. As belas palavras sobre o divino legitimaram todas as agressões, todas as guerras. A ruptura dos sexos, assim como a ruptura entre o ser e o fazer, entre o fazer e o intelecto, entre o coração e o sexo, tornaram-se a norma, e a "ligação" de todos esses planos se perdeu de vista.

O que aconteceu com esses homens? Os seminários, os encontros, os livros se multiplicam. Um despertar considerável está em curso, especialmente na França. As práticas de desenvolvimento pessoal reúnem pessoas de todas as tendências, que têm em comum o "conhece-te a ti mesmo" de Sócrates, um desejo e uma fé na transformação. Não há ideologia nesse movimento que vem da experiência; há simplesmente um desejo de sentir mais do que de proclamar, um contato com o ser. Nisso as mulheres são duas vezes mais numerosas que os homens, e os homens, no caso, têm uma sensibilidade à flor da pele. Alguns têm dificuldade para fazer a transição para o homem lunar; outros permitem se equilibrar entre o masculino e o feminino. Eles desceram ao seu feminino preservando o contato com o seu masculino, ou reemergem das profundidades abissais femininas para se religar com seu aspecto masculino. Pois há dois percursos para o homem, assim como para a mulher, ao sair do patriarcado. Os filhos do pai se estruturam no masculino, e têm necessidade de reencontrar seu feminino. Os filhos da mãe se estruturam no feminino e têm necessidade de reconstruir sua masculinidade. As filhas do pai começam também no masculino; as filhas da mãe, no feminino.

Os homens lunares, no sentido da reconciliação dos dois pólos, estão num nível de evolução em que o psíquico avançou sobre o biológico. No plano interior, acontece um fenômeno importante, que é o da presença diante de si mesmo mediante esse contato com a mulher interior. O amor não está mais tão fora quanto dentro de si mesmo, o que não exclui, muito pelo contrário, a mulher exterior. Os homens lunares são muito sedutores para as mulheres, porque eles têm uma dimensão de ideal ao mesmo tempo que uma grande flexibilidade. Nada de rigidez doutrinária, mas uma afabilidade condescendente, uma alegria e uma doçura que provêm do seu interior e os tornam mais atenciosos. Eles são muito presentes no amor, muito "celulares", como a mulher solar. O corpo deles é vibrante e gosta de fazer vibrar o corpo dos outros. São amantes maravilhosos, independentemente do tamanho do seu sexo, de sua idade e de sua vitalidade. Eles estabelecem uma comunicação de pele a pele, um contato psíquico; eles procuram uma comunhão de alma. Eles gostam de receber carícias e se entregar com uma passividade feminina, solicitando o lado ativo da mulher no amor. A harmonia entre os dois princípios masculino e feminino lhes permite conhecer uma certa plenitude interior que faz viver o amor de maneira diferente. Os sentimentos de possessão, de ciúme, se afastam, como também os sentimentos de rivalidade, de afirmação pela dominação. As necessidades mudam, os níveis de prazer também. A harmonia do comportamento não responde a uma exigência moral, mas a uma necessidade interior, a um gosto. Trata-se de cooperar com o outro como cooperamos com nós mesmos, com a mesma amizade e com o mesmo prazer.

Surge o poeta, aquele que faz dançar as palavras, aquele que se maravilha com um sorriso entrevisto, com um quadril que se movimenta, com um colo que se revela; aquele que faz desabrochar as flores, que assovia ao ver passar uma mulher, que come as cores, que desenha os perfumes, que veste o corpo das mulheres com o impalpável, aquele que não sabe mais o que inventar para amar sempre mais essa feminilidade incontornável da terra, da vida, da mulher e de sua própria alma.

Mas onde está o terrível guerreiro do patriarcado, aquele que quer sair vitorioso de todas as guerras, aquele que cria numa pressa repetitiva tanto ele teme a inação e seu secreto desejo de contemplação? Ele sempre estará lá, mas sua espada está a serviço do poeta. Ele se manifesta, vai atrás de conquistas, mas ele não é mais o aspecto dominador. Ele está sujeito a outros valores que não são os seus e entra de bom grado em repouso, o famoso repouso do guerreiro. Ele mantém a intrepidez do cavaleiro para investir na ação.

O homem lunar é livre, em vias de libertação. Ele pode se engajar profunda e deliberadamente numa relação como também evitá-la, mas há uma parte de si mesmo que permanece irredutível e conscientemente solitária, selvagem, sempre rebelde a todas as estruturas. Ele vive numa solidão feliz e fecunda que permite que ele entre em contato com a sua *anima*. Rabindranath Tagore descreveu esse encontro em seus últimos poemas:

> Num dia de primavera uma mulher se apresentou nos bosques onde eu vivia solitário,
> Sob os traços deliciosos da Bem-Amada. Ela tornou melodiosos os meus cantos,
> Ela tornou doces os meus sonhos.
> Uma onda impetuosa e repentina desabou
> Nas praias do meu coração,
> Varrendo com ela as palavras.
> Meus lábios foram incapazes de chamar a minha Bem-Amada,
> Ela estava de pé junto a uma árvore,
> Ela se voltou e pousou os olhos sobre o meu rosto triste de desgosto.
> Com passos ágeis, ela se aproximou e se sentou ao meu lado.
> Ela diz, tomando-me a mão:
> "Tu não me conheces,
> Eu tampouco te conheço
> E isso eu não posso compreender!"
> E eu respondi:
> "Juntos construiremos uma ponte entre nossos dois seres, para sempre,
> Unindo dois desconhecidos."

Esse poder maravilhoso está no âmago das coisas. Quanto mais a *anima* se torna precisa sob a forma de uma imagem, de uma sensação, de uma música, mais a pessoa será convidada a viver essa felicidade interior, mais ela poderá se colocar no imediatismo do presente e deixar de correr atrás de uma conquista sempre adiada. O homem lunar conseguiu fazer uma junção entre o sexo, o coração e às vezes o espírito. Essa junção, mesmo parcial, permite que ela brilhe de amor, de gentileza sem complacência. Estamos bem na sua companhia; sentimos um calor, um bem-estar que pode aumentar a intensidade da mudança.

Por essa descrição eu me apoiei nos homens que conheço, que estão ao meu lado. Pois o meu instinto sempre me levou a buscar a companhia de homens em vias de feminização, com uma sensibilidade artística aguçada, e ás vezes também com uma natureza poderosa, devastadora, e tão profunda e destruidora que poderia ser educada. Tenho a sensação e a convicção de não estar usando uma linguagem utópica, mas de falar daquilo que reconheci e apreciei. Eu gostaria de encorajar aqueles que se reconhecem nestas páginas a não se desvalorizar, pois a competição tem a pele dura, e às vezes o conflito com o pai ou com os pais, ou com a lei social, esfola vivo esse animal em mutação e ameaça fazê-lo regredir nos caminhos de uma fraqueza ancestral. As mulheres é que precisam falar de toda a atração sensual, psíquica e espiritual que esses homens exercem sobre elas. O amor vai ao encontro da delicadeza interior.

> Uma cabeça de anjo, um coração de cavaleiro, um
> corpo de homem.
> Os pés sobre a terra, o amor no coração, a
> cabeça nas estrelas.
> Um sexo vivo, um coração brilhante, uma
> cabeça atenta.

Amigos e amantes

Um senhor me confessou um dia com certo orgulho: "Estou casado há quarenta anos." Então eu lhe perguntei: "Sua mulher é uma amiga para você?" A resposta fluiu espontânea: "Oh não." A relação desse casal baseava-se na duração, não na confiança. Um professor de ioga venerado por seus alunos, bastante idoso, que alimentou várias gerações com os seus conselhos de espiritualidade e de sabedoria, lembra também a difícil história do casal, uma espécie de conflito permanente que ele aceitou como uma provação, sem dúvida porque sua ligação com a figura materna continuava muito intensa e ele acabou se habituando com essa relação sadomasoquista, que o mantinha "aquecido à sua maneira". Muitos casais permanecem assim juntos apesar dessa intensidade negativa ou, às vezes, por causa dela, tomam gosto por esse sofrimento.

Sempre procuramos separar a amizade do amor. A amizade seria impossível entre duas pessoas do mesmo sexo; ela teria sempre nuances libidinosas subjacentes, ela "mudaria" invariavelmente logo que tivesse atingido certa intimidade. O consenso coletivo reconhece que duas pessoas que já tenham tido uma história de amor, que portanto já tenham esgotado a atração sexual entre elas, podem eventualmente encontrar a amizade. Mas é impensável que possamos ser ao mesmo tempo amigos e amantes. Portanto, o que é essa exclusão e como poderíamos entendê-la?

Abri os olhos ao redor de mim e me apercebi de que efetivamente um bom número de casais de certa idade não cultivavam esse abandono do coração que caracteriza a amizade, e viviam sempre num clima de hostilidade, como se essa fosse a única maneira de manter entre eles alguma coisa viva, como se jamais tivessem imaginado que pudessem baixar as armas diante do outro: a irredutível barreira dos sexos. Ao contrário, nas gerações entre 20 e 30 anos, a abertura do coração é diferente, as bases se comunicam e pode-se mostrar ao outro as próprias falhas, pode-se confiar no outro sem medo de ser destruído, sem medo de que o outro abuse dessa excessiva exposição. Então, o que acontece? Uma nova maneira de "fazer" casais está em vias de nascer?

Os personagens das epopéias celtas e os amantes das cortes medievais já haviam percebido qualquer coisa dessa ordem. Eles não faziam verdadeiramente distinção entre a amizade e o amor e se chamavam entre si de "amigos". Mas numa concepção patriarcal, as mulheres, essas criaturas inferiores, serão excluídas do sentimento de amizade, a palavra "fraternidade" vai ser reservada aos homens e essa fraternidade masculina é selada principalmente nos campos de batalha ou depois de duras provas. A amizade cria raízes com a ajuda mútua: amigo é aquele que está sempre ali quando precisamos dele. A amizade pressupõe um sentimento de igualdade, de estima recíproca. A mulher declarada inferior não será, portanto, situada num plano de possibilidade de amizade com um homem. E as mulheres não saberão também como estabelecer entre elas esse elo de reconhecimento e de ajuda mútua, pois elas são consideradas rivais diante do homem poligâmico e não gostam de ver no outro essa representação de uma Eva inferior e culpada. É secretamente vergonhoso ser mulher, não ser nada mais que mulher; então, nada de sororidade. A amizade entre mulheres esperou o final do século XX para ser reconhecida oficialmente na língua francesa! Poderíamos dizer que é preciso que a mulher consiga seu *status* de pessoa igual, é fundamental que ela se lembre individualmente e interiormente desse *status* para que conheça relações de amizade.

Isso significa que ela não pode apoiar-se apenas no seu corpo, no seu poder de sedução, mas também na sua inteligência e na sua sensibilidade. Ainda hoje uma menina inteligente muitas vezes procurará de preferência a amizade de meninos em vez de meninas, pois naturalmente esse reconhecimento é mais importante para ela. "Meus amigos são homens." Quando uma mulher usa essa linguagem, é fácil deduzir daí que ela sente um tipo de desprezo e de negação pela feminilidade, e também pela própria feminilidade. Ser amiga dos homens significa para uma mulher estar livre da submissão, do interesse financeiro, do *status* de objeto sexual; ser capaz de cumplicidade intelectual, de ser reconhecida como séria e capaz. O que não exclui às vezes um jogo subjacente de sedução. Certos homens desprezam com razão essa amizade feminina, porque se sentem manipulados.

Herdamos estereótipos de comportamento muito fortes. Os amantes eram potencialmente inimigos, a relação sexual implicava um fundo de relação guerreira (você está detida, você é minha) e a amizade com o homem era recusada. Chamfort não declarou, no século XVIII, o seguinte: "As mulheres foram feitas para comerciar com as nossas fraquezas, com a nossa loucura, não com a nossa razão. Existe entre elas e os homens simpatia de pele e muito pouca simpatia pela alma e pelo caráter"? Bela expressão essa "simpatia de pele". Mas a exclusão é bem marcada. Se a amizade se introduz no amor, é porque estamos diante de uma redefinição, diante de uma extensão do amor. Estamos em vias de continuar a inventar o amor de século em século.

O amor parece uma aventura espiritual de origem feminina. É bom notar que a palavra "amor" [*amour*, em francês] era do gênero feminino na Idade Média, e que no século XII era tanto do gênero masculino quanto do feminino, e no começo do século XVIII se tornou masculina exatamente em 1718, por decreto da Academia. Essa história não é neutra. Ela inaugura uma reaproximação masculina desse valor essencial. Pois, para certos historiadores, foram as mulheres do século XII que deram o direito de cidadania e de cultura ao sentimento amoroso.

Tudo acontece como se, hoje, retomássemos o processo no ponto onde ele foi deixado. Na medida em que o homem e a mulher vivam como dois seres diferentes e complementares, o desejo do outro parte de uma falta ou de uma ausência e vai buscá-lo de maneira intensa e ardente. A partir do momento em que o homem e a mulher tomaram sob si mesmos de maneira consciente uma busca andrógina, esse ferimento torna-se menor, mesmo que de fato não desapareça por completo. A busca do complementar abre espaço para a busca do duplo invertido. A mulher lunar-solar é uma aliada do homem solar-lunar.

Esse movimento parte de um fundo de segurança e é muito mais tranqüilo e muito menos angustiante, e suscita muito menos forças sombrias inconscientes. Duas necessidades coabitam dentro do indivíduo a partir de um certo nível de equilíbrio andrógino. Reconheço em mim essa atração louca pelo complementar, por aquele ou por aquela que represente tudo o que eu não sou, ou que eu não sou ainda. E é esse precisamente o primeiro esboço do amor: dar passagem a uma idealização do outro, que me enviaria de volta a uma idealização de mim mesmo e, além disso, me conduziria a uma realização efetiva, à encarnação dessas qualidades e virtudes que o outro possui. Mas esse desejo é equilibrado pela certeza de estar em contato com uma figura da *anima* ou do *animus* que já responde às minhas necessidades.

Daqui por diante, estarei amando sem estar em desequilíbrio; inclino-me para o outro em determinados momentos, mas me dirijo a outras pessoas. O amor não ameaça mais a integridade do ser da mesma maneira. O outro é o meu duplo invertido, mais do que o meu complemento; reflito-me nele sem me perder e volto para mim. Toda a passagem da "doença" do amor à alegria do amor está nessa evolução da busca do complementar para a busca do duplo invertido. A feliz espiritualização do amor passa pela androginia individual.

Numa relação que põe em jogo a dualidade, a amizade é estabelecida com facilidade. Os casais de hoje parecem ter mais facilidade para estabelecer uma relação que põe em jogo ao mesmo tempo a amizade e o amor. É que nunca talvez o contexto social foi tão favorável. Fazemos esportes juntos, saímos juntos, partilhamos os mesmos gostos, trabalhamos um ao lado do outro, partilhamos eventualmente as tarefas domésticas e a educação dos filhos. Não existe mais, de um lado, as prerrogativas femininas e, do outro as masculinas. Os estereótipos dos papéis se desfizeram, se fundiram. O casal vive o seu cotidiano numa espécie de reciprocidade, de ajuda mútua, de respeito pelo outro. O bom funcionamento desse tipo de associação não é suficiente para definir um casal, mas cria um terreno de compreensão. Desejo e amor são coisas diferentes, mas não podem perdurar no terreno contaminado pelo conflito que trazem dentro de si. Dois seres que se amam, dois amantes são potencialmente tanto dois inimigos quanto dois amigos. É pela confiança que eles poderão desabrochar, abrir-se um para o outro, ter prazer na estima, na tolerância. Toda a atração passional que une o casal na fase de fusão não pode sobreviver permanentemente.

Há um tempo para a união e um tempo para a solidão. É importante que cada um respeite esses tempos e não crie confusão. O tempo da amizade não é o mesmo tempo da solidão, e ambos são indispensáveis. Eles definem os momentos de retorno a si mesmo, com toda a riqueza que representa esse isolamento necessário a toda criatividade. Fusão e solidão. A visão dualista que impregna o nosso modo de pensar nos leva a balançar de um lado ou de outro, enquanto a sabedoria nos solicita que aprendamos a entrar e a sair de uma situação para entrar numa outra: a vida é movimento.

A fusão dos amantes tem isto de particular: ele gostaria de oferecer a si mesmo a eternidade, e ele só pode criar armadilhas que acabam por tornar-se asfixiantes. Tomar consciência da necessidade de tempos de afastamento, de reabastecimento que eles criam individualmente permite que o casal viva sem oposição ao período da fusão. Eu estou bem quando estou com você, eu estou bem quando você não está aqui; essa segunda afirmação não tem nada do desamor, mas é sinal de um bom companheirismo consigo mesmo. Como querer bem um ao outro, como desejar que o poder e a criatividade do outro aumentem se ele não pode concentrar e consagrar sua energia em si mesmo?

O que é a sabedoria? Distância interior, uma parte de observação neutra preservada no interior de si mesmo; um contato com a essência inalterável do ser no seio das vicissitudes de uma história. No casal, a amizade proporciona essa distância à paixão e ao amor; ela é semente da sabedoria.

Ser amigos e amantes é também aprender a viver solitário e solidário. Especialmente as mulheres têm uma concepção bastante "equivocada" do amor. Elas acham que o amor exige que elas se ponham a serviço do outro; a princípio, do marido, depois, dos filhos. Elas "se sacrificam" de boa vontade, esquecem de si mesmas, se renegam, perdem suas referências, renunciam ao que lhes parecia essencial antes do casamento. Esse abandono de si mesmas prepara um despertar penoso e um naufrágio da relação do casal. O altruísmo desse comportamento, tão elogiado numa concepção patriarcal ou cristã, também é um engodo. Um círculo vicioso da relação se estabelece. O mais difícil no amor, ainda hoje, é continuar de pé.

A princípio, a irrupção desse impulso para o outro traz um desequilíbrio, uma fascinação: alguma coisa nos chama, uma parte de si mesmo, uma felicidade, um destino, alguma coisa de determinante surge. Estamos fascinados, pomos em jogo todos os nossos recursos. Esse desequilíbrio do início da relação se restabelece progressivamente, mas às vezes um dos dois continua inclinado para o outro, mais fascinado, mais frágil ou mais manipulador, ou tudo isso ao mesmo tempo. E assim eu faço tudo por você, eu admiro você, eu me prendo a você. Eu existo por intermédio de você, eu sou você. Você me ama, logo eu existo; eu o amo, logo existo. Esses dois termos nos deixam numa insegurança afetiva tão grande que a angústia correspondente alimenta um ódio potencial e uma carga agressiva, explosiva para a relação.

É quando cada pessoa começa a criar raízes no "Eu me amo" e no "Eu amo a vida" que ela pode se aventurar sem risco no terreno minado do amor. Ele é acompanhado de respeito (*respicere*: olhar), da capacidade de se considerar como um ser único e de olhar o outro como tal. Quanto mais a pessoa é consciente do seu valor, mais ela poderá se aventurar no amor sem medo de se perder.

Alguns adolescentes, por sua sensibilidade, por suas leituras, pela influência de amigos e de professores, por seu gosto musical, cinematográfico, artístico e técnico, desenvolveram suficientemente a dimensão interior, sua paixão própria, a originalidade para sentir prazer em partilhá-lo na amizade e no amor; eles permanecerão íntegros na relação, mas podem favorecer ao contrário uma gravitação em torno deles e gerar uma situação de domínio. Para outros, é um trabalho, uma inserção social conquistada que lhes dará esse sentimento de valor. Talvez seja por essa razão que o trabalho parece tão importante para as mulheres de hoje. Vimos que no inconsciente coletivo elas herdam um sentimento de inferioridade, e a eficácia profissional pode ajudá-las a reparar essa falha. Pela mesma razão, um casal composto de um homem e de uma mulher que trabalham fora se situará mais facilmente dentro dessa relação amigos-amantes que um casal mais tradicional no qual a mulher fica em casa. Queira-se ou não, o fato de ganhar dinheiro que gasta ajuda a respeitar a si mesmo e a se fazer respeitar.

Como civilizar a violência do desejo de apropriação que existe no desejo amoroso? Como encontrar a distância ideal em relação ao outro: nem tão próximo, nem tão distante?

Pela relação andrógina consigo mesmo, pela amizade com o outro. A dor da falta se acalma quando começamos a reencontrar o nosso duplo interior e a nossa possibilidade de desenvolver uma flexibilidade psíquica, de tornar mais agradável uma relação, aumenta. Algum faminto comerá ansiosamente, ruidosamente, com a única preocupação de matar a fome e sem apreciar o gosto do que lhe é servido. Para se tornar um fino apreciador da comida, não se pode estar muito faminto. É a mesma coisa no amor.

Para praticar a arte de amar com sabedoria e evolução, não se pode estar faminto de amor, prestes a berrar à menor sensação de falta; não se deve também ser como um recém-nascido e esperar a mamadeira como uma obrigação.

O amigo em você, o amigo em mim civiliza o amante. Em vez de ter poder sobre você, eu me interesso por aquilo que lhe dá poder fora de mim: o seu trabalho, suas paixões, seus gostos; eu não me canso de ouvir, de descobrir aquilo que você é e de favorecer essa manifestação. Viver junto de uma pessoa no cotidiano não é, como já ouvimos muito dizer, afrontar a usura, a repetição.

Uma verdadeira relação de intimidade é inesgotável porque é de corpo e alma, indivisível, porque um responde ao outro. Eu jamais teria pensado que havia tanta riqueza numa relação a dois porque nada na minha cultura e na minha experiência me deixou prever isso. Nesse sentido não temos modelos ou não os queremos ver. Talvez nos acostumamos com a idéia de que não merecemos ser felizes, que a felicidade não existe neste mundo e que, se fosse possível formar um casal feliz, criativo, evoluído, nós já o saberíamos.

A consciência coletiva ainda não sabe que um casal feliz de amigos e amantes é absolutamente possível, cada vez mais possível, e que constitui a maior esperança para uma civilização vindoura.

Uma relação aberta

Casal aberto é aquele no qual os dois parceiros dizem um para o outro: **Venha, pois eu vou até você.**

O grande problema do casal continua sendo a fidelidade sexual. Conhecemos a opção patriarcal; ela é clara, definitiva e hipócrita. O casal se mantém dentro de uma relação monogâmica e promete um ao outro uma exclusividade sexual. O interesse primordial dessa lei é garantir a família e, com ela, a transmissão dos bens. Na realidade, é sobretudo o sexo da mulher que é colocado sob vigilância. O homem-pai não pode existir sem ter uma mulher como propriedade. Ao contrário, a reciprocidade foi sempre flutuante. A mãe continua sendo mãe seja qual for o pai; ela pode desejar que o genitor a ajude na criação da prole, mas não pode exigir isso. Continua sempre uma margem de poligamia em torno do homem, mas ele a viverá na sombra, e os filhos que nascerem dessas uniões clandestinas não serão reconhecidos. Serão os bastardos. Não há simetria entre o homem e a mulher a esse respeito.

A mulher adúltera podia ser punida com o apedrejamento, tornar-se objeto de opróbrio; o homem se beneficiava de uma indulgência divertida. Progressivamente, contudo, a ordem burguesa circunscreveu essa permissividade e a pressão moral tornou-se tão forte sobre o marido, ainda mais que a religião católica condena esse pecado da carne. Nós somos hoje os herdeiros dessa concepção.

Um casal é composto de duas pessoas que reservam para si mesmas o uso dos seus corpos e do seu sexo. A tradição espiritual reforça: o sexo é sagrado, o casal é sagrado na medida em que as duas pessoas respeitam essa norma de exclusividade.

Os anos 60 e 70 tiveram o mérito de propor à consciência coletiva um outro tipo de casal, mais aberto, um casal que autorizaria a que cada um pudesse provar e viver outros desejos. Muita gente hoje conclui muito depressa e com muito alívio que essa experiência está em declínio, que todos os casais que se envolveram nessa aventura se destruíram. E ponto final. Na realidade dos fatos, muitas aventuras extraconjugais são mantidas tanto pelo homem como pela mulher, e parece que em certos casos elas são consideradas vantajosas para o casal. Vamos reabrir esse dossiê e retirar as pressões morais ou religiosas.

De que necessitamos, homens e mulheres? Nossas necessidades são as mesmas nesse aspecto? O controle da fecundidade pela mulher introduziu fatores muito diferentes nos dias de hoje? O prolongamento do tempo de vida cria para os casais um novo problema de usura? Precisamos ter relações sexuais múltiplas ou buscamos descobrir diferentes facetas do amor? Se existe aí uma necessidade, ela é de ordem sexual, sentimental ou espiritual? Esse assunto é sempre visto como um tabu, porque incomoda. Existiria uma solução satisfatória? Desejamos todos uma união estável, rica, renovada com a mesma pessoa e, ao mesmo tempo, sentimos bem que, nos fechando numa relação, corremos o risco de "morrer um pouco". Seria como se a vida perdesse o seu arco-íris.

"Estar aberto a dois" significa abrir-se um ao outro num nível de diálogo bastante profundo, procurar fazer cair as máscaras, estar atento. **"Estar aberto a dois" significa dar espaço suficiente para permitir que o outro e você evoluam. Estar aberto para continuar vivo, em movimento.**

O compromisso recíproco consiste em aceitar o outro na sua revelação futura. Venha, pois eu vou em direção a você. Esse compromisso, no entanto, não implica uma condição de sacrifício. Não é: "Eu vou me dedicar a fazer a sua felicidade" ou "Eu me interesso mais por você do que por mim mesmo". Esse amor-doação traz em si o germe de uma asfixia para quem o dá e para quem o recebe. Devemos desconfiar também de declarações do tipo: "Faremos de tudo para que nosso casamento seja bem-sucedido", o que quer dizer "Faremos do nosso casamento uma bela caixa fechada"; ou ainda: "Fomos destinados um ao outro", "Estamos ligados um ao outro até que a morte nos separe", "Permaneceremos juntos, haja o que houver, por nossos filhos". Os casais que continuam juntos para se conformar com esses ideais se destroem reciprocamente... e acabam por se separar.

Um casal aberto reconhece que está envolvido num **processo** e não num contrato fixo. As relações não são definidas de uma vez por todas; elas são construídas aos poucos. Cada um se preocupa com as próprias necessidades enquanto indivíduo — o "eu" — e também alimenta as necessidades do casal — o "nós". Cada um é um indivíduo inteiramente à parte e não a metade de algo. Não se trata de colocar o outro antes de mim, mas *comigo.* O desejo de chegar até o extremo de si mesmo e de desvelar um pouco do mistério que temos em nós faz parte da jornada.

Não continuaremos juntos por hábito ou "pelos filhos". Esse tipo de compromisso castrador mostrou seus limites. O outro jamais será nossa propriedade; não podemos mais contar com a sua complacência, com a sua rendição. É a sua autenticidade enquanto **liberdade que se transforma,** que é o primeiro alimento do amor.

O risco da comunicação é expressar os próprios sentimentos, sejam eles quais forem, positivos ou negativos, quando eles persistem, e aceitar a reação do outro, ouvir, compreender. Assim esse homem que ousa dizer um dia à sua parceira: "Eu não sei se a culpa é minha ou sua, mas as nossas relações sexuais não me dão mais satisfação." Há o desejo, subjacente, de permitir uma melhora da relação e o risco de ser rejeitado, de provocar pelo contrário uma deterioração. Mas quanto mais cada um expressa o que sente, mais a relação se aprofunda.

Deixar cair as máscaras é deixar de se esconder por trás de papéis propostos pelos pais, pela sociedade ou pelas idéias prontas. É ouvir no seu íntimo o que se quer realmente e confiar nos seus desejos.

"A mais perniciosa de todas as máscaras é talvez aquela que conviria a você que eu use para lisonjear ou tranqüilizar alguma coisa em você. Você gostaria que eu fosse a melhor, que eu não parasse de ter sucesso. Você é um pouco como os meus pais; você se realiza por meu intermédio e, vez por outra, eu me revolto e depois, como um bom soldado, volto a marchar; mas, às vezes, eu gostaria de saber o que eu quero verdadeiramente." Assim fala Catherine a Jean. Se Catherine continua a aceitar essa manipulação semi-inconsciente de Jean, ela corre o risco de deixá-lo um dia. Pode ser também que essa ambição declarada por um intermediário convenha a Catherine, mesmo quando ela se queixa ou quando os resultados a gratificam. O essencial para cada um de nós é continuar em contato com a criança interior e deixar que ela expresse também a sua parte lúdica. Na medida em que Jean favorece a possibilidade de Catherine brincar como a menininha na intimidade, ela continuará aceitando usar a máscara da filha mais velha que em outros momentos realiza suas expectativas. A situação não será saudável, portanto, a não ser na medida em que Catherine preserve em seu interior um centro de avaliação que lhe permita escolher, decidir o que é justo para ela e se sentir em harmonia com o seu eu profundo. Por seu lado, Jean aspira à sua própria conquista e precisa investir tempo nisso. Ele precisa também poder voltar para os braços de Catherine e se deixar cuidar por ela sem medo de sua tirania. Papéis intercambiáveis, flexibilidade psíquica para não levá-los a sério, para poder entrar e sair e avaliar as coisas por si mesmo.

Trata-se sempre do futuro de pessoas verdadeiramente sinceras que não agem em função de códigos sociais, mas daquilo que sentem e daquilo em que crêem.

Ser autêntico é aceitar a própria vulnerabilidade e, às vezes, mostrá-la, e às vezes expô-la com coragem. Ser autêntico é, também, aceitar a vulnerabilidade dos outros com grande respeito por aquilo que assim nos é oferecido como partilha da humanidade.

Como, a partir dessa abertura, resolver a questão da exclusividade sexual?

Stéphane e Juliette estão casados há alguns anos. Eles seguem de modo intensivo um certo número de conhecimentos com a intenção de ensiná-los um dia a quem precisar. Mas esse objetivo passou para um segundo plano diante do desgaste pelo qual o casal está passando e que eles esperam contornar com o tempo. Juliette foi a primeira a agitar-se, voltando os olhos para um outro homem. É importante dizer que as relações sexuais deles não eram verdadeiramente satisfatórias. Eles se deixaram envolver pela rotina. Stéphane começou a viver mais ao lado de uma mãe do que ao lado de uma amante e Juliette sempre respondia às suas exigências compulsivas de natureza amorosa. A aventura de Juliette com outro homem criou um choque profundo em Stéphane.

É necessário notar que hoje é muito freqüente que a mulher busque uma saída de uma relação que se desgasta. Isso é resultado do sofrimento, mas também de conscientização e de oportunidades de desenvolvimento. Juliette sem dúvida tinha necessidade dessa história de amor para se sentir de novo viva, mas logo percebeu que não suportava fazer amor com dois homens. "O meu corpo se revoltava", dizia ela. Seria o caso de perguntar: ela se sentia culpada, entrava em conflito com uma crença pessoal do tipo: não é possível a uma mulher amar mais de um homem de uma vez; portanto, eu sou anormal; ou certas mulheres são exclusivamente monogâmicas?... Há muitas respostas possíveis, dependendo da opinião de cada um.

Digamos que Juliette tenha achado que aquilo não era bom para ela e escolheu Stéphane. Ela não sabia que ele acabara de começar uma relação apaixonada com Karine, uma moça mais jovem. Até então Stéphane não havia conhecido mais que duas mulheres em sua vida: a sua primeira mulher, que era a mãe de seu filho e que ele havia abandonado por uma outra mulher, e Juliette, que se tornou a sua segunda esposa. Sua experiência amorosa era, portanto, bastante limitada e, com Karine, ele descobriu uma liberdade, uma intensidade que jamais havia experimentado até aquele momento. Naturalmente, sua relação com Juliette se beneficiou também com essa abertura, e ela se tornou cada vez mais ardente e cada vez mais ciumenta também. Ele lhe revelou tudo com uma vontade de transparência que rapidamente mostrou o seu contrário. Juliette se intoxicou literalmente com os detalhes da aventura de Stéphane e começou a viver na aflição terrível de um ciúme que a destruía. Entrou num combate angustiante com a rival desconhecida, que depois veio a ser conhecida por ter sido procurada. Karine entrou no jogo e Stéphane foi obrigado a escolher entre as duas mulheres. Ele não queria abandonar Juliette. O casal sobreviveu à crise e se aprofundou.

Mas a relação já estava deteriorada. Stéphane descobriu, porém, que ele poderia dar-lhe prazer. Toda essa adolescência não vivida vinha-lhe à mente e punha às claras sua imaturidade. Ele admirava Juliette, achava que ela era mais forte, mais adulta que ele, e mantinha com ela uma relação do tipo mãe e filho. Por outro lado, ele havia encontrado prazer numa relação na qual ele era mais dominador e paternal. E não demorou a se encantar de novo com um outro rostinho lindo. Juliette afundou em lágrimas e tudo o que ela conhecia intelectualmente não deixou que ela vivesse essa situação sem dramatizá-la. "Ele me engana, ele me trai; agora ele mente para mim para me manipular; eu me sinto à beira de uma ruptura. Estou sofrendo demais; assim não é possível."

Juliette sabe de muitas coisas, que não lhe servem de nada quando está sendo corroída pelo demônio do ciúme. Como ela sofre, seu rancor se acumula e procura boas razões para considerar Stéphane como um inimigo. Ela entrou em um conflito interior com ele e consigo mesma: "Devo abandoná-lo ou devo permanecer ao seu lado?"

Juliette e Stéphane correm o risco de entrar numa relação sadomasoquista com toda a perversão que ela possa representar. Juliette tem uma complacência nessa vertigem destruidora e Stéphane descobre não sem prazer o poder do carrasco. Eles não estão longe da máxima fatídica: Não posso viver sem você, não posso viver com você.

Nesse casal os dois parceiros se confrontam agora como inimigos, cada um por seu turno perde e ganha nesse duelo passional. Qual será o resultado? O casal tanto pode se refazer como se desfazer, atravessar a crise e se reconstituir com mais profundidade de envolvimento do que se desfazer e acabar numa separação.

Em termos de autonomia, cada parceiro é confrontado com a necessidade interior de entrar em contato com a sua *anima* ou o seu *animus* e é tentado a buscar no exterior aquilo que não desenvolveu suficientemente em seu interior. Stéphane não está suficientemente sensível para ouvir sua mulher interior, e isso o leva a pensar que Juliette não pode ser suficiente para torná-lo vivo, vibrante. Confusamente, ele procura desenvolver seu potencial anímico. Poderíamos dizer também que ele é muito imaturo, que é um outro modo de falar de sua androginia pouco desenvolvida. Juliette, por sua vez, não encontra verdadeiramente o seu *animus* em Stéphane e tentou por várias vezes encontrá-lo em outros homens; mas a vontade de continuar sua relação com Stéphane permanece apesar do naufrágio das crises. Parece, aliás, que a vontade feminina na manutenção de um casal tem um papel mais decisivo.

No seu nível de evolução, pode-se ainda mencionar o valor da fidelidade para o casal? Se Juliette não tivesse ultrapassado esse tabu, o casal teria permanecido no tédio, a menos que Stéphane não tivesse tomado a mesma iniciativa; mas tudo nos leva a pensar que as coisas ainda poderiam permanecer encobertas por um longo tempo.

Hoje, essas duas pessoas estão vibrantes, animadas, fazem amor juntos e separadamente como jamais fizeram e talvez jamais tenham se sentido tão amados.

Stéphane testemunha algo que aparece freqüentemente em circunstâncias semelhantes: ele se sente plenamente capaz de amar duas mulheres e jamais esteve tão bem com Juliette como agora, quando tem uma outra relação. Ele se sente em equilíbrio. Para esse casal, a infidelidade tem o papel de acelerador da evolução. Eles enfrentam enormes dificuldades e sofrimentos, não têm certeza de que poderão continuar juntos, mas aprenderam a conjugar o verbo *amar* e caminham para uma nova maturidade. A fidelidade é, talvez, no encontro desse casal como uma escolha de vida, a escolha de uma certa qualidade de relação a dois, a partir de uma androginia mais bem estabilizada em cada um.

O que parece aqui é que a fidelidade como compromisso de um casal jovem parece uma utopia na medida em que ela é um padrão de comportamento proposto de fora, na medida em que ela se dirige também a dois seres em plena busca deles mesmos e de suas polaridades bissexuadas. Essa exigência é, de certa forma, contra a natureza, contra a evolução. Em contrapartida, ela pode se tornar uma escolha deliberada para gerar o encontro de níveis mais sutis, mais finos, de fusão das pessoas, quando os dois parceiros estão estabilizados interiormente em suas duas polaridades.

Essa abertura de um casal para outras relações sexuais, por inevitável que pareça num plano evolutivo, ocasiona também muitas tempestades e naufrágios. Ela é temível, consome muita energia e reabre todas as feridas da infância causadas pelo abandono. Nada na nossa herança coletiva, na nossa concepção de amor, no vazio deixado pela ausência da gestão da vida interior e do conhecimento de si mesmo, nos prepara, por um lado, para a vida a dois e, por outro, para possibilidade de uma abertura sexual do outro ou de si mesmo na vida do casal. Aos 20, aos 30 anos, a maioria das pessoas está totalmente despreparada. Nós herdamos a idéia de um casal fechado e precisamos abrir essa concepção. Essa abertura é vertiginosa porque é sinônimo de dificuldade e de sofrimento.

É preciso constatar que o imperativo da fidelidade das mulheres em nome dos filhos que vão nascer não tem o mesmo sentido hoje em dia. Os métodos contraceptivos permitem distinguir entre uma **sexualidade de reprodução** e uma **sexualidade de prazer, de descoberta.** A paternidade já pode ser estabelecida a partir de análises de sangue. No plano da sexualidade, continuamos a viver sob a égide do patriarcado. A mentalidade não se desenvolveu e, sem dúvida, se desenvolverá muito lentamente. A culpa ligada à multiplicidade das relações permanece muito grande e age como um veneno no interior de cada criatura.

Resta-nos encontrar o casal do paradoxo que vive na tensão aberto/fechado, que aceita os dois pólos e que não foge de nenhum deles. Por um lado, os dois parceiros conhecem toda a riqueza de uma vida harmoniosa a dois; o casal que formam é como se fosse uma terceira pessoa que os religa e essa pessoa está bem de saúde; e eles demoram a alimentá-lo a deixá-lo crescer. Eles vivem constantemente a multiplicação de sua sinergia. Por outro lado, eles continuam muito independentes e sabem que no decorrer do tempo outras emoções podem nascer, que eles podem ser atraídos por outros rostos que não partilharão necessariamente essas emoções, que elas não colocarão mais necessariamente a relação em perigo. Existe o jardim comum e o jardim privado. Os que não valorizam em sua vida senão o tudo ou o nada, acharão talvez que esse comportamento carece de ideal. Mas ele tem o grande mérito de levar em conta um pólo e, ao mesmo tempo, o seu contrário, de levar em conta o desejo de dependência e o desejo de independência.

O amor se constrói assim ao longo do tempo, ele precisa de segurança, mas precisa ao mesmo tempo do estímulo da insegurança. Um verdadeiro casal só pode ser composto por duas pessoas livres, livres para reconduzir a liberdade de um para outro, livres para suas sensações particulares, solitárias ou renovadas, por outros encontros amigos ou amorosos.

Daniel e Véronique foram casados, tiveram cada um um filho e se reencontraram bem depois do divórcio, quando ambos, há vários anos, levavam uma vida de celibatários. Daniel se sentia capaz de amar várias mulheres ao mesmo tempo e não se privava disso. Organizava minuciosamente a semana e vivia essa diversidade como uma vocação. Às vezes também mantinha com uma mulher uma relação platônica muito intensa. Ele se interessava cada vez mais pelo seu próprio desenvolvimento, pela circulação da energia, e descobriu que nem sempre era indispensável tocar uma mulher para que ela tivesse um orgasmo. Ele mesmo se controlava cada vez melhor e praticava a retenção em suas relações sexuais. Ele viveu assim durante vários anos explorando seu potencial amoroso.

Véronique casara-se por paixão, e essa paixão não resistiu ao fim da fase de fusão do casal e ao nascimento de um filho. Ela também havia explorado com grande intensidade todas as possibilidades erótico-espirituais, sua sensibilidade era bastante aguçada, purificada também por uma ascese voluntária bastante longa.

Daniel e Véronique se encontraram depois de uma jornada bastante intensa, em torno dos 40 anos.

O casal foi imediatamente colocado sob o signo da criatividade com um projeto profissional comum, as viagens. Com os olhos brilhantes e maravilhados, diziam como, depois de doze anos, sua vida de casal os espanta e maravilha. No início, viveram juntos espontaneamente como por brincadeira. Nenhum dos dois tinha particularmente o desejo de viver como casal. Sentiam-se bem juntos, se exploravam. Progressivamente, depois de um curto período de adaptação, vencendo a diferenciação e a revolta, descobriram uma verdadeira harmonia. Ambos tiveram pais que permaneceram juntos, mas num clima de conflito. Descobriram algo que não imaginavam ser possível: uma harmonia sexual sempre renovada, uma ajuda mútua para o êxito de um e de outro, uma ternura cada vez mais profunda, uma confiança no que toca à pessoa e não a seus comportamentos.

O amor que tinham possuía via autônoma e continuava a florescer independentemente da vontade dos dois. Eles eram os atores atentos e os espectadores maravilhados de si mesmos. Ambos se reconheciam voluntariamente como duas criaturas andróginas, solitárias e solidárias. Partilhavam as tarefas da casa levando em conta os gostos de um e de outro. Como Daniel tinha aversão por lavar louça e Véronique por fazer as compras, eles aceitaram, por exemplo, essa divisão de tarefas. De um modo geral, o cotidiano não apresentava problemas particulares para eles e eles o gerenciavam com bastante leveza, pois os filhos já estavam crescidos.

A pergunta que se faz a essas duas pessoas tão livres será evidentemente: vocês são fiéis? Como eles refletiram longamente sobre essa questão, eles respondem que são fiéis a si mesmos. Não, não houve drama entre eles; não, não houve pessoas que causaram problemas ao casal. Tiveram outras relações sexuais? Eles ficam mudos e misteriosos, deixam pairar a dúvida, pois resolveram nada dizer sobre esse assunto que pudesse perturbar o outro deixando-o com ciúmes, exceto se isso fosse importante para manter a harmonia entre os dois. É claro que se sentiram atraídos por outras pessoas, talvez até mesmo se sentiram um tanto apaixonados, mas a profundidade de sua intimidade como casal paradoxalmente não sofreu nenhum abalo. Eles não se proíbem nada, não se controlam, algumas vezes ficam separados por mais de uma semana e têm uma grande alegria em se reencontrar. Sentem-se vivos, completos quando estão sozinhos, completos quando estão juntos. Eles próprios estão muito surpresos com essa experiência. Não fazem muitos planos para o futuro; eles saboreiam o presente.

Daniel, no entanto, continua a sonhar com uma poligamia aberta, pensa às vezes que é um desperdício, que poderia fazer várias mulheres felizes e que ele mesmo encontraria nisso um prazer muito maior. Véronique o escuta com indulgência; ela pode compreender, ela poderia também pensar em partilhar seu amor pelo menos com um outro homem sem com isso prejudicar Daniel. Mas eles se sentem tão bem juntos, tão ocupados também com suas aventuras profissionais agora separadas, que nada querem fazer para mudar essa situação atual. Sentem, contudo, que essa possibilidade continua aberta, temem-na um pouco, pois não estão seguros do que poderia acontecer a eles nesse momento.

Sem dúvida, ambos conheceram o ciúme fora dessa relação. Eles não sabem verdadeiramente se já ultrapassaram esse estágio ou se, de uma hora para outra, poderiam se encontrar novamente num estado de transtorno cataclísmico interior. Eles estão persuadidos que a sua ternura, sua amizade profunda, lhes evitaria sofrimento; mais ainda: estão convencidos de que o amor que sentem um pelo outro sobreviveria a outros encontros, a outros amores. No caso deles, trata-se de somar, de multiplicar, e não de subtrair.

"Qual é a parte da cumplicidade na destruição, qual é a parte da ferida ancestral que essa rejeição reativaria em cada um de nós numa situação como essa?" pergunta Véronique, pensativamente. "Eu não estou segura de querer saber", acrescenta. "As complicações sentimentais não me interessam; prefiro me abrir sempre mais para a minha capacidade de amar a vida, de apreciá-la com todos os meus sentidos." Estou impressionada com a sua capacidade de "brilhar", com o bem-estar que sentimos quando estamos ao seu lado, da intensidade que ela comunica com a sua simples presença. Digo-lhe isso, e ela me responde sorrindo que ela é uma mulher solar e eu o confirmo. O prazer que sinto ao lado dessa mulher é intemporal. Como descrever essa impressão banhada na fluidez da feminilidade? Não me impeço de pensar que aos 80 anos ela dará a mesma sensação, partilhará o mesmo dom com aqueles que se aproximarem dela. Não, a mulher solar não tem idade.

Como Véronique e Daniel vão evoluir? Permanecerão juntos durante os próximos dez anos? É difícil fazer um prognóstico, pois eles não se prendem nem pelos filhos nem pelo dinheiro. Estão sempre apaixonados, são bem-sucedidos em suas respectivas profissões, querem estar abertos a outros encontros...

O sonho da unidade

O casal da unidade precisa ainda ser inventado. Hoje os adolescentes dos dois sexos se precipitam um para o outro pela atração biológica, pelo consenso social e formam casais sem compreender o que está acontecendo. Cremos no amor sem acreditar nele, dizemos que seremos melhores que nossos pais, conhecemos as estatísticas que dizem que dois entre três casais se separam e formam um novo casal com um segundo parceiro, às vezes com um terceiro, raramente mais do que isso. Qual é o sentido dessa repetição? A terceira tentativa teria a chance de ser mais bem-sucedida do que a primeira, ou estamos num vôo às cegas, num vôo compulsivo por medo de viver sós?

Podemos dar ao casal um ideal além da reprodução; podemos definir uma linha de realização a dois? Vimos que um candidato andrógino encontra um outro candidato andrógino. Duas metades que se propõem reciprocamente ajudar-se a se completar e correm o risco declarado de agravar ainda mais sua incompletude apoiando-se um no outro. Trata-se ou de se tornar uma muleta um para o outro, ou de descobrir a própria autonomia e favorecer a do outro. Duas pessoas que se tornam autônomas terão interesse em permanecer juntas? Suponhamos que os dois parceiros estejam com sessenta por cento de sua autonomia já realizada. O que ainda os ligará um ao outro? Suponhamos que cada um dos dois se conecte cada vez mais claramente a si mesmo, à sua criança-sol nascida de suas próprias núpcias interiores.

Essas duas crianças do tipo solar ignorarão a possibilidade de um novo encontro ou, ao contrário, a incentivarão? **Além do sexto casal se delineia o sétimo, aquele que verdadeiramente vai viver o amor como uma passarela natural e sobrenatural.**

Duas almas se conhecem graças ao seu brilho extraordinário, mantendo entre eles, ao mesmo tempo, a distância e a intimidade. Pode-se viver, ao mesmo tempo, a realização pessoal e continuar o encontro? O casal se inscreve aqui no nível do sentido da vida.

Trata-se, sem dúvida, de um casamento espiritual, de um casamento espiritual e de envolvimento recíproco. É com você que é partilhada a ressonância, a delícia de uma percepção sutil. Nesse estágio, trata-se apenas da fidelidade recíproca. Os corpos e as almas se propõem a manter acordos sutis e conseguiram espiritualizar suficientemente a matéria para que o cotidiano não os seduza com a repetição. Existe aqui uma visão do encontro e do casal que deveria fazer parte do casamento cristão mas que adota um perfil moralizador. A necessidade dessa união só pode vir do íntimo, no final de uma evolução. Do mesmo modo que um jovem sacerdote é consagrado ao celibato sem ter percorrido todas as etapas que poderiam levá-lo a esse desejo, um homem e uma mulher se envolvem no sacramento do casamento sem viver o equivalente interior disso. Ao restabelecer essa perspectiva da evolução, pode-se preservar essa dimensão espiritual de um envolvimento a dois. Ele seria como a consagração de um certo percurso de vida comum e fora de qualquer religião revelada.

Parece que hoje muito poucas pessoas ousam sonhar com esse tipo de amor; no entanto o pensamento humano é criativo e, inconscientemente, todas as pessoas aspiram a esse nível de mudança. **Precisamos de uma nova arte de amar.** Precisamos redescobrir o *hierosgamos*, a união sexual sagrada que permite levar o encontro dos sexos num espírito de unidade.

Podemos distinguir duas formas de *hierosgamos*. A junção sexo-cabeça já é encontrada nos templos da deusa-mãe onde as mulheres se uniam a desconhecidos para celebrar o encontro cósmico e fértil do princípio masculino e do princípio feminino. A união sexo-coração-cabeça é bem mais recente; ela introduz a dimensão do amor, a escolha anímica e privilegiada de um outro ser. Ela é bem mais difícil de realizar porque supõe a eclosão do coração e o abandono do sentimento de possessão, de exclusividade. Certos seres privilegiados conseguiram sem dúvida alcançá-la, mas ela continua sendo uma conquista a ser feita no plano coletivo.

O pensamento judeu-cristão aumentou consideravelmente a ruptura original que pode existir entre a energia sexual localizada nos órgãos genitais e a energia sexual que está no cérebro. A desconfiança colocada sobre o sexo e sobre a concupiscência da carne colore ainda os comportamentos e paralisa as atitudes inspiradas e criativas do encontro.

O jogo dos encontros

O que acontece quando uma mulher matriarcal do primeiro estágio encontra um homem lunar consciente do sexto estágio? Quando um homem lunar inconsciente do primeiro estágio encontra uma mulher solar do sexto estágio, quando um homem solar dominandor do segundo estágio encontra uma mulher solar, etc?

É necessário a princípio compreender bem o que é um estágio. Não é um absoluto. É um **tipo médio de comportamento**. Nenhuma pessoa é inteiramente uma coisa ou outra; existe sempre a possibilidade de uma coisa e de seu contrário com todas as nuances intermediárias. A evolução consiste justamente em encarnar um tipo de comportamento num dado momento da vida e de encarnar um outro tipo numa fase posterior com essa idéia de ir do mais sofredor ao menos sofredor e as mais feliz. Uma melhoria da pessoa está a caminho. A completude e a sabedoria estão juntas. Já vimos que esse desenvolvimento não é linear, mas em espiral. Posso muito bem ter partes de mim que estejam no sexto estágio, encarná-las na minha vida de maneira harmoniosa e ter partes de mim que ficaram para atrás no primeiro estágio. É nesse momento que eu vou encontrar a pessoa que vai me permitir revelar e encarnar esse arcaísmo para fazê-lo também evoluir. Jamais poderemos comparar duas pessoas. Jamais poderemos dizer que uma pessoa é definitivamente mais evoluída que outra. O pequeno obstáculo bem escondido de um talvez seja tão difícil de superar que poderá levar anos para sumir, e ainda assim pode ser que não desapareça totalmente, enquanto o grande obstáculo bem aparente do outro pode se revelar bastante superável. Trata-se sempre de transformar o medo, a culpa, o medo de viver, de morrer e de amar. **Evoluir é suavizar os ângulos e aceitar a mudança. A maior esperança é sentir que em todo ser, mesmo no mais desesperado, no mais destruído, subsiste um núcleo intacto, inalterável, que pode mudar, rir, sorrir, sentir, amar. Entrar em contato com esse núcleo inalterável é desenvolver uma profunda raiz de confiança no interior de si mesmo. Paradoxalmente, por meio do jogo dos encontros, trata-se sempre de se tornar um bom companheiro para si mesmo.**

Os encontros poderiam traduzir-se em termos de necessidades a serem preenchidas. Pela minha necessidade, eu o escolho pelo que você possui e vice-versa. Eu vejo em você aquilo que eu não sou e eu desejo me tornar o que já sou em estado latente. Em suma, eu o escolho para ser o terreno fértil da pequena semente que eu sou, no qual ela poderá germinar, crescer e florir. Acontece que o terreno se revela impróprio ao crescimento; é preciso, portanto, trocar de terreno, traumatizar um pouco as suas raízes, o que sempre é mais ou menos doloroso.

Os seis estágios combinados entre um homem e uma mulher permitem 36 possibilidades de casais. Esse número 36 é interessante, pois é usado em expressões correntes [da língua francesa] para significar uma multidão infinita. Vi 36 estrelas!

Hervé é filho único de mãe viúva e jamais pôde sair do círculo matriarcal. Portanto, ele está no primeiro estágio. Suzanne vive também com a mãe, mas ela adquiriu características de dominadora, pois tomou ao lado da mãe o lugar do pai falecido há vários anos. Quando Hervé e Suzanne se encontram, formam um casal do tipo um e cinco; portanto, um casal dominado pela mulher. Suzanne é para Hervé um prolongamento de sua mãe, da mesma forma que Hervé o é para Suzanne. Eles vivem juntos e aconteceu uma evolução. Suzanne tem de fato o desejo inconsciente de se parecer com a mãe, de se tornar uma mulher submissa. Ela providencia então a perda de seu trabalho e está em situação de dependência financeira em relação a Hervé. Ela quer voltar a estudar. Hervé não aceita essa situação. Por um lado, Suzanne desceu de seu pedestal de mulher forte, independente; por outro lado, ela adquire conhecimentos que o deixam em desvantagem. Hervé, sentindo-se ameaçado, faz emergir em si um aspecto solar ainda incerto. Pouco a pouco a situação entre eles se inverte. Eles começam a formar um casal patriarcal, com um homem dominador, e o conflito chega a galope. Para salvar sua relação, ambos se abrem ao estágio esclarecido cujo acesso lhes é facilitado pelos estudos de Suzanne. Ela começa a entrever uma posição mais solar, ela se corrige, aprende a gerir o conflito, em vez de criá-lo. Hervé oscila entre o primeiro, o segundo, o terceiro e o quarto estágios. Ele também faz às vezes algumas incursões ao seu estágio lunar consciente. Mas parece que, enquanto Suzanne não for independente financeiramente e, portanto, autônoma a seus olhos, ele colocará sobre ela uma ressalva e não poderá assim valorizar positivamente essa feminilidade. A realeza matriarcal da mãe permanecerá intacta. A rivalidade mesmo subterrânea entre mulheres alimenta um conflito interior em Hervé e exterior na sua relação com essas duas mulheres que criticam implicitamente a presença uma da outra. É uma terceira mulher do tipo decisivamente solar, uma Ísis, que pode ajudar Hervé a encontrar uma outra identidade.

Um homem do primeiro estágio será atraído logo de início por uma mulher do primeiro ou do quinto estágio, dominador inconsciente ou dominador consciente, uma mãe ou uma filha do pai. Um homem dominador do segundo ou do terceiro estágio será atraído por uma mulher do segundo estágio dominada e submissa, com características potenciais de revolta. Um homem esclarecido do quarto estágio estará na ambigüidade e procurará uma mulher dominada sob a aparência de uma dominadora, dois e quatro. Um homem dominado só verá as mulheres ativas e dominadoras do quinto estágio ou se voltará para a mulher solar do sexto estágio para sair dessa fragilidade. O homem solar-lunar consciente do sexto estágio pode se interessar pelos seis tipos de mulher na medida em que uma parte de si mesmo seja prisioneira desse mesmo estágio.

Alain, de 40 anos, já passou por um casamento, um filho, um divórcio. De certa maneira, podemos chamá-lo de evoluído; ele compreende muitas coisas e é capaz de criar para si mesmo uma vida sob medida. Majoritariamente, ele se situa no sexto estágio, com uma boa relação com a sua feminilidade e consigo mesmo. No entanto, quando ele escolhe uma mulher, certos detalhes atraem a sua atenção. Ele só ama mulheres bem mais jovens que ele, das quais ele é o Pigmalião. Diante delas, ele está na posição dominadora do mestre que tudo sabe, que protege, inclusive financeiramente. Anna, dominada pela mãe e revoltada, está na mesma situação com Alain. Ou seja, o casal não cessará de se confrontar em zona conflituosa. Enquanto a sexualidade permite reparar as brechas desses confrontos, essa situação de tensão convém aos dois parceiros. De certo modo, Alain convida Anna a se tornar solar, mas de um outro modo essa autonomia lhe dá medo e ele faz de tudo para que ela falhe nesse empreendimento. Presa de uma dupla contradição, Anna se debate e se volta para si mesma.

Anna espera uma criança. Nos primeiros meses, ela volta ao primeiro estágio, em que vai desempenhar o papel de solar inconsciente. Por um tempo, Alan se tornará lunar inconsciente, a serviço da maternidade. Essas aparentes regressões são ocasiões para ir compreendendo sempre mais. Alain já fez uma volta na espiral dos seis estágios e recomeça porque deixou alguma coisa no caminho. Anna é uma criança ainda ligada ao círculo maternal e que nada faz para encontrar externamente o homem. Ela não sabe nem mesmo quem ela é. Vai fazer a primeira volta da espiral. A evolução de Alain pode ajudá-la a viver bem, a menos que não seja ele quem regrida.

As pessoas, na sua maioria, não estão de todo conscientes daquilo que as espera e essa primeira volta da espiral costuma ser muito dolorosa, vivida na obscuridade e na contradição. O claro posicionamento das pessoas uma em relação às outras no começo de uma vida comum, poderia permitir ganhar muito tempo e evitar muito sofrimento.

Étienne é muito protegido pela sua mãe, que o empregou depois de seus estudos na sua empresa e sempre subvencionou suas necessidades mesmo quando ele não trabalhava. Ele encontrou Diane que, ao contrário, era uma filha do pai muito independente financeiramente. Ela o associou a seus projetos e eles viveram durante muitos anos uma relação de cooperação muito criativa. Étienne estava financeiramente no primeiro estágio com a mãe e no quinto estágio em relação à integração de sua feminilidade e à sua atividade criativa. Diane era também uma mulher do quinto estágio. O encontro bastante equilibrado entre eles os levou para o sexto estágio, que é uma experiência muito feliz. Contudo, nem tudo estava resolvido. Duas tentações incomodam Étienne: voltar para a casa da mãe ou voltar para a sua mulher tornando-se dependente financeiramente ou afetivamente. Duas tentações incomodam Diane: voltar, tornando-se dependente financeiramente de Étienne, e de sua mãe, ou tornar-se dominadora em relação a Étienne. Somente a passagem para o sétimo estágio poderia colocá-los fora do alcance de suas flutuações. Lembremo-nos de que o sétimo estágio não está mais no processo de encarnação, de que ele faz parte de uma jornada de voltar para a consciência. Toda pessoa, na velhice, é convidada a fazer esse percurso de desapego e de percepções mais sutis, mas ela pode também ser iniciada bem mais cedo como um prazer da consciência. **Evoluir é mudar o nível de prazer.**

SÉTIMO ESTÁGIO

O Casal Desperto

Nossas crianças-solares se olham fascinadas

> "Teu sexo é o ponto mais sombrio e mais cruel de ti mesmo; um extremo desacordo existe entre ele e o que mostras de ti... É por isso que precisas ouvir a voz bárbara e estridente que vem do fundo do teu ventre."
>
> Bataille

O sexo sublime

Paradoxalmente, é pelo sexo que nós abordaremos o casal desperto. Se bem que ele possa abster-se de relações sexuais, o casal utiliza a energia sexual e a faz eclodir no nível do coração e do espírito. São Francisco de Assis e Clara, São João da Cruz e Santa Teresa D'Ávila não tiveram encontros no sentido sexual do termo, mas a intensidade de suas trocas era erótica. Para que esse erotismo do coração e do espírito possa funcionar, é preciso que a ausência do sexo não prive o casal dessa energia básica.

"A energia sexual é a única energia. Se você a condena, se você a suprime, você comete um crime contra o universo e jamais estará à altura de conhecer a sua mais sublime expressão. É porque você a suprime que ela se torna feia e é assim que você pode condená-la" (D. H. Lawrence).

A palavra sexo causa medo, ainda hoje e sempre. Há milhares de anos o homem e a mulher fazem amor, mas pensamos pouco ou mal do sexo. A idéia em relação ao sexo está ainda num estágio arcaico. Nós trabalhamos muito, nós nos esforçamos para ganhar muito dinheiro ou poder, mas nos faz falta uma arte de viver e uma arte de amar. Deixamos esgotar-se a seiva da vida. Temos medo do nosso corpo. Há um desacordo entre o que se diz do corpo, do ventre, do sexo e o que a cabeça diz. Nossa idéia atual sobre o sexo está contaminada, gangrenada pelos tabus.

Na nossa consciência coletiva somos os herdeiros de uma ruptura entre a terra e o céu, entre as forças telúricas e sexuais e a aspiração ao divino. Essa ruptura é marcada especialmente pelo celibato dos padres, pela desconfiança em relação à mulher. Herdamos coletivamente uma condenação, uma culpa colocada nas palavras "sexo" e "mulher". A vida espiritual de um homem seria duplamente ameaçada pela existência do sexo e da mulher que personifica o seu desejo. Nessa ótica podemos falar da concupiscência da carne. O corpo é condenado como a fonte de todos os males, de todos os pecados e também de todos os prazeres.

Essa condenação teológica do prazer é a arma por excelência da opressão, da dominação. Ela legitima o sofrimento como o preço a pagar para se livrar da imperfeição da encarnação humana, humana demais, diria Nietzsche. A linguagem do corpo não seria a mesma da cabeça e seria preciso dominar essa linguagem do corpo. A cabeça obedeceria às idéias morais e religiosas, das quais uma pequena casta de mestres seria a guardiã.

O antigo jogo dominador/dominado continua causando estragos, e o melhor meio de dominação continua sendo a censura do direito ao prazer. Hoje em dia os mestres e os censores são discretos; é preciso dizer que as idéias estão muito bem impregnadas na consciência coletiva, que elas são transmitidas e interiorizadas de geração em geração. A pessoa mais temível, a mais alienante para cada um de nós, somos nós mesmos. Nutrimos um **pai interior** extremamente crítico que nos desvaloriza; nós sabotamos a nos mesmos. Identificar essas sabotagens constitui para cada um de nós o passo essencial rumo ao descondicionamento. Quantas pessoas, ao se tornarem o que chamamos de adulto, conseguem escapar de sua própria crucificação e de seu próprio martírio? Nós criamos as nossas desgraças com uma engenhosidade, um refinamento que só podem ser comparadas à nossa inconsciência para descobrir que nós somos os seus autores. Em particular, somos responsáveis pelo nosso subdesenvolvimento sexual, pela anestesia parcial ou total nessa área.

Majoritariamente, o sexo continua sendo sujo e vergonhoso apesar dos grandes esforços de abertura, de verbalização, de informação, apesar dos livros, dos programas, dos relatórios científicos, das pesquisas, dos autores libertinos, das fotos pornográficas, dos espetáculos desconcertantes, etc. O tabu é uma grande mancha e resiste a todas as lavagens. O mal é dissimulado, sub-reptício; chama-se sofrimento, destruição, autoflagelação. Privilegia o esforço em detrimento do prazer de existir. Como se o esforço compensasse parcialmente o pecado de existir. Todos esses homens e todas essas mulheres que vivem trabalhando em excesso, consumindo em excesso, empreendem uma corrida que não deixa nenhum lugar onde possa florescer o prazer. O prazer da mesa continua sendo mais acessível e em geral ocupa todo o espaço, mas o prazer do sexo se afasta cada vez mais.

É basicamente na adolescência que o fogo sexual se manifesta com toda a sua força porque a pessoa ainda não está minada por todas as restrições que ela vai impor a si mesma. Ao mesmo tempo, o adolescente não sabe nada do sexo; para ele, o sexo é uma força elementar a ser explorada. É a pureza do seu ser que lhe permitirá às vezes descobrir o seu aspecto iluminado. Os que freqüentemente levarão o mais longe e o mais alto possível essa exploração da sexualidade são pessoas de todas as idades que mantiveram intacta essa aspiração adolescente, essa busca interior do ser, esse amor cavalheiresco que conduz sempre a um espaço cada vez mais autêntico e intenso.

Pois **a sexualidade, para revelar seus segredos, seus poderes e suas maravilhas, precisa ser acompanhada de um desenvolvimento interior.** Continuar vivo é tornar-se sempre cada vez mais aquilo que somos. Estamos aí no coração das coisas da verdadeira vida. A sexualidade nos confronta com a nossa capacidade de intimidade, de abandono, de comunicação e de comunhão; com o nosso amor pela vida, pelo outro e por nós mesmos. Ela está ligada à busca da unidade e à capacidade de viver o momento. É nesse sentido que ela nos faz tocar o sentimento do sagrado. Não serve de nada simplesmente dizer que a sexualidade é sagrada. É preciso sentir isso ao menos uma vez na vida para que isso tenha algum sentido. E, naturalmente, não podemos sentir isso sob um comando.

A paixão pelo outro, a necessidade do outro, desse outro, se enraízam num desejo que a razão não pode compreender, porque ela não está a serviço da lógica da sobrevivência; ela alimenta o ser, a sua loucura e a sua sabedoria.

Do amor físico ao amor da alma, o que está em cima é como o que está embaixo. Tudo já está lá, mas não revelado no amor físico.

O desejo é uma oportunidade maravilhosa. Não respeitamos jamais suficientemente o desejo; não o saboreamos jamais suficientemente, pois fomos sempre ensinados a reprimi-lo. O desejo é um fator de desordem que a sociedade se esforça por estrangular, por condenar, por suprimir. Se o desejo concorda em se deixar submergir nas águas do inconsciente, é raro que ele desapareça de todo. O desejo ressurge obstinadamente, e ele é a chance de evolução de um ser. Somente aqueles que não morrem definitivamente para o desejo, tentam de uma maneira ou de outra sair do isolamento, do desaparecimento, do mal-estar, e de tudo o que acompanha uma vida vivida como uma provação.

A ruptura é ontológica. Outrora, segundo o mito de Platão, os seres eram andróginos; depois foram separados, de um lado os homens, do outro lado as mulheres e aspiravam terrivelmente a se sentir unidos de novo; eles choravam, se deixavam morrer. Foi lhes dada a sexualidade para que sintam ao menos por breves momentos de novo unidos. O mito tem o mérito de nos dizer claramente que a sexualidade tende à **unidade** e à **fusão**, que o ser humano não saberia viver se não estivesse em contato, ao menos de tempos em tempos, com uma fugidia ilusão de unidade, e que a sexualidade proporciona esse contato. Como a noite tem pontos de junção imperceptíveis com o dia, como esses amantes, um dos quais existiria de noite e o outro de dia, e aos quais seriam dados alguns poucos segundos para que se percebessem entre o dia e a noite, o ser humano limitado teria a possibilidade de afastar o véu para o infinito em clarões fugidios.

O sexo é ruptura porque o desejo nunca foi saciado na sua essência.

Certamente, a pulsão-tensão que nos leva imperiosamente à união com um outro ser só encontra sua expressão, sua satisfação no ato sexual, a dois ou mais. O desejo torna-se prazer e a pessoa se sente, segundo o caso, plena ou vazia, satisfeita ou desencantada. De qualquer modo, ele só aspira a recomeçar, esperando, muitas vezes com inquietude a idade em que suas forças declinarão nesse aspecto. O desejo sexual seria um barril furado no plano do ser. Sua única justificativa seria a reprodução. A cristandade alinhou-se nessa posição. A única nobreza do sexo é estar a serviço da perpetuação da espécie, para fazer filhos. Mas o prazer que podemos sentir com isso é culpado e o sexo é muito perigoso porque esse prazer é fonte de perdição, de desordem. O que ocorreria se nos puséssemos a responder a todos os nossos desejos? O mundo não se tornaria um gigantesco lupanar?

Hoje, ainda estamos despreparados para responder a essa questão. **Vivemos dentro de uma ferida coletiva que colocou o sexo em situação de repressão** constante, e tudo o que é reprimido ressurge violentamente. Nossa sexualidade é pervertida porque é reprimida. Tudo acontece como se nos tivéssemos tornado coletivamente obcecados sexuais. Quanto menos fazemos amor, mais ficamos obcecados, muitas vezes sem o saber, às vezes sem o confessar.

O sexo está em todo lugar, é a sua maneira de responder a essa enorme tentativa de repressão. Passamos de um extremo a outro e raras são as pessoas que escapam desse desequilíbrio. Dizemos que algumas pessoas começam a restabelecer por conta própria o equilíbrio da balança sem alcançá-lo jamais de fato, porque elas continuam a pertencer, de um modo ou de outro, à consciência coletiva. Estamos nos debatendo constantemente de um extremo ao outro. Demasiado ou não suficiente. Haveria uma terceira possibilidade?

Depois de vinte anos de liberalismo, o sexo traz de novo o medo e o espectro da AIDS que volta a alimentar todas as condenações e todas as culpas.

O que é um *bon vivant* que explora os sentidos, convencido de que **os sentidos levam ao sentido e à essência?** Falta definir o que é um *bom vivant.* Seria alguém ligado aos excessos, à loucura, ou alguém que sabe ouvir o próprio corpo, usar tudo na medida certa, que sabe saborear como um *gourmet* sem se empanturrar? Todos os excessos têm sua origem na repressão, no sentimento de vazio interior, na nostalgia desesperada do ilimitado, na crença de que a felicidade jamais pode ser alcançada na Terra. Essa crença é a mais difundida e a mais perniciosa que existe na consciência coletiva. O paraíso não está sobre a Terra, a Terra não é um jardim onde o homem possa passear seu olhar maravilhado. A desesperança acabou por alimentar todos os romantismos, todas as estéticas; ela se reveste de elegância, dramatiza o sentimento de nostalgia próprio da encarnação.

Eu faço parte daqueles que hoje afirmam: **a felicidade é deste mundo,** é necessária e basta que a criemos. Reaprendamos a criá-la, a nos servir de nosso poder de criar. Essa mensagem já era a da deusa-mãe das origens e do movimento tântrico que, há milênios, aparece e depois desaparece para sempre ressurgir no momento propício, como uma verdade revelada há muito tempo a alguns iniciados e que tenta se estabelecer entre o maior número possível de pessoas. Se a felicidade é deste mundo, é também porque, de certa maneira, o homem é perfeito, porque tudo nele é bom com a condição de que ele se conheça a si mesmo, que ele encontre **o caminho do meio, ou o caminho do tao,** que ele reencontre a maravilha de amar e de ser amado.

Ou o **sexo está na fonte do amor.** As pessoas não podem se amar enquanto o sexo continua sendo um pecado. A cultura recebeu há quatro mil anos uma semente mortal. A raiz do amor foi morta pela religião. A religião tem por vocação nos religar; mas se ela coloca o opróbrio sobre a fonte de toda vida, ela não pode mais aspirar a religar; ela corta. A fonte foi envenenada. Estamos todos ainda envenenados. Estamos todos doentes de uma sexualidade contida por barragens artificiais de crenças, cujo poder se acumulou de forma descomunal, sendo liberado em impulsos violentos e obsessivos. Não ousamos mais sequer desejar.

Crianças, somos proibidos de ter qualquer sexualidade. Lembro-me de meu espanto de criança diante do silêncio dos adultos sobre todos esses prazeres que eu descobria com o meu sexo e que, já sentia bem isso — não tinham o direito de serem mencionados. As crianças que sentem prazer no contato do corpo da mãe ou o pai são culpadas? A maioria das crianças vai esconder essas sensações, não as confessando nem sequer a si mesmas, sem encontrar palavras para verbalizá-las. Elas descobrem o prazer ao mesmo tempo que a proibição. Para algumas delas, a proibição tornar-se-á maior. Tive a ocasião de trabalhar com uma eterna menina de 50 anos que jamais havia conhecido um homem. Aos 3 anos ela foi surpreendida pelo pai preparando-se para se masturbar sentada tranqüilamente na sala de jantar. Esse oficial de uniforme precipitou-se sobre a menina e a moeu de pancadas. Esse ato de violência marcou-a profundamente como ferro em brasa e fez com que a noção cristã do sexo/pecado se implantasse nela muito fortemente, impedindo qualquer encontro com um homem. Certamente esse é um caso extremo, e sem dúvida essa mulher tinha, desde cedo, uma grande sensibilidade, uma grande necessidade do absoluto para tomar ao pé da letra a prescrição religiosa.

A maioria de nós quase não se fia nesses mandamentos. A semente interior que "sabe", que não confia senão em nós mesmos, que se considera um ser único que não se assemelha a ninguém, nos leva a fazer nossas próprias experiências e nossos próprios julgamentos. Mas, muitas vezes essa semente é esmagada sob o peso dominante das injunções à obediência. Submeta-se, pois você não tem espontaneamente nada de bom; você tem que aprender tudo com os adultos. A criança, na maioria dos casos, se submete e perde sua confiança interior. Algumas vezes, contudo, ela guarda selvagemente sua independência de julgamento, e segue a corrente de seu prazer de viver, sem dizer a ninguém. São essas as pessoas que desenvolvem em si mesmas uma grande força criativa. A fonte da sexualidade, da criatividade, do amor, muitas vezes é envenenada desde a infância. Todos nós, em maior ou menor grau, somos crianças envenenadas. Se essa ferida coletiva é reforçada por uma ferida pessoal, o envenenamento será uma desvantagem séria para o desabrochar da pessoa. Por exemplo, uma jovem que tenha sido objeto de apalpadelas pelo companheiro de sua mãe ou por um tio jovem, poderá desenvolver sentimentos muito complexos de vergonha e culpa, mesclados de prazer, que contaminarão toda a sua vida sexual com esse mal-estar.

Nós não temos o direito de desejar nossos pais e, no entanto, nós os desejamos. Gostaríamos de fazer amor com eles e, no entanto, não o podemos. Quando os pais vão aprender a compreender, a aceitar e a deixar livremente se expressar e circular essa seiva nos jogos de sensualidade inocentes?

Quanto mais o sexo é aceito, quanto mais é vivido na inocência, mais a pessoa se sentirá livre. Quanto mais o sexo for reprimido, mais nos tornaremos seu escravo. Só a aceitação de tudo aquilo que é natural na vida permite atingir os planos mais elevados. O sexo é o carvão que um dia pode se tornar diamante.

Enquanto o medo diz "eu", não existe entrega, os corpos se unem, mas as pessoas continuam separadas. A ruptura é também esse "eu", esse ego que não quer se entregar, que cria cada vez mais os fantasmas do medo em relação ao outro. O círculo vicioso se revigora. Quanto mais ativo e forte ele está nas múltiplas facetas de um ser, cada vez mais esse "eu" quer existir, e cada vez mais a pessoa se afasta da sua capacidade de fusão. Ele pode até mesmo "fazer sexo" (pois não se trata mais de amor) pensando em outra coisa. A força do "eu" destrói a capacidade de amar, seca a fonte, reduzindo-a a um filete minúsculo.

A paixão que abre caminho

A paixão física, **o amor físico**, pode salvar um adolescente e acender para sempre na sua vida uma chama que não se apagará mais. Não é preciso se acasalar para descobrir o prazer. O funcionamento do prazer, no sentido de gozo, também pode ser vivido solitariamente. O desejo, a intensidade do desejo se revela a favor de uma situação ou de um encontro. Se assisto a um filme erótico, posso sentir nascer uma excitação pela identificação com os personagens. Se encontro um homem que me apraz (ou que não me agrada), poderei ficar incomodada seja pelo meu desejo, seja pelo dele. O desejo é uma força de vida, que se irradia por todo o ser e irriga todo o organismo; é uma fonte da juventude. Eu costumo dizer que deveríamos agradecer à pessoa que nos dá esse presente: sentir o desejo. Você é daqueles que sabem desfrutar e se alegrar por sentir desejo, mesmo se, por motivos ou pela falta de motivos que lhe dizem respeito, você decida não levar avante uma relação, ou se o outro não quiser manter viva a sua chama? Respeitar e honrar o seu desejo ardente, fazê-lo durar, canalizá-lo. Teremos a oportunidade de compreender de que modo cavalgar o tigre é o mesmo que cavalgar o seu desejo sem cair, sem deixar-se devorar.

Antes de qualquer coisa, eu gostaria de voltar a falar sobre o amor físico. "Eu sinto você na minha pele." Os que viveram essa paixão devoradora conhecem essa sensação de vida intensa que acompanha o encontro de dois corpos que se eletrizam mutuamente. Desde o primeiro beijo existe como que uma evidência. Há uma magia que atrai um para o outro dois indivíduos que nem sempre foram feitos para se entenderem ou que socialmente estão totalmente separados. A história de Lady Chatterley transporta essa revelação-justificação de um amor físico que alimenta um amor de coração, e depois, às vezes, um amor de alma. Uma *lady* pode amar um guarda-florestal porque com ele tudo se anima, tudo fala, a floresta, os pássaros, os animais e, sobretudo, o corpo. O que acontece entre um homem e uma mulher que acendem juntos essa chama do sexo e, às vezes, do coração? Dizemos com freqüência de forma superficial e muito vulgar: "Eles estão com fogo no rabo."

Conheci jovens estudantes que, durante o primeiro ano de seu encontro, perderam quase todo o interesse por tudo o que não fosse eles e o território de seu quarto minúsculo em plena Paris, mesmo nos dias de extremo calor. Eles moravam no sexto andar de um velho prédio como se estivessem numa ilha, apenas com o estritamente necessário para a boca e para o espírito. Poucas coisas, quase nada. Tudo estava na riqueza das sensações, na maravilha da vida a dois. Eles viviam a fusão, estavam atentos ao momento. Uma noite, ao fazer amor, tiveram a impressão de que desvaneciam; eles abandonaram seus corpos, tocaram suas almas, descobriram as correntes vivas do amor, o sentido oculto do sexo. Estavam consagrados ao amor e o amor rendeu-se a eles.

Eu não conto essa história como modelo. Cada história de amor inventa o seu próprio ritmo. Esses dois haviam encontrado alguma coisa a mais na pureza de seus corpos e de seus corações, mas isso não quer dizer que eles compreenderam tudo, nem mesmo que encontraram a chave para viverem juntos durante muito tempo. Aliás, eles se separaram quatro anos depois do nascimento de um filho e de um casamento tradicional. Talvez eles não tenham suportado o peso coletivo do casamento, o dia-a-dia que roubava de suas vidas o romantismo e, sobretudo, por não serem mais apenas amantes loucos, por terem se tornado pais. Mas cada um, no percurso de sua vida, guardou um traço indelével da possibilidade do encontro. A possibilidade, para eles, de não morrerem para o prazer, para o amor e para a comunhão, aumentou.

Em seu livro *Une Passion*, Christiane Singer revive o amor de Abelardo e Heloísa, sobretudo a chama do amor de Heloísa, que será fiel por toda a vida a esse amor carnal, que se alimentará em pensamento de suas lembranças, que fará a junção entre seu fogo espiritual e seu fogo sexual, enquanto Abelardo, que vive a tragédia da sua castração, renega todo o seu passado de amante em proveito de sua castidade forçada de monge. Para Heloísa não existe separação entre essa aventura da carne e sua aventura com o divino. Tudo está em tudo. Ela o torna a descobrir.

Em *Les Vaisseaux du Coeur*, Benoîte Groult põe em cena uma intelectual parisiense e um marinheiro que sentem uma violenta atração física, mas que no nível das preferências e da cultura nada têm em comum. Os dois adolescentes têm a revelação da plenitude, a força dos corpos partilhados plenamente, mas a jovem recusa-se a desposá-lo. Os anos passam, cada um deles se casa, mas quando os dois tornam a se encontrar, o magnetismo que há entre eles os leva a se reencontrar. Sua ligação permanecerá assim, durante alguns dias por ano roubados de seus respectivos cotidianos, com a certeza de que esses eram os momentos mais importantes de suas vidas, os momentos de revelação que os levavam a um jogo profundo. Eles conhecerão também, inesperadamente, um momento de união mística. Só a morte do marinheiro interromperá esse diálogo de encontros intermitentes.

E há ainda a história do poeta bengalês Chandidas, que viveu no século XV. Ele vai à loucura por uma mulher fora de sua casta, de uma lavadeira que provoca a hostilidade e a indignação de seu grupo. Ele vai então ao templo e pede à deusa um conselho. Nesses tempos a deusa falava e lhe disse: "Você deve amar essa mulher pois nenhum deus lhe oferecerá o que ela pode lhe oferecer."

Toda paixão é a oportunidade de uma iniciação. Vamos até o extremo de nós mesmos, vamos até o extremo de nossas paixões, pois elas têm uma linguagem mais subterrânea e mais íntima; elas nos revelam a nós mesmos. Sempre nos ensinaram que devemos desconfiar de nossas paixões; nós muitas vezes as olhamos sob seu aspecto destruidor, mortal mesmo, já que o ciúme e o sofrimento do amor levam-nos a cometer contra nós mesmos ou contra os outros ações devastadoras. É verdade, a paixão mórbida é má conselheira. Mas a paixão é testemunha de um fogo abrasador, de uma força bruta que precisa ser cavalgada, dominada, canalizada, e é a esse fogo que temos de dar atenção para não o apagarmos de uma maneira leviana, prematura.

O desejo do divino

Existe o divino no desejo de pele e, às vezes, esse desejo de pele, por sua intensidade, leva à descoberta do amor e do divino no amor. O sexo é o primeiro passo em direção ao divino. Se reprimirmos o sexo, impediremos o amor. O desabrochar de uma flor exprime a paixão. Somos seres desabrochando.

A pessoa que se entrega aos prazeres dos sentidos e a que se consagra a Deus são irmãs. É possível que a primeira realização espiritual tenha sido vivida durante o amor. Durante o orgasmo, o espírito se esvazia de todo pensamento, e esse vazio é também a fonte de toda a alegria extática, de toda a felicidade divina. O ser está inteiramente presente nesse instante; ele não pensa, não se dispersa no eixo passado-presente-futuro; ele *é*. A meditação e a oração foram inventadas para atingir esse mesmo estado de vacuidade além do mental, sem usar o recurso do orgasmo.

O amor é o êxtase vivido no momento em que o que separava dois seres não existe mais, ou melhor ainda, quando o que separava uma pessoa do resto do mundo se dissolve num sentimento de unidade. Tudo acontece como se cada ser humano estivesse cheio de amor, mas que se precisasse desse espaço para se revelar. Entramos no domínio da compreensão do paradoxo. O amor estabelece a fusão, mas precisa de espaço para se revelar. Ele precisa ser desobstruído, precisa livrar-se das pedras e da areia que impedem o fluxo da fonte. Uma grande simplicidade interior, uma grande entrega. **Amar a vida, abrir os seus sentidos ao êxtase de viver é o caminho para Deus.** Ser religioso é estar ligado a tudo, é abrir-se a todas as formas, é sentir plenamente cada coisa.

Qual é o ser que nos fará sair de nós mesmos, que nos arrebatará? Achamos que desejamos o corpo deste homem ou daquela mulher, mas nós procuramos um ser com o qual possamos viver uma transcendência, um estado muito sutil que nos desafie permanentemente. A pessoa que mais vai me polarizar é muitas vezes a que representa uma parte de mim que eu trago em estado latente, mas não realizado. Poderíamos dizer que é a lei das personalidades renegadas, ou melhor ainda, das essências renegadas. É assim que poderemos compreender a polarização de uma intelectual refinada por um marinheiro: cada um possui uma parcela do outro. A evolução em nós é muito inteligente. É de um impulso quase cego, instintivo, de uma atração dos contrários que nascem o amor pelo outro e o sentimento de completude pessoal. O encantamento que surge no ato sexual é, no entanto, diferente do ato sexual em si mesmo.

Assim, saímos do desejo mais forte em direção ao Despertar. A dinâmica do desejo inspirou uma cultura que explora as formas tomadas por uma sensualidade ardente. O Kama-sutra ensina às moças indianas a arte de uma tradição erótica. Essa sensualidade é suscetível de ser ligada diretamente à espiritualidade, ao êxtase. O corpo reencontra toda a sua nobreza. O corpo é um templo; a sabedoria incrustada no corpo leva à onisciência. Na antiga ciência dos *tantras*, uma ciência que tem raízes no culto da deusa-mãe das origens, a arte da respiração, da circulação da energia sutil e o sexo são os únicos caminhos abertos para o homem de hoje, nestes tempos sombrios do *kali-yuga*. No que me diz respeito, não afirmarei nada de definitivo sobre esse assunto. Encontrei na minha pesquisa elementos de compreensão que me aproximam dos *tantras*, mas é possível que existam outros caminhos.

Cavalgando o tigre

Acolher a energia do desejo, sua força comparável à de um tigre, e dominá-la cavalgando-a com uma visão lúcida: essa imagem precisa ser integrada no cotidiano por quem decide seguir por esse caminho de liberdade e de libertação. O casal tântrico usa o fogo da paixão e não se submete a ele; a pessoa se sente bem alimentada, enriquecida; não existe mais separação entre o corpo e o espírito, entre o homem e a mulher. O que existe é a união de duas energias cada vez mais sutis.

Formular esse objetivo, ouvi-lo, sonhar com ele já é abrir sua consciência a uma outra dimensão da existência, uma dimensão energética, psicofísica, que integra o domínio das sensações. O ser humano pode se compreender a partir de sua horizontal e de sua vertical. É uma cruz, mas uma cruz diferente da cruz cristã, uma cruz do êxtase, e não da crucificação. Temos duas direções de expansão da consciência: uma que vai da terra em direção ao céu, a outra que se amplia sempre a partir do coração. Tudo acontece como se fôssemos levados a descobrir ou a criar centros de energia superpostos, empilhados na vertical e que correspondem também aos níveis de consciência. Podemos nos deslocar de um centro de energia para outro como se estivéssemos num elevador e parássemos sucessivamente em cada andar para fazer uma visita. Essa visita exige atenção e uma respiração consciente. **A respiração consciente é a grande ferramenta para a administração da energia.** A respiração consciente age como o sopro de uma forja, ativando poderosamente o fogo do sexo e fazendo-o subir de andar em andar. Tudo acontece como se o fenômeno da elevação da energia que pode ser produzido espontaneamente num encontro amoroso pudesse ser reproduzido pela vontade e pela respiração na meditação. A experiência desses níveis de energia vem progressivamente pelo exercício e proporciona à pessoa a sensação de estar religado.

A respiração é uma ponte para o universo. Ela faz com que voltemos ao presente enquanto o mental está voltado para o futuro ou para o passado, criando sempre novos desejos. O privilégio da idade poderia ser o de estar menos voltado para o futuro, o de alimentar menos projetos, menos desejos, colocando-se exatamente ali naquilo que existe; infelizmente, muitas pessoas idosas raciocinam com o passado. **Como estar no aqui e agora?** Tomando consciência da respiração. Não são as técnicas que são importantes; é a respiração.

"Radiante, a revelação pode acontecer numa respiração. Depois da inspiração (quando o ar penetra) e imediatamente depois da expiração (quando o ar sai) sentimos a felicidade." Tomar consciência do que acontece entre esses dois momentos. Entrar e sair. Entrar com a inspiração e sair com a expiração. Essa técnica única está no centro da tomada de consciência. Mesmo havendo 112 técnicas no *Vigyana bhairava tantra*, só a respiração já é o suficiente. *Vigyana* significa a consciência comum; *bhairava* designa a expansão da consciência e *tantra* é a ligação, a via pela qual podemos ir da consciência comum para a consciência ampliada. Essas 112 técnicas representam uma dança do amor, o encontro do princípio masculino e do princípio feminino. Não é a via do guerreiro, é uma via de abertura, de disponibilidade. Do mesmo modo podemos viver o amor como um combate ou como um desabrochar. Eu o convido a viver o amor como um desabrochar por meio da respiração e, nesse desabrochar, deixar-se ir profundamente às sensações.

Por trás dessa pesquisa, dessa descoberta, não existe nada menos que a suprema experiência da vida. Como estar com a atenção desperta da consciência e, ao mesmo tempo, disponível? Como ser ao mesmo tempo o masculino e o feminino, como dois jogadores que passam a bola até o instante em que se tornam a própria bola? No amor, a minha energia vai conscientemente ao encontro da sua energia; eu excito você e você me excita; eu recebo a sua excitação e o seu desejo de me excitar; estou em contato com uma duplicação da minha excitação; dar e receber... o *tantra* é uma alquimia na qual deve acontecer uma transmutação.

O desejo do divino toma forma pela consciência, que pode nos aproximar do amor e do sexo com um estado de espírito mais sagrado, mais religioso. Por trás da busca do sexo desenrola-se a grande aventura da consciência, a busca da unidade. É a cada vez uma espécie de peregrinação, uma tentativa de progresso. A maior parte dos peregrinos permanece no vale; mesmo que alguns cheguem ao topo, não conseguem permanecer aí, pois descem, querem se juntar aos outros. O topo é vertiginosamente solitário. Mas ao mesmo tempo nós queremos sempre encontrar um pouco do ar das alturas, pois sem ele nos asfixiaríamos. Quando amamos alguém, entramos em contato com o aspecto luminoso desse alguém e, às vezes, duvidamos: será que você existe verdadeiramente? O mundo parece cheio de maravilhas. Nossa criança interior se abre e se entrega; surgem as palavras de ternura. Estamos em contato com o nosso prazer interior.

Sejamos conscientes da intensidade de nossos desejos; não os combatamos mais; sejamos conscientes, por dentro e ao mesmo tempo por fora. É preciso entrar na bolha do desejo e permanecer fora dela. Todo o segredo está aí. Compreender a própria sexualidade é a princípio aceitá-la, explorá-la com os olhos bem abertos, permitir que ela frutifique, que seja a semente de uma flor e de um fruto. O ato sexual é também uma prece e uma meditação.

Fiquemos disponíveis, abertos, como um vale acolhedor, e não como um cume que deseja dominar; enchamo-nos dessa felicidade de existir ao mesmo tempo em que respiramos; acumulemos as reservas de felicidade. Acedamos à graça, aquela que faz com que não estejamos mais de fato nesta terra, mas abordemos a vida acima dos conflitos e das tensões. Continuemos disponíveis à graça. Cada um de nós sabe o que é a graça; alguns a encarnam, outros não, e muitas vezes somos gratos àqueles que nos dizem que esse estado existe, que ele pode ser adotado permanentemente. No momento em que alguém começa a entrar em estado de graça, ele se sente diferente, mais leve; nada nem ninguém lhe parece igual.

Respiremos conscientemente até o fundo do ventre, até o nosso centro. "No momento em que o ar vai ser expirado, tome consciência, e no momento em que o ar vai ser inspirado, tome consciência." Entre e saia com esse ar.

Fiquemos centrados na respiração. Essa é uma maneira de estar junto, totalmente, aqui e agora; uma maneira também de se deixar levar, de se entregar sem medo à respiração. Quando a respiração é profunda, o centro sexual é cada vez mais "carregado de energia". Quanto mais a civilização e o pensamento se desenvolvem, mais as pessoas são levadas a respirar superficialmente, ao mínimo, e tanto mais desenvolvem a desconfiança em relação ao sexo. Nós dizemos às crianças: não toque no seu sexo; é feio, é vergonhoso, é sujo. **A respiração é feita de cima para baixo e a energia sexual vai de baixo para cima; sua conjunção cria uma**

energia desmultiplicada. "Quando o ar é completamente expirado e a respiração pára, durante essa pausa universal o eu se desvanece."

Uma parada na inspiração, com os pulmões cheios, faz com que sintamos toda a felicidade do estado de completude; uma parada com os pulmões vazios faz com que sintamos toda a felicidade do estado de vazio. O estado divino não é uma aquisição que vem de fora; ele já está instalado, somente necessita ser revelado. É um tesouro escondido, misturado com a ganga, que exige um pouco de esforço para brilhar. "Um esforço sem esforço", como diz o Zen.

No alto do crânio está localizada a glândula pineal que chamamos também de glândula da iluminação — criança-solar — e o fato de se respirar sobre esse centro de energia abre a visão interior. Em seus cursos, Henri Laborit chamava a atenção para essa glândula e acentuava que, a partir do menor raio de sol, os estudantes expunham seu rosto ao sol instintivamente, e sem saber que assim ativavam a glândula pineal e, portanto, a energia sexual. A observação do biólogo junta-se à observação mística de que a sexualidade está, em parte, ligada à iluminação.

O ponto médio entre as sobrancelhas também necessita de atenção; é o famoso "terceiro olho". **É preciso fechar os olhos e dirigir o olhar interior para esse ponto entre as sobrancelhas.** O observador neutro se desenvolve pela concentração nesse ponto no meio das sobrancelhas. A respiração sutil do *prana* torna-se sensível. As coincidências são provocadas pelo terceiro olho. A imaginação torna-se muito "eficiente" quando o ponto entre as sobrancelhas é ativado. A partir do momento em que começamos a imaginar, o bem-estar do ar, o *prana*, pode encher a cabeça e cair como uma chuva de luz que nos regenera. É pelo terceiro olho que os sonhos tornam-se realidade. A uma certa altura da vida eu me dei conta de que o meu poder criador se desenvolvia. Eu imaginava uma coisa e ela se realizava muito rapidamente. Observei o processo maravilhada e sabia que estava autorizada a despertar em outras pessoas as mesmas possibilidades. Era verdadeiramente tornar-se o condutor da própria vida e não mais um passageiro agitado. O pensamento positivo foi assim adotado por milhares de pessoas porque o poder da imaginação é muito grande, por menos que a glândula pineal esteja ativada nas pessoas.

Já evocamos os elementos essenciais do despertar de um ser: **a respiração consciente, a atenção, a imaginação, o despertar da criança-solar, o estar centrado.**

Podemos também abordar a **absorção consciente dos cinco sentidos no centro do coração,** o caminho do bem-amado ou da bem-amada. Um amor que vem do coração adquire a qualidade de uma prece, de uma devoção, e o amor do bem-amado torna-se a porta do seu próprio centro. Mas é preciso viver sem a cabeça; aliás, o amante costuma perder a cabeça.

O caminho do meio, o fato de se reconhecer a cada instante uma coisa e o seu contrário, constitui uma via do despertar e da felicidade. O amor comum faz freqüentemente nascer, com a mesma intensidade, o seu contrário, o ódio. Podemos observar em nós mesmos esses movimentos da energia passional. Podemos viver uma outra forma de amor que nos deixe centrados em nós mesmos e na felicidade que existe no fato de estar amando.

Para os budistas, existem nove centros de energia no corpo; para os hindus, sete; para os tibetanos, treze. Não importa que parte do corpo pode servir de centro. O sexo, de maneira biológica, é o melhor centro; nossa consciência flui naturalmente para ele. **Ao fazer do sexo o objeto da nossa meditação, podemos sentir a vida na sua plenitude.** Poderíamos dizer que o tantrismo escolheu o centro sexual como o centro da transformação do homem. Como utilizar conscientemente a energia sexual para permanecer no caminho do meio, para viver a intensidade do momento? O músculo que liga o ânus e o sexo é um músculo muito interessante sob esse aspecto. Ao contraí-lo, criando o hábito de contraí-lo várias vezes ao dia, podemos sentir uma energia subindo ao longo da coluna vertebral e chegando ao topo do crânio. Essa fonte de energia tão sutil pode se tornar acessível rapidamente a toda pessoa que pratique uma escuta fina do seu próprio corpo. Abordamos aqui uma compreensão bastante particular do corpo e de seu funcionamento. Tudo acontece como se pudéssemos viver em vários níveis de consciência em nosso corpo físico. Algumas pessoas não habitam em seus próprios corpos; elas se contentam em registrar as sensações básicas, de fome, de frio, de calor, de excitação sexual, etc. Outras interiorizaram seu esquema corporal e mantêm uma espécie de equilíbrio consciente da saúde. Elas dão atenção ao seu corpo e, em geral, cuidam dele. Essa atitude pode mesmo tornar-se obsessiva. Outras ainda começaram a interiorizar o papel da respiração em relação ao sistema nervoso e vão inserir seu comportamento numa calma progressiva. Outras ainda estão em contato com a verticalidade dos centros — sexo, coração, cabeça — e usam a respiração para passar de um plano a outro. A respiração pode igualmente permitir a "expansão" horizontal. Esses estados, quer os atinjamos pela vertical ou pela horizontal, estão destinados a permitir que façamos um recuo e acumulemos uma espécie de tesouro que está guardado e reservado, que permite levar a nossa vida da maneira desejada, não nos emaranhando no sofrimento e na dor e aprendendo a surfar sobre o instante. Existe uma espécie de aprendizagem biológica a ser feita ou refeita nesse domínio, **como se nossas células tivessem necessidade de reaprender a expansão da felicidade de viver.** No entanto, a tenaz do esforço, da escravidão, continua presente por toda parte e não é assim tão simples aceitar ser feliz nesse contexto. Sentimo-nos culpados por viver, culpados por sermos felizes; o sofrimento nos resgata constantemente e cedemos a ele para apaziguar essa insatisfação. Estar centrado pode nos ajudar a nos libertarmos pouco a pouco e cada vez mais. Depois dos cinqüenta por cento, a máquina se volta para o bom senso.

Uma das maneiras de estar centrado é meditar. No início de um trabalho de meditação, a energia sexual pode se acumular. Não existe a necessidade de luta ou esforço. Simplesmente devemos permanecer atentos e preservar essa energia, temos de amá-la, amar por senti-la quente e viva no seu corpo. Quando essa energia encontra o seu canal e sobe pelo corpo, nos tornamos muito atraentes porque a força magnética se desenvolve. Vibrações sutis se produzem pelo corpo etérico. Essa energia sexual crescente é muito atraente sem que as pessoas ao redor estejam verdadeiramente conscientes do que acontece. O aumento da energia sexual provoca a abertura do canal. Se essa energia não for dilapidada, não for utilizada no ato sexual para ser desperdiçada, ela vai se transformar em fonte de bem-estar e até mesmo de felicidade. Não se trata aqui de não praticar mais o ato sexual; trata-se de praticá-lo conservando e até mesmo aumentando a sua energia. Poderíamos dizer que oferecemos resistência à atração de um alívio, de um desafogo paroxístico, que optamos por observar esse desejo de preferência a resistir a ele, deixando que a energia se desloque para o alto.

Depois do ato amoroso muitas pessoas se sentem vazias. Quando conservamos a energia, quando permitimos que ela se desloque para o alto, a vida parece cada vez mais rica. O ser se sente habitado.

É chegado o tempo de viver o nosso corpo e a nossa sexualidade com pureza, aceitação e transmutação. *Tantra* significa "ligar". O *tantra* cura a ruptura, transforma a serpente do Gênesis, a serpente do pecado, em serpente da união cósmica. O Tao destaca as virtudes terapêuticas da arte de amar. A saúde física e a realização espiritual têm uma única e a mesma fonte. O amor sagrado e o amor profano não estão separados.

Assim, o homem vai aprender a fazer uma distinção entre ejaculação e orgasmo. Adquire-se o controle da ejaculação pelo exercício, pela conjunção da contração voluntária e da descontração também voluntária. A essência do *tantra* também está nessa união dos opostos: **contração** e **descontração.** Os corpos podem se encontrar e relaxar um no outro; **o sexo não está mais baseado na intensidade da excitação, mas no fato de a pessoa se descontrair profundamente, de vagar com o outro numa descontração profunda, que dá novo ânimo ao ser,** num abandono oceânico. O prazer, em vez de estar localizado, ganha todas as partes do corpo, numa sucessão de ondas de prazer que podem prolongar-se por muito tempo. Vivemos então num estado de consciência modificada; enquanto a energia dos corpos se mistura e se funde, atingimos uma experiência de intimidade profunda. O orgasmo no nível do cérebro vai fundir os dois cérebros, criando assim essa experiência de êxtase.

O *tantra* é um estado de espírito que começa pelo modo como amamos a existência, o nosso corpo e nós mesmos integralmente. Aprender a se apreciar, a se honrar, é também tomar consciência de suas próprias capacidades para o prazer, da maneira pela qual somos capazes de dar prazer a nós mesmos — e não somente prazer sexual — e da maneira pela qual somos capazes de receber o prazer que nos é oferecido. É importante compreender que, se o outro é o mediador, o catalisador, cada um é, contudo, responsável pelo seu prazer. Para tocar música com um instrumento, precisamos ser capazes de cuidar desse instrumento, de aprender suas ressonâncias, de respeitá-lo. Existe toda uma abertura da sensualidade a ser cultivada. É nesse sentido que eu entendo a expressão "cultivar o seu jardim", ter contato com a terra, com a natureza, com a seiva, com a diversidade da vegetação, com o gosto do ar; cultivar a própria atenção e sensibilidade. Aprender também a ter cuidado com o próprio corpo, a tomar um banho com prazer, a massagear e a acariciar o parceiro, a dançar juntos, a olhar dentro dos olhos, a aumentar a confiança e a intimidade.

Tenho a convicção de que cada um de nós tem a possibilidade de viver a plenitude de uma vida amorosa, de ser revelado a si mesmo. No tantrismo, a mulher encontra toda a sua realeza, a mulher é uma *surya*, um sol colocado no feminino. A mulher fascinante e mágica é descendente do sol. Da mesma maneira, o poeta D'Annunzio disse que na presença da mulher amada sentia uma chama ardente, uma aura vibrante. Experiência que Shelley evoca do seguinte modo: "Além dos sentidos, a alma encontra a um perfume selvagem e penetrante como o orvalho ardente que se dissolve entre as pétalas de um botão gelado."

A busca do bem-amado da alma

Que busca interior é essa que faz de cada um de nós um cavaleiro do Graal ao longo de uma vida? O caçador de verdade é uma exceção ou todos somos caçadores de verdade? Somos todos exilados do amor e da unidade? O que podemos esperar conseguir ao longo de uma vida? O que se pode realizar? O que é o amor? Somos capazes de amar um único ser ou todos os seres? Qual é o caminho?

Nossa aventura do amor com alguém do outro sexo é também a ocasião para cada um de nós se completar, de avançar rumo à androginia interior. Temos medo de abrir o nosso coração, de nos doar à perfeição do momento. Condicionados a viver em escravidão, corremos divididos entre o passado e o futuro, sempre prontos a pagar uma dívida, a do direito de viver.

Somos culpados, nascemos culpados e, para nos remir, censuramos o nosso prazer. Não podemos ser reconhecidos pelos outros a não ser sacrificando-nos no altar da notoriedade, do dinheiro, da ajuda aos outros no trabalho e no sofrimento.

Que riqueza é essa, que música é essa que está dentro de nós e da qual fugimos, persuadidos de que o barulho dos outros é mais fecundo e, portanto, tem mais sentido?

Nesta época de furor, eu gostaria de propor que nos puséssemos à escuta desse som que nasce em cada um de nós, que ouvimos desde a mais tenra infância e que nos fala da nossa **essência**, daquilo que faz de nós um ser único. Para nós mesmos somos um mistério, e esse mistério vivido no coração do ser alimenta toda a busca.

A alma se revela e se desenvolve graças a uma ferida sagrada, graças a uma falha. Não dizemos que os amantes foram flechados por Eros? As antigas formas se modificarão e darão lugar às novas formas. A ferida torna-se sagrada no momento em que uma ordem nos deixa passar de uma história antiga a uma história nova. A ferida pode nos fazer girar em círculos na "obsessão", na destruição ou, ao contrário, pode nos levar para o deus que existe em nós. Existe nessa ferida um sofrimento, mas também uma exacerbação das percepções. Nossos sentidos estão mais aguçados, mais amplos; estamos mais vulneráveis e mais sensíveis. Nossos olhos, nossos ouvidos, nosso gosto, nosso olfato, nosso tato estão diferentes. Se tivermos medo dessa nova intensidade, da desordem que o risco introduz na nossa vida, voltaremos as costas para as portas da alma.

A ferida sagrada do amor permite que o mortal atinja a sua divindade.

O amor dos pais e o amor romântico são formas que preparam o ser para ouvir cada vez mais essa ressonância do amor divino. Pois trazemos em nós uma fome que nada pode apaziguar, nenhum alimento, nenhuma situação, pois é uma fome mística, uma fome cósmica, partilhada com as estrelas e com todo o universo. Existe em nós uma nostalgia, nostalgia de uma unidade perdida, de um estado de fusão, de amor, de pertencimento, uma parte perdida já conhecida, um sentimento de essência já encarnada. Em algum lugar está a minha verdadeira morada, em algum lugar além do arco-íris e das estrelas compreenderei o que eu sou verdadeiramente e a quem pertenço; em algum lugar o meu verdadeiro amor me espera. Às vezes eu me lembro tê-lo visto, mas não sei nem quando nem onde. Esse desejo ardente é um desejo também do transcendente, do vasto, e às vezes ele é encontrado mais plenamente nos estados alterados de consciência, especialmente nas regressões. Esse desejo depende da composição espiritual do amor ou da composição erótica do espírito.

A alma ferida pela nostalgia do divino entra no desejo consciente do bem-amado. Todos os seres são tocados por essa dimensão, mas muitas vezes de maneira inconsciente. O ser humano é um peregrino que persegue incansavelmente o seu caminho para se reaproximar daquilo que não lhe pode ser dado no espaço-tempo comum. Cada vez que somos tomados pelo desejo de viajar, de nos aventurar, de nostalgia de outra coisa, de reencontro, é esse desejo do divino que entra em cena mesmo de maneira esporádica, efêmera, e nos impele a seguir o caminho da evolução. Ele mergulha as suas raízes na lembrança de uma união, de uma fusão ou de uma perfeição, que não é encontrada em nenhuma relação humana. O amor terrestre aparece como um reflexo, uma tradução imperfeita dessa lembrança, mas tem também a sua própria força de transformação.

A nostalgia do divino nos leva a realizar dentro de nós a androginia mediante uma relação de casal. A relação aí se encontra aprofundada, poderosamente enriquecida e renovada. A busca da união nasce desse sentimento de incompletude e se traduz por uma necessidade do outro que vai me ajudar a me descobrir e a me reconstituir.

De quem eu sou parceiro? Quem é esse ou essa que suspira por mim, que me chama, que está só, que me revelará a mim mesmo? Quem é esse bem-amado, quem é essa bem-amada de quem tento incessantemente me lembrar?

A nostalgia do divino me leva a religar entre eles os mundos da existência e da essência, do eu ordinário, sujeito às limitações de tempo e espaço, e do eu expandido, que habita no eterno, no reino dos arquétipos. Alguns seres sentem mais do que outros essa fome ardente de um outro lugar e têm dificuldades para se integrar na sociedade, acumulando mais que os outros aventuras amorosas e decepções; eles são instáveis também no seu campo profissional, eles se filiam a seitas ou se tornam às vezes artistas. Seu percurso de consciência se encontra freqüentemente acelerado. Eles aceleram também a transformação da consciência coletiva.

Os vários heróis da nossa infância representam para nós os modelos e podem às vezes nos conduzir à identificação. Essa mesma função de identificação está em curso quando mais tarde Buda, ou Jesus, ou Krishna se tornam os pontos de referência. Quais são os seres que na sua vida foram também modelos ou suportes dessa exaltação? Eles são poucos, mas nos permitiram cristalizar nossas aspirações, sentir melhor quem somos e que aspiramos realizar. **Psiquê e Eros são interdependentes. A alma é o receptáculo da paixão amorosa e a paixão amorosa faz crescer a alma.**

A cumplicidade entre a alma e o amor se estabelece na paz e na dor, na sabedoria e na escravidão. Eros nasceu de Penia, a pobreza, a falta, e de Poros, a iniciativa, o combate. Nesse sentido, Eros é o caminho da falta, o caminho da ferida, da rejeição, da pobreza. Nesse sentido ainda, ele é **criativo**. Eros possui duas faces: uma obsessiva e destruidora, outra sublime. A relação amorosa baseia-se, de um lado, na satisfação narcísea, de outro lado, na idealização. O amor busca o sentimento oceânico do narcisismo satisfeito, mas é tomado por inquietações e nada pode magoar mais do que uma ruptura amorosa.

O amor dos amantes é aquele que todos nós conhecemos: uma mistura do despertar sensual, do desejo sexual e de sentimentos de exaltação pelo outro, transporte tanto de intensidade quanto de efemeridade, tanto de realização quanto de ilusão. Esse amor sublime dos primórdios de uma relação mobiliza as fontes de idealização de um ser, mas ele é de fato uma **sagrada loucura**. Ele se imobiliza por alguns instantes na grande luz solar, mas não leva em conta as trevas que o acompanham.

Que fazer das ondas de ódio que acompanham o amor? O eu narcíseo enlouquece ao ser despossuído e desestabilizado pela fascinação do outro, pelo desejo de se colocar a serviço do seu prazer, de ouvir o seu canto. O eu se sente ameaçado e o ódio pelo outro aumenta ao mesmo tempo que o amor.

O desenvolvimento da consciência, da conquista do conhecimento, do desabrochar do ser por meio da abertura, pode, no entanto, dar uma outra visão do amor. Ao amor vivido como uma fatalidade, uma intrusão violenta e desordenada numa vida, se acrescenta e se sucede uma visão mais construtiva, mais voluntária, mais lúcida, uma exploração determinada pelas doçuras e violências da capacidade de amar. É uma verdadeira aprendizagem, uma conexão entre o amor e a sabedoria. Entre um amor delirante e destruidor, reservado ao momento, e uma sabedoria sem vida, despojada do fogo sexual e da paixão amorosa, não haveria lugar para uma terceira via mais equilibrada, mais deliberadamente feliz?

Um dos mais belos cânticos que temos sobre os casais, o Cântico dos Cânticos, datado de cerca de quatro séculos a.C., mostra-nos pela primeira vez um homem e uma mulher expressando sua paixão recíproca, explorando as delícias do desejo e da espera.

Ambos estão em pleno estado de amor. Ambos são soberanos nesse amor, do qual aceitam as delícias ambíguas coloridas pelo sofrimento da ausência de amar. Trata-se justamente de **uma doença de amor,** de uma **sagrada** loucura.

"Farte-me de doces, reconforte-me com maçãs, pois estou doente de amor; sua mão esquerda está sob a minha cabeça e a sua mão direita me abraça." A mulher fala de seu amor, dividida, doente, e ainda assim límpida, intensa, sofredora e sincera. "O amor é forte como a morte, a paixão é violenta como o inferno; suas faíscas são faíscas de fogo, uma chama divina." Esse diálogo amoroso é feito de abertura, de esperança, de absorção de si mesmo, de identificação com o outro. A aspiração amorosa unifica e totaliza, apesar da sua parcela sempre insaciável de um amor fugidio.

"Sobre a minha cama durante a noite procurei o amor da minha alma; eu o procurei e não pude encontrá-lo." No Cântico dos Cânticos, a sensualidade mantém um nível de ideal, mas ela é sempre procurada de uma forma jamais atingida.

Na busca do bem-amado, duas historias de amor paralelas e complementares ocorrem: o amor de si mesmo e o amor do outro, e às vezes um tenta excluir o outro. A reivindicação narcísea inspira toda uma corrente poética e religiosa. O personagem de Narciso aparece pela primeira vez em Ovídio no terceiro capítulo das *Metamorfoses*. O belo Narciso, nascido da união de um rio com uma ninfa, se apaixona pela própria imagem enquanto ele bebe inclinado sobre a água. É assim que ele se apaixona por um reflexo sem consistência que ele toma por um corpo, mas que não passa de uma sombra. Ele encarna a vertigem do amor sem objeto, da miragem, da ilusão. Narciso vai morrer afogado de tanto ser atraído pela própria imagem na água. Existe uma espécie de exagero, de loucura no narcisismo, mas esse fim trágico não impede a reivindicação narcísea de proporcionar um novo espaço de interioridade.

Amar a si mesmo é teimar em descobrir a essência que está depositada dentro de cada um. A alma forma a própria essência amando-se no ideal. Nessa perspectiva, o outro não é mais do que um reflexo pelo qual esse ideal chega a se expressar. É pela reflexão sobre si mesmo, pela ascese da meditação, pelo contato único com o seu interior que o religioso, o eremita, o místico procura o contato com Deus. Alguns poetas fazem essa mesma reivindicação: "Eu não sou curioso a não ser pela minha própria essência [...] tudo o mais é ausência" e "Amo aquilo que eu sou, pois eu sou aquele que ama", dirá Paul Valéry.

Existe uma oposição entre a busca de si e a busca do outro? Na satisfação erótica dos desejos existe como que uma morte do narcisismo. **A necessidade do outro, o amor pelo outro suprime o narcisismo.**

O bem-amado da alma é exterior ou interior? O desenvolvimento, o encontro com a dimensão do amor se faz melhor pelo movimento da introspecção (a natureza do ser é amor, eu sou amor) ou por meio do impulso para o outro, pelo deslumbramento que cria o outro e que me revela o mistério daquilo que eu sou para mim mesmo?

Nasci sozinho, morrerei sozinho, mas, de uma certa maneira, sou uma coisa só com tudo o que existe. À medida que se desenvolve essa consciência de não estar identificado somente com o meu corpo e de participar de todas as formas de vida, compreendo também a existência de uma terceira via, nem exterior nem interior, que me dá aceso ao amor universal: **eu sou amor.**

Eu participo da fonte do amor. Essa descoberta é acompanhada de uma grande sensação de calor interior e de segurança afetiva. Ela não pode ser vivida intelectualmente, ela se aprofunda na experiência. Ela permite que o ser crie brilho e calor em toda circunstância, na medida em que se lembra de que ele é a fonte. A sabedoria não está mais fora de nós, dada por outros, pelos padres, pelos bonzos, pelos lamas, pelos eremitas. A sabedoria está em cada um, aqui e agora. A plenitude está em cada instante. A perfeição também. Eu sou perfeito, você é perfeito. A felicidade não é para depois. Ela é imediata, aqui e agora. A coluna vertebral da sabedoria é simples. Eu sou o que eu decido ser. Eu sou para mim mesmo o meu próprio sol.

O mito de Psiquê e de Eros

Essa bela história que se encontra no *Asno de ouro*, de Apuléio, nos propõe a compreensão de como a alma poderá ser fecundada e revelada pelo amor, como essa alma deve passar pelas provas e crescer antes que o *hierosgamos,* o casamento sagrado, possa acontecer. Esse conto é o símbolo da realização das núpcias interiores e exteriores que tendem a se encarnar, o arquétipo do casamento divino.

Psiquê é uma criança muito linda, filha de um rei e de uma rainha; parece ter nascido do orvalho celeste, como se para ela o céu tivesse descido à alma humana para lhe trazer o dom da beleza e da bondade. A fama de Psiquê torna-se tão grande que acorrem de todos os lados da Grécia pessoas para admirá-la e o que se diz é que ela seria mais bela que Afrodite. Esses comentários chegam até Afrodite, que se sente ultrajada e que decide não ser ultrapassada por uma simples mortal. Vênus é a deusa-mãe todo-poderosa que se recusa se deixar destronar pela filha ou pela nora e que mantém o filho sob sua tutela. Afrodite manda seu filho-amante Eros para vingá-la dessa afronta. Ela o beija longamente, com os lábios abertos, ardentemente, e ele não pode recusar-lhe esse favor, ele que se beneficia de toda a sua ternura. Ela lhe pede que lance uma flecha de amor em Psiquê a fim de que ela se consuma de paixão pelo mais vil dos homens, aquele que lhe trará intermináveis sofrimentos.

Por sua vez, Psiquê descobre que nenhum homem ousa verdadeiramente se aproximar dela. Sua perfeição é tão grande que paralisa a todos; ela se torna cada vez mais solitária, e detesta "esse encanto que maravilha tantas nações". Desesperado, seu pai se dirige ao oráculo de Apolo. O oráculo lhe envia uma mensagem terrível: Psiquê deverá desposar a morte. Toda a família entra em profunda aflição. Psiquê coloca as vestes mortuárias e é conduzida até o alto de uma escarpa para cumprir o seu destino. O mito nos mostra aqui que, às vezes, o excesso de alguma coisa, mesmo que seja no sentido da perfeição, é pago com a solidão e com a morte. Você se sente muito grande para um mundo tão pequeno? Cada um de nós, à sua maneira, pode viver a experiência desse sentimento de excesso — excesso de sensibilidade, excesso de inteligência, excesso de talento, excesso para se adaptar a este mundo dito real. Essas criaturas escolhem então a restrição, a destruição, sacrificam esse excesso e às vezes sacrificam também o "excesso" que existe ao redor delas: filhos, sócios.

O sacrifício de Psiquê é também o casamento da sombra e da luz, um *hierosgamos.* Ele corresponde à ferida sagrada, ao sacrifício da jovem ao monstro, o sacrifício da inocência ao desejo do homem. É um rito iniciático de passagem entre a adolescente e a mulher.

Eros vai até o lugar do sacrifício mas, quando vê Psiquê fica tão transtornado que se machuca com uma de suas flechas e acaba loucamente apaixonado por

Psiquê. Em vez de cair do penhasco, ela se vê projetada em um paraíso idílico onde se torna a esposa de Eros. As paredes são de ouro, o chão é revestido de pedras preciosas, o alimento é delicioso, os serviçais invisíveis e a cada noite Eros vai encontrá-la em seu leito. Ela vive a felicidade do primeiro amor, "cai" apaixonada por sua vez, vive uma descida da alma, mas de um modo arquetipicamente feminino. Dessa forma Eros, o Amor, tem por missão despertar a alma humana e fazê-la aspirar a uma plenitude. Notemos que no mito masculino da descida, o espírito cai na matéria. No mito feminino da descida, um ser terrestre desce para as profundezas: Perséfone, Alice. Psiquê irá também para o inferno, mas ela subirá aos céus no final da história e se tornará uma deusa. Da mesma forma, na tradição cristã, a Virgem Maria se eleva aos céus, enquanto Cristo desce sobre a terra. Ocorre a materialização do logos masculino e a espiritualização da matéria.

Eros traz o excesso (como o seu palácio é excesso), faz cair para melhor fazer subir, cria uma desordem profunda para permitir o aparecimento de uma nova ordem. Uma nova energia brota, estimula, excita, permite um futuro de novas possibilidades. Sem Eros a criatividade se asfixia e a alma não pode mais crescer. A criatividade tem suas raízes na aspiração pelo bem-amado, no surgimento do eu expandido na alma. Eros cria um mundo intermediário, busca o espaço e o tempo sagrados nos quais a obra do amor e da transformação pode se realizar. O mundo erótico no qual *Psiquê* está mergulhada é talvez altamente imaginário, mas lhe dá os recursos indispensáveis para poder, depois, desempenhar as tarefas que a esperam. Tudo acontece como se houvesse uma parcela de mistério que fosse necessário respeitar em nós, uma parcela não-verbal, como se o cérebro esquerdo da lógica ignorasse o que faz o cérebro direito da intuição. A trama subterrânea da criatividade, da ligação de novos elementos, é feita na fecundidade do inconsciente. Há um tempo para respeitar suas próprias ilusões, especialmente para se sentir perdidamente apaixonada. Esse encanto em si mesma não pode, no entanto, durar muito tempo, pois tornar-se-ia destrutivo. Psiquê está às voltas com a proibição de somente ver Eros à luz de uma lâmpada, caso contrário ela o perderia para sempre.

Como compreender essa proibição? Existe uma zona de mistério a ser preservada entre os seres (isso era verdade também para a sereia Melucina), no paraíso primeiro do amor. Duas pessoas olham para si mesmas por meio do outro; há deslumbramento e ilusão. Esclarecer a ilusão é perder o deslumbramento, mas é também deixar que outro deslumbramento chegue a uma vida. Nós não cessamos de nos apaixonar, pelas pessoas, pelas idéias, pelos lugares e por Deus. Durante esse tempo da graça, duas pessoas estão fora do mundo e se sentem estranhas em relação à sombra, que são o ciúme, a mesquinharia, a rivalidade, a maldade, etc. Essa sombra vai alcançar Psiquê na forma de suas irmãs. Os estágios um e dois do casal estão presentes nessa parte da história: o estágio matricial na relação com os pais e no paraíso do amor; o estágio patriarcal no rapto de Psiquê por Eros e sua submissão de cativa.

As serpentes do paraíso de Eros são as irmãs de Psiquê. Elas pertencem ao mundo real, desposam patriarcas que elas mantêm sob seu jugo e com os quais têm pouca ou nenhuma relação sexual (isso nos lembra a situação da mulher casada e submissa do patriarcado que acaba por se tornar mãe do marido). Essas irmãs são mais maduras, mas também mais tocadas pela desilusão, pelo ódio, pela dúvida, pela inveja. É a própria Psiquê que as chama, pois se sente muito só no seu palácio dourado. Elas a persuadem de que ela é vítima de uma magia, que ela não está vivendo verdadeiramente e que Eros é uma serpente, um demônio que precisa ser morto com a lâmpada e com a faca. Elas introduzem o estágio de revolta.

A lâmpada e a faca são os grandes símbolos clássicos. A lâmpada serve para iluminar as trevas; ela é a luz da consciência, consciência humana e não consciência divina, como a luz do sol. A lâmpada de Psiquê é uma lâmpada a óleo. Existe no mito de Eros esse medo de ser visto, esse medo de ser queimado pelo olhar, de ser depreciado (se você me conhecesse verdadeiramente, você deixaria de me amar). O óleo ardente simboliza também a paixão ardente, possessiva. A faca está ali para destruir ou para discriminar; é um símbolo masculino, penetrante. Psiquê então é convidada a se servir ao mesmo tempo de seu princípio masculino e de seu princípio feminino.

Eros dorme ao seu lado; ela acende a lâmpada e se apercebe não do monstro que lhe haviam predito, mas de um jovem maravilhoso. Com esse gesto ela passa da ingenuidade para uma nova consciência. Examinando as flechas de Eros, ela fere um dedo e cai apaixonada pelo deus do Amor. Ela aproxima sua lâmpada do deus para vê-lo melhor, mas algumas gotas de óleo caem sobre o corpo de Eros e o queimam. Ele desaparece imediatamente. Notemos que por duas vezes é a imprudência no manejo das flechas que leva Eros e Psiquê ao seu destino: a paixão. Se não houvesse em nós essa inocência diante do perigo, sem dúvida não avançaríamos na evolução.

Psiquê tenta segurar Eros; ela se agarra a seus pés enquanto ele desaparece e ela acaba caindo por terra. Ela descobre o sofrimento da ausência, o vazio da alma e morre em meio a esses tormentos. Eros partira para sempre, pois um deus não tem o direito de ser visto sob sua forma mortal. Ele volta para sua mãe para curar sua ferida, sua queimadura. Ele se queimou pelo seu próprio princípio, e por esse fogo que está dentro dele; no mais, ele nada pode fazer; agora, só Psiquê pode salvar a situação.

Ela vai atravessar a noite obscura da alma: sozinha, grávida, sem amor e muitas vezes inclinada ao suicídio. Ela tenta se afogar no rio, mas o rio a rejeita de volta para a margem. O deus Pan a reconforta e lhe dá conselhos paternais. Ela separa sementes para os deuses, mas Deméter a expulsa. Nenhum deus ou deusa quer ajudá-la com medo de afrontar a ira de Afrodite. A deusa vai propor-lhe quatro tarefas impossíveis que constituem **quatro etapas de iniciação** que simbolizam as provações psicológicas e eróticas que cada um de nós deve passar na busca da união e da integração, no curso dos estágios quatro e cinco, o esclarecido e o lunar. Trata-se de separar as sementes, de se apoderar do velocino de ouro, de procurar as águas da vida e de fazer a viagem aos infernos.

1. *Separar as sementes*

Afrodite pede a Psiquê que separe até o final do dia uma enorme quantidade de grãos. É o povo das formigas que vai em seu auxílio nessa tarefa sobre-humana. No plano simbólico, essa tarefa nos remete à nossa capacidade instintiva de escolher e avaliar fora de nossas capacidades racionais habituais. Os grãos representam também a boa e a má semente na nossa própria vida. Que faremos dos germes que estavam e estão em nós? Com quais recursos do nosso ser poderemos contar? No quarto estágio esclarecido, as pessoas fazem o balanço de tudo o que amontoaram como colheita ao longo da vida e fazem a escolha. Para isso elas também só podem contar com a sua capacidade global de síntese e de intuição. As formigas são também o princípio feminino na sua preocupação de socorrer e ajudar.

2. *Apoderar-se do velocino de ouro*

Afrodite pede a Psiquê que se apodere do velocino de ouro das ovelhas que pastam na outra margem do rio. Psiquê não sabe que essas ovelhas são violentas e matam os que delas se aproximam. O carneiro e o velocino de ouro expressam a força criadora e destruidora do sol.

Psiquê, desesperada diante do desafio da tarefa, tenta se afogar, mas um caniço vem em seu auxílio. Ele lhe revela que ela não deve se aproximar das ovelhas antes que a noite chegue, quando a sua agressividade masculina e solar acaba por dar lugar a um apaziguamento feminino. Flocos do velocino estão presos num arbusto, do outro lado do rio. A sabedoria do caniço é feminina; ela sai das profundezas da água, tem o sentido da ação justa ou da ação certa no momento certo. O eu-caniço dos estados modificados de consciência sabe das coisas que o eu-caniço comum não pode saber. O eu-caniço sabe que tudo é possível no nível do paradoxo e da intuição. É a intuição lunar que permite a conquista da força solar. O encontro com o princípio masculino no que ele tem de agressivo, mas também de criativo e de conquistador, seduz.

3. *Procurar as águas da vida*

Dessa forma, Psiquê dispõe agora das sementes e da força solar; agora ela vai encontrar as águas da vida. Afrodite lhe dá um vaso de cristal que ela deve encher de água colhida no alto de uma montanha que se lança no rio do inferno. A montanha é muito íngreme para ser escalada e a gruta é guardada por dragões, que representam os guardiões do portal e não deixam passar os que os abordam com submissão.

Psiquê está desesperada; o conto do *Asno de Ouro* diz que não lhe resta sequer o consolo das lágrimas. É aí então que ela recebe ajuda. Zeus lhe envia a sua águia. Por meio dela, ficamos sabendo que nem mesmo os deuses são capazes de recolher as águas da vida. A águia voa com precisão, evita os dragões e enche o vaso de cristal que está no seu bico. Nessa terceira tarefa é a ajuda que devemos compreender, a ajuda exterior que vem do espírito masculino, do *animus* de Psiquê. A que aliança masculina posso pedir ajuda na minha vida? Tenho acaso fé numa ajuda de ordem superior? Tenho confiança na minha estrela? Sou audacioso e determinado quando é preciso? Tenho confiança na graça? O masculino superior se manifesta.

Dessa forma, de prova em prova, Psiquê integra cada vez melhor as forças e os conhecimentos masculinos e femininos.

4. *A descida aos infernos*

Afrodite ordena agora a Psiquê que desça aos infernos para pedir a Perséfone um frasco do seu perfume. Psiquê, mais uma vez, se desespera e quase salta de uma torre. Mas a torre se revela uma aliada que lhe dá instruções muito precisas:

— Nos arredores de uma cidade ela encontrará o buraco de Dis, que a conduzirá aos infernos.

— Ela não deve ajudar o burriqueiro que manca.

— Ela deve colocar na boca duas moedas e um pão em cada mão.

— Ela dará uma moeda a Caronte na entrada do inferno e uma moeda na saída.

— Ela deve dizer não à mão apodrecida que lhe pede ajuda, a todos os que a pararem no seu caminho de um modo geral e, em particular, ao homem que trança os fios brancos e pretos da ambigüidade e às mulheres velhas que tecem a teia do destino.

— Um pão será destinado a Cérbero, o cão de três cabeças que monta guarda no portal dos infernos, e outro pão na saída.

— Ela terá de se recusar a festejar com Perséfone e não comer senão pão seco. A partir do momento em que estiver de posse do frasco de perfume, deverá retomar o caminho sem abri-lo, sejam quais forem as circunstâncias.

A torre simboliza o conhecimento e a sabedoria de uma civilização; é aquela que vela, a consciência que discrimina as coisas. Qual é a torre que prepondera na minha vida? É a minha profissão, a minha cultura, a minha família, os meus amigos? É uma disciplina que pratico?

A torre pede a Psiquê o discernimento na generosidade. A mulher especialmente, sempre disponível para a família, não deve se deixar distrair do seu objetivo e de seus desafios. O que aprendemos com a negação criativa — saber dizer não à ambigüidade, às pessoas que gostam de tramar com a vida alheia, ou seja, permanecer centrado na sua própria vida. Não socorrer o homem morto, não festejar em lugares perigosos ou negativos, não festejar seja com quem for. Psiquê encontra Ísis-Perséfone e se vê oferecendo a beleza e a vida eternas. Essa viagem aos infernos é uma iniciação à feminilidade naquilo que ela tem de profundo e de essencial, as forças da deusa-mãe. Estamos no quinto estágio.

Mas no caminho de volta Psiquê cede à tentação e abre o frasco de perfumes. Imediatamente ela perde todos os benefícios do seu despertar e cai no sono de sua velha consciência. Perde seu paraíso erótico para o despertar espiritual e, no último momento, cai no seu velho esquema. É assim que estamos sujeitos a cair freqüentemente nos nossos erros antigos, apesar de todo nosso esforço para evoluir. Da mesma maneira, algumas mulheres se exilam de sua consciência direita e adotam uma atitude de sedução com o homem na relação. Em vez de permanecer ela mesma, a mulher se submete ao desejo do homem porque tem medo de pôr em risco a relação. Ela mantém o homem preso na inconsciência com essa atitude, e não permite que ele tome consciência de sua *anima.* Essa sedução provoca a morte da consciência de Psiquê, que adormece. Psiquê está prestes a morrer, a abandonar suas tarefas, e é nesse momento que Eros intervém. O rapaz ferido e impotente torna-se um homem intrépido, um salvador. Em que momento da nossa vida o personagem de Eros pode vir em nosso socorro? Existe um momento certo para essa intervenção e, durante todo o tempo de provação de Psiquê, Eros não podia ajudá-la. **Existe um vaivém, uma magnetização entre o mundo ideal e o mundo terrestre.** É uma dinâmica desse tipo que está em curso com o bem-amado da alma. Essa dinâmica se aplica também a toda relação profunda, de amor ou de amizade.

Depois de Eros ter dispersado o sono da morte dos olhos da amada, os dois seguem para o Olimpo onde Zeus consente na sua união. Seu filho será "Voluptas", não só a personificação do prazer sensual, mas também do sim à vida.

Na busca do bem-amado da alma, Psiquê se vê mergulhada na descoberta da intuição, da sabedoria, da discriminação, do conhecimento, e suas asas poderosas e translúcidas são a imagem do desejo do amanhã e da transformação. A alma chega ao plano superior pela intervenção do amor, de Eros curado e renovado pela sua temporada com os deuses. Há um duplo movimento na evolução. Por um lado, Psiquê faz uma viagem pelo inconsciente cada vez mais profundo até descer aos infernos; ela integra os novos recursos masculinos e femininos, se desenvolve, torna-se consciente. Por outro lado, sua avidez faz com que comprometa tudo no último momento e só é salva pela intervenção de seu princípio complementar superior. O casamento sagrado, consagrado pela autoridade de Zeus, é bem realizado, mas num plano superior. Passamos do quinto para o sétimo estágio. A abertura do frasco é a queda, o fracasso do encontro da consciência entre o homem e a mulher, queda na sedução e, portanto, numa relação do tipo dominador/dominado recomeçada. Só a esperança, a fé e a intervenção superior de Eros salvam idealmente o casal.

Temos nessa narrativa elementos simbólicos para melhor compreender o sétimo estágio. Em cada um de nós, homem ou mulher, a alma tem consciência do que deve ser feito, uma complementaridade a se realizar entre o masculino e o feminino, antes de chegar à unidade do núcleo interior que Jung chama de Si Mesmo. Essa é a viagem do processo de individuação ou de realização que cada ser humano se propõe percorrer. As seis primeiras etapas permitem ir do inconsciente ao consciente, passando pelas provações que levam o ser sempre mais longe na exploração do seu inconsciente. Psiquê e Eros estão a princípio num estágio matriarcal com seus pais, num estado de fusão de seu amor idílico. O rapto de Psiquê por Eros e a submissão dela a ele estão na esfera do patriarcado. O estágio da revolta começa com as dúvidas de suas irmãs, que são também um aspecto de Psiquê e representam o aspecto cortante da ruptura, com o ataque da lâmpada e a fuga de Eros. Psiquê empreende logo em seguida o percurso de reparação; está grávida do fruto da união; não pode mais voltar atrás, voltar para a família como uma menina. Tem de seguir adiante para reencontrar Eros. Todos os que começaram uma história de casal e que falharam estão na mesma situação que ela, mesmo que essa gravidez seja a gravidez simbólica de uma criança interior, da criança-rei, do Si Mesmo. Os estágios quatro e cinco são uma tentativa de juntar a intuição, a razão, as forças masculinas solares e as forças ctonianas da deusa-mãe para se chegar ao sexto estágio, que ainda representa uma etapa terrestre. Essa etapa não aparece no mito de Psiquê e de Eros, e é justamente o que faz M.-L. von Franz dizer em seu comentário do conto: "A integração do aspecto divino, transpessoal e libertador do casamento sagrado, é um problema essencial que ainda não tem solução." Há uma espécie de prestidigitação, uma descida do divino para a terra e uma subida para o divino para que a união seja realizada e nasça a criança-solar.

Ora, essa etapa terrestre do sexto estágio está em vias de se tornar possível no estado atual da consciência coletiva. O amor se encarna. O casamento sagrado se integra de um modo terrestre.

A aspiração ao sétimo estágio não se torna menos presente, pois é ele o alívio e a percepção da ordem sutil das coisas. Quanto mais o casamento sagrado torna-se terrestre, mais ele aspira ao extraterrestre, ao mais que terrestre. Trata-se de um casamento interior com o ser ou de uma outra qualidade de encontro? Segundo quem somos, podemos privilegiar um ou outro aspecto, ou os dois. Mas Eros não encontra somente Psiquê para fazê-la crescer e elevá-la à categoria de deusa; Eros e Psiquê se propõem a viver eternamente **na voluptuosidade do ser.**

O casal desperto

O casal da alma está desperto para uma percepção mais sutil. Ele é como uma forma invisível que flutuaria sobre todos os casais e que se encarnaria em momentos privilegiados. Ele continua sendo um horizonte, e tem a mesma importância do horizonte; ele dá a sensação de espaço e de ausência de limites onde haveria limites e definições demais.

O outro é para mim sempre inatingível, seja qual for a intensidade do amor que me anima. O outro me escapa, ele não está jamais onde eu achava que poderia encontrá-lo. Mas, ao mesmo tempo, eu tenho essa maravilhosa capacidade humana de poder me projetar, de me identificar com ele, de sentir o que ele sente ou de imaginar sentir o que ele sente. Eu sou o criador das sensações que recebo dele, e é essa a minha maneira de conhecê-lo, de descrevê-lo, de representá-lo para mim. A todo instante estou identificado com o meu corpo; tenho consciência do meu eu e posso também me identificar com uma paisagem, com uma pedra, com um animal e, sobretudo, com outro ser humano. Eu sinto você, eu adivinho você, eu sou você. **A loucura do amor é a vontade de se tornar o outro e tornar-se o outro para se esquecer de si mesmo. A sabedoria do amor está em saber entrar e sair.** Eu me torno você, mas volto para mim. Eu adquiro como que uma leveza do ser para me desmultiplicar e, paradoxalmente, é assim que eu me aproximo mais do sentimento de unidade, que é o meu horizonte e a minha nostalgia.

Divina leveza do ser! Quando poderei pensar em respirá-la? Há pessoas que parece que estão constantemente ou freqüentemente na presença do impalpável e que nos fazem sentir o mesmo. Poderemos cultivar essa dimensão? Existem casais que estão ligados entre si por essa delícia invisível? O sentimento de amor não operaria essa leveza? O conhecimento do casal do sétimo estágio já está ali desde o primeiro casal, desde as primícias do amor e na ligação com a mãe. Já estamos religados — e portanto, religiosos; portanto, completos. Tenho acesso, no fundo de mim mesmo, a essa sabedoria que já está lá. Mas há os sete estágios de uma jornada em espiral entre o momento em que eu sou a semente e o momento em que eu sou o fruto.

Por você eu venço todo o medo da sombra e toda a sombra, toda a minha cumplicidade com a destruição e a morte, com a ruptura, e reafirmo a força da vida e a abundância da sua luz; eu saúdo a sua nobreza intemporal e a reconheço como minha.

Muitos casais naufragam antes, e não chegam jamais às margens do sétimo estágio: peso da carne e da diferença, mas também peso da ruptura entre o sexo e o coração. Depois de meditar com uma mulher, dizia um amigo, não posso mais fazer amor com ela como antes. Lado a lado, entrar em outro espaço-tempo que não é mais feito de pensamentos, mas de puro *sentimento*, de um *sentimento* tanto mais puro por ele ser a ligação vertical entre o céu e a terra, o eixo da harmonia. É tão simples assim. **O seu rosto saiu do tempo e me ensina a eternidade.** Nossos corpos se amam, nossas almas levantam vôo. Quantos corpos, quantas vidas serão necessárias para que as nossas almas, polindo uma à outra, encarnem a harmonia de uma comunhão? As perguntas são mais importantes que as respostas. O surgimento mágico da música das almas é a resposta.

Os olhos são as janelas da alma. O encontro dos olhos é feito com sublime ardor. Todo o ser se anima e entra em contato com a sua profundidade secreta até a transparência. Nessa região que está além das palavras, existe uma partilha vibratória, uma delicadeza quase palpável. Gosto muito de sentir que a luz que se reflete nos meus olhos é a mesma que vem dos seus olhos.

O casal que medita, o casal tântrico, o casal poeta, o casal que troca olhares, pensamentos, atenções, presentes, músicas, que santifica o seu encontro, faz a travessia do espelho, criando assim uma escada aracniana entre o natural e o sobrenatural.

Amemos hoje e sempre, amemos tudo, vivendo tudo na claridade da luz. Não desanimemos se descobrirmos que, quanto mais nos aproximamos da luz, mais descobriremos a nossa sombra. Eu amo você, mesmo que seja pouco, mesmo que seja mal, mesmo que eu não saiba amar. Essa humildade é um humus para o amor. Doce e humilde de coração, leve, tão leve como uma criança, como um pobre de espírito, apaixonado pelo momento, sem nada querer acumular, mesmo que seja um novo conhecimento sobre o amor. O amor é em si mesmo a resposta, ao mesmo tempo que desperta a alma para a sua sabedoria.

Bibliografia

L'Art de l'extase sexuelle, de Margo Anand Naslednikov, éd. Guy Tredaniel, prefácio de P. Salomon.

De l'amour du pouvoir à la puissance de l'amour, de Jean-Jacques Crévecoeur, le Troisième Iris, Belgique (publicado na França por par Ass. Mutation), prefácio de P. Salomon.

« Être à deux ou les traversées du couple », coletânea de artigos assinados por Annick de Souzenelle, Arnaud Desjardins, Jacques Salomé, Paule Salomon..., *Question de* / Albin Michel.

Aimer et se le dire, Jacques Salomé, éd. de l'Homme.

Aimer d'amitié, Jacquelin Kelen, col. « Réponses », Robert Laffont.

Ces hommes qui ont peur d'aimer, Steven Carter, Julia Sokol, éd. Stanké.

Ces femmes qui aiment trop, Robin Norwood, éd. de l'Homme.

La Fille de son père, Linda Shierse Leonard, Le Jour éditeur.

Le Parcous de l'héroïne ou la féminité retrouvée, Maureen Murdock, Dangles.

Les Relations source de croissance, Hal et Sidra Stone, Le Souffle d'or.

Le Dialogue intérieur, Hal et Sidra Stone, Le Souffle d'or.

Fondements énergétiques du dialogue intérieur, Robert Stamboliev, Le Souffle d'or.

Réinventer le couple, Carl R. Rogers, Robert Laffont.

Changer ensemble, Susan M. Campbell, éd. de l'Homme.

Le Couple, Suzanne Lilar, Grasset.

Le Révél'Amour, Bernard Leblanc-Halmos, L'Être-Image.

L'Âne d'or. Interprétation d'un conte, Marie-Louise von Franz, La Fontaine de pierre.

La Femme dans les contes de fées, Marie-Louise von Franz, La Fontaine de pierre.

L'Âne d'or ou les métamorphoses, Apuleio, Gallimard/Folio.

Les Racines de la conscience, C. G. Jung, Buchet/Chastel.

Les Liens de l'amour, Jesica Benjamim, Métailié.

XY de l'identité masculine, Élisabeth Badinter, Odile Jacob.

Les Odyssées du féminin, Pierre Solié, Séveyrat.

Terre-Patrie, Edgar Morin, Seuil.

La Spiritualité du corps, Dr Alexander Lowen, éd. Dangles.

La Mâle peur, Dr Leleu, J'ai lu.

Le Très-Bas, Christian Bobin, Gallimard.

Séraphîta, Honoré de Balzac, P. J. Oswald.

Cent douze méditations tantriques. Le Vijnana-Bhairava, traduzido e comentado por Pierre Feuga, L'Originel.

Yoga, Nidra Swami Satayananda, éd. Satyanandashram.

Rubâi yât, Djalâl-od-Dîn Rûmî, col. « Spiritualités vivantes », Albin Michel.

Le Cantique des cantiques, trazudido por Yann le Pichon, Mercure de France.

L'Amour courtois, Jean Markale, Imago.